母小勇 著

大学创新人才培养研究

江蘇鳳凰教育出版社
Phoenix Education Publishing, Ltd

目录

前言

《国家中长期教育改革和发展规划纲要（2010—2020）》要求“加快创建世界一流大学和高水平大学的步伐，培养一批拔尖创新人才，形成一批世界一流学科，产生一批国际领先的原创性成果”。为了实现中华民族伟大复兴的中国梦，国家必须创新发展。国家创新发展需要知识创新、科技创新和文化创新，国家创新发展需要大批创新人才，因此，培养创新人才迫在眉睫。大学作为创新人才的摇篮，更应该将实现中国梦作为努力奋斗的远大目标，进行创新教育，培养能够实现中国梦的各行各业的创新人才。

研究背景

早在1998年的两会期间，“创新意识”与“创新体系”就成为使用频率极高的概念。在这一背景下，我国许多学者主要从心理学角度，以创造性思维和创造性人格等为核心，对创新教育以及创新人才的培养机制进行了研究。有学者认为，创新精神作为人才必备的素质，它要求学生富有好奇心和想象力，富有激情和个性，富有创新意识、创新方法和创新能力。[1]也有一些学者对创新教育的必要性进行研究，对创新教育进行界定，对创新教育与创新人才培养的途径进行研究。[2][3]还有一些学者从创新人才培养的意义与条件出发，讨论大学创新人才培养问题，或从基本观念、设计策略与实施保障角度，研究创新人才培养的教学模式，提出创新人才联合培养的质量保障的新模式。[4][5][6]这些研究对大学培养创

[1] 李凝.教育部副部长袁贵仁提出培养创新型人才必须实行创新型教育[N].科技日报，2006-10-27.

[2] 阎立钦.创新教育[J].中小学教育，2001（9）.

[3] 朱永新.人才培养与教育创新[J].教师博览：原创版，2009（3）.

[4] 李颖.面向创新人才培养的高校教学模式：基本观念、设计策略与实施保障[J].江苏高教，2014（3）.

[5] 冷余生.论创新人才培养的意义与条件[J].高等教育研究，2000（1）.

[6] 何奎、霍彬.联合培养：高校创新人才培养质量保障的新模式[J].上海教育评估研究，2015（6）.

新人才活动都具有参考价值。

本研究以马克思主义人学为指导，摆脱纯粹的心理学研究范式，从人的生存与自我超越出发，在大学场域中分析大学生成为创新人才的可能性，探讨符合创新人才成长规律的大学人才观，构建实现创新人才培养的途径与机制，反思目前大学实然的创新教育存在的问题与不足，从理论与实践两个方面为大学创新教育、以创新能力发展为核心的创业教育和素质教育提供学理支撑和策略建议，以推进大学创新人才培养的实践进程。

学术创新人才是国家知识创新的源泉，培养纯学术创新人才和学术成果转化型创新人才是大学的任务。教育部《2003—2007年教育振兴行动计划》指出，通过加大实施“高层次创造性人才计划”力度，促使拔尖创新人才脱颖而出。[1]2018年，教育部等六部门的《关于实施基础学科拔尖学生培养计划2.0的意见》指出，要使“拔尖人才选拔、培养模式更加完善，培养机制更加健全，基础学科拔尖学生培养计划引领示范作用更加凸显，初步形成中国特色、世界水平的基础学科拔尖人才培养体系，一批勇攀科学高峰、推动科学文化发展的优秀拔尖人才崭露头角”[2]。

钱学森既是典型的科学创新人才，也是许多科学创新人才的良师益友。钱学森在其系统科学思想的研究不断拓展深化之后，提出了“大成智慧学全才”系统模式。这是一种前瞻性的、全新的学术创新人才的培养模式或构想，对我国学术创新人才培养具有指导意义。诺贝尔物理学奖、化学奖、生理学或医学奖得主无疑是典型的学术创新人才，他们的成长经历也对培养学术创新人才极具启发性。通过实证研究发现，科学创新人才早期培养的目标定位是“科学启蒙”与“科学普及”，本科阶段的科学教育目标定位是让本科大学生获得“基本科学训练”，为他们确定今后进一步探索某一专门领域的科学研究问题提供选择的机会。特别是，这些诺贝尔物理学奖、化学奖、生理学或医学奖得主往往获得过名师的本科教学、演讲报告、学术沙龙交流、实验或实践指导，往往主动或被动地获得过“做”（包括科学实证、思维推理和团队协作等）的基本科学训练，大多有过

[1] 教育部.2003—2007年教育振兴行动计划[EB/OL].[2012-11-09]，http://old.moe.gov.cn//publicfiles/business/htmlfiles/moe/moe_4/200501/5323.html.

[2] 教育部、科技部、财政部、中国科学院、中国社会科学院、中国科协.教育部等六部门关于实施基础学科拔尖学生培养计划2.0的意见[EB/OL].[2018-10-08]，http://www.moe.gov.cn/srcsite/A08/s7056/201810/t20181017_351895.html.

“跨专业”“跨学校”选择课程学习和按照自己兴趣、偏好和意愿转换专业的经历。❶

2015年3月，《中共中央　国务院关于深化体制机制改革加快实施创新驱动发展战略的若干意见》发布，明确提出了加快实施创新驱动发展战略，激发全社会创新活力与创造潜能，营造“大众创业、万众创新”的政策环境和制度环境。据此，创新人才不仅指那些进行文化创新、实现学术成果应用转化的学术创新人才，还包括那些实现产业与企业转型升级、开拓市场和推动就业的创新型企业人才。学术创新人才既包括进行文化创新、科学创新、技术创新的纯学术创新人才，也包括为社会推出新发明、新产品、新工艺和为社会治理建言献策、提出新理念、构建新模式、制定新策略的学术成果转化型创新人才。创新型企业人才既包括主要基于创新成果与创新理念加盟企业、推进企业发展的企业创新型人才，也包括主要基于创新成果与创新理念进行创业的创新型创业人才。从此，大学在创新教育和素质教育的基础上，广泛开展以创新能力发展为核心的创业教育，以培养创新型企业人才。无论是学术创新人才，还是创新型企业人才，其关键品质都是具备进行创新的素质（新知识、新技术、新技能和新方法等）和意识（科学的世界观、人生观与价值观，创新理念，创新精神和创新激情等）。因此，创新创业教育的核心是创新教育。

关于如何培养创新型企业人才，国务院早在2006年发布的《国家中长期科学和技术发展规划纲要（2006—2020）》明确提出，“创新投入机制，整合政府资金，加大支持力度，激励企业开展技术创新和对引进先进技术的消化吸收与再创新”；“在科研基地布局、人才队伍建设、政府科技计划设立、科研条件建设等方面，建立协调高效的管理平台，优化资源配置，使财政科技投入效益最大化”❷。这个纲要提出了企业创新过程中人才队伍建设的问题。同年，科技部等六部委成立了“推进产学研结合工作协调指导小组”，从宏观层面加强了对产学研合作和基于创新能力发展的创新型企业人才培养工作的指导，为开创我国产学

❶ 母小勇.论科学创新人才的一体化培养——来自诺贝尔奖获得者的启示[J].教育发展研究，2016（5）.

❷ 国务院.实施《国家中长期科学和技术发展规划纲要（2006—2020年）》的若干配套政策[EB/OL].[2008-03-28]，http://www.gov.cn/zhengce/content/2008-03/28/content_5296.htm.

研合作和培养创新型企业人才的新局面提供了重要的体制保障。❶

我国学术创新人才培养和创新型企业人才培养的路径都是创新教育。目前创新教育的实际情况如何？本书作者的问卷抽样调查表明，我国已在全国范围内形成了创新、创业的社会文化氛围，为大学开展创新教育，为培养纯学术创新人才、学术成果转化型创新人才、企业创新型人才和创新型创业人才提供了良好的外部环境。但是，目前大学内部的创新教育环境还不够理想，大学还没有注重大学生全面素质的培养，大学尚未构建宽松的、自由的学习机制，大学以创新能力发展为核心的创业实践支撑体系有待完善。总之，大学创新教育的核心是提升大学生创新素质和创新意识，目标是培养大学生的创新能力与素质。

大学要培养纯学术创新人才、学术成果转化型创新人才、企业创新型人才和创新型创业人才，必须对创新的本质、实现创新的可能性和创新人才成长的机制进行研究，回答“创新人才能不能培养”“培养什么样的创新人才”和“怎样培养创新人才”的问题。

创新的人学基础

“创新人才能不能培养”和“培养什么样的创新人才”，本质上是人学问题。因此，首先应该清楚人的本质。严格意义上的人学，代表着从人的实践活动出发去理解人和世界的哲学范式。❷无论是古希腊的自然主义人学的自然本体论思想还是理性主义人学的理念本体论思想，无论是神秘主义人学神学本体论思想还是近代理性本体论，都试图将现实存在的人回溯到“始基”和“实体”，在人的生存之外寻求人的存在根据。❸马克思主义人学从“现实的人”及其生存方式出发，阐述人的“非特定化”和人的自我生成与超越，进行对人的本质的探寻，“强调人的实践活动的历史性、主体性及其自我意识”❹，论证人的“正常状态是和他意识相适应的，而且是要由他自己创造出来的”❺，说明人的创造本

❶ 汪刚、余信理、赵继红.我国产学研合作的现状及发展思路探究[J].湖北广播电视大学学报，2011（11）.

❷ 衣俊卿.人学的自觉与哲学研究范式的转换[J].哲学研究，2001（3）.

❸ 陈曙光.实体本体论人学的基本建制及其动摇——马克思人学存在论革命研究（上）[J].探索，2014（4）.

❹ 邹诗鹏.生存论研究[M].上海：上海人民出版社，2005，365.

❺ [德]马克思、恩格斯.马克思恩格斯全集（第20卷）[M].北京：人民出版社，1971，536.

性是通过扬弃实现的。马克思主义人学的思维逻辑是“人的本质—人的需要—人的创造性实践活动—人的社会关系—人的个性，这五者之间的必然联系和有机统一”❶。因此，只有马克思主义人学，能够在继承、批判和扬弃西方人学思想遗产的基础上，创立科学的人学理论体系，对关于人的问题做出系统的科学论断。

虽然马克思没有明确提出“创新”概念，马克思主义人学却蕴含着对创新本质的认识与对实现创新可能性的肯定。作为人学范式的根本性转向，马克思主义人学强调创造性是人的本质属性的最高表现。马克思认为，劳动的异化使人的目的和手段相分裂，个体“在自己的劳动中不是肯定自己，而是否定自己，不是感到幸福，而是感到不幸，不是自由地发挥自己的体力和智力，而是使自己的肉体受折磨、精神遭摧残”❷。马克思认为，劳动最终应该成为最自由的创造活动。在马克思主义人学中，人是感性地和实践地确证和阐释自身存在的，当人的自我生命、自我意识得到发展，实现自我创造与自我超越，就能够创造实践范畴的新事物。因此，创新的本质是创造实践范畴的新事物，创造与创新是人的本质属性的最高体现。实践范畴的新事物既指物质形态的新的生产要素、生产条件、产品与人的生存环境，也指精神形态的新的思想、文化、制度与交往实践关系。人本质上是在一定社会关系中进行创造性实践活动，在这个实践的过程中，人的创造性本质才得以体现。在马克思之后，柏格森（H.Bergson）则通过“生命冲动”阐述了人的创造性和潜在的多种不确定性。❸海德格尔（M.Heidegger）认为，当人陷入常人的“平均状态”之后，人就不可能成为独特的“此在”，也就不可能有独特的交往、实践或劳作方式，当然就不可能进行创造。❹因此，创新的本质是基于独特的人生体验和社会经验、广博的知识和个性化知识结构，摆脱“常人”的文化视界，创造实践范畴的新事物。❺

创新的条件是个体的自我超越。根据马克思主义人学，“自由劳动”是一种创造性的自主活动，是一种社会性活动；个体的需要和劳动、劳动和创造性实践活动最终应该达到高度一致。马克思主义人学强调人的幸福快乐的创造性实践活动。马克思认为，被解放的劳动（“自由劳动”）就是人在其中能为人类谋取幸

❶ 韩庆祥.马克思人学的总体图象[J].中共珠海市委党校珠海市行政学院学报，2007（3-4）.
❷ [德]马克思、恩格斯.马克思恩格斯选集（第1卷）[M].北京：人民出版社，1995，43.
❸ [法]亨利·柏格森.创造进化论[M].北京：商务印书馆，2004，209.
❹ [德]马丁·海德格尔.存在与时间[M].北京：生活·读书·新知三联书店，2006，148.
❺ 母小勇.创新人才培养的条件：交往实践与“自由劳动”[J].教育研究，2017（10）.

福、能实现自我而获得快乐的劳动。马尔库塞（H.Marcuse）也认为，“快乐与现实原则的和解并不以大家富有为条件。唯一适当的问题是，是否可以合理地想象这样一种文明状态，人类需要在其中得到满足的方式和程度使得额外压抑可以被消除”❶。他说：“在一种真正人道的文明中，人类生存将是消遣，而不是苦役，人将在表演中而不是在需要中生活。”❷可见，创造性劳动、自由劳动应该完全服从于人的自由发展的潜能。因此，创新具有实践—超越的本质，创新需要人的感性实践与自我超越、生活样态的自由选择、幸福快乐的追求与体验。为了培养学术创新人才、创新型企业人才，必须实现“自由劳动”“非压抑性生存方式”和“快乐原则”。

大学的内在规定性与大学中的交往实践

怎样培养创新人才，是一个教育机制与策略问题。大学是创新人才的摇篮。大学生的成长与发展是通过与环境、其他主体的交往实践活动实现的。大学生“劳动”（或交往实践活动）的重要内容是，构建个性化知识结构，形成独特的文化视界和人格，完成“自我创造”和“自我超越”。“如果要用一个词来形容大学所进行的教学、研究和服务等多种任务的独特方法，那么这个词就是‘共同体’。……不建立学术共同体，个人的发现就是有限的，这不是因为个体研究者的创造力和开拓性不及研究群体，而是因为他或她的结论没有接受质疑，也就无法得到更多的检验；这样，个人的知识就是不完整的。”❸“大学从单纯的概念来说，在我们把它当作教会的工具之前，它应有这样的目标和这样的使命。它所考虑的既不是道德熏陶，也不是机械灌输。它所承认的理智运用既不是技艺方面的，也不是职责方面的。它的功能是理智培育。”❹“教育的功能是帮助学生理解他的经验并加以思索与反省，从而获得更高的智慧。”❺因此，大学的内在规定性决定了大学是创新人才的摇篮。大学是人才的聚集地、学术的共同体、社会服务的中转站和文化的场域。大学师生特有的幸福而快乐的共在交往方式与意义

❶ [美]赫伯特·马尔库塞.爱欲与文明[M].上海：上海译文出版社，1987，109.
❷ [美]赫伯特·马尔库塞.爱欲与文明[M].上海：上海译文出版社，1987，137.
❸ [美]弗兰克·H.T.罗德斯.创造未来：美国大学的作用[M].北京：清华大学出版社，2007，55.
❹ [英]纽曼.大学的理想（节译本）[M].杭州：浙江教育出版社，2001，45.
❺ R.M.Hutchins.*The Learning Society*[M].New York:The New American Library,1968,113.

“领会”活动，是以健全“人”的个性化发展为目标的。大学具有引领文化科技创新和培养创新人才的功能。大学是一个特殊的文化共同体，大学文化能够把这一特殊的文化共同体中的个体，从自在自发的生存状态提升到自由自觉的生存状态，进而以个体自觉的文化创新去推动社会文化进步，因此，大学文化是纯学术创新人才、学术成果转化型创新人才、企业创新型人才和创新型创业人才培养的土壤。大学之所以能够不断完成文化创新和创新人才培养，关键是大学保持了对各种文化的包容性与思想的自由，因而成为引领思想创新、科技创新和文化创新的先驱，为大学师生的自由发展与快乐表演提供了舞台。

但是，当前大学教育的突出缺陷在于把大学生的成长完全视为外在动因的结果，大学生的“劳动”在“额外压抑”作用下被异化为痛苦的“被塑造”“被专业化”活动，因而大学生很难成为创新人才。马克思主义人学有助于我们更深层次地认识大学教育忽视学生主体性和“批量生产”的现实困境，指导我们通过对大学生个体的社会环境、文化背景、求学动机、“操心”特质、自我“筹划”意识、知识观、压抑感、幸福感、世界观、人生观等方面的实践—生存特征分析，既了解其生存状态，也发现他们成长为创新人才的可能性。按照马克思主义人学，当大学能够为大学生提供自由选择学习与实践活动内容与方式的机会，体验交往实践活动中的幸福和快乐，就能够把被异化的大学生“劳动”“还原”为“非压抑性”的、快乐的“自由劳动”，让他们在选择和实现某些可能性中成长起来，他们就能够成为某一领域、某一行业或某一岗位的创新人才。[1]

“大学—大学生—社会”交往实践机制与“自由组合”课程机制

纯学术创新人才、学术成果转化型创新人才、企业创新型人才和创新型创业人才都是在交往实践中成长起来的，大学应该建立“大学—大学生—社会”交往实践机制和“自由组合”课程机制，让不同的学生有更多的选择，让不同的学生发现自己的独特品质，实现个性化发展。马克思主义的交往实践理论认为，人是感性地和实践地确证和阐释自身存在的。人是“现实的个人”，“人的感性活动”是人存在的表现。个体的感性只有在“社会化的感觉中”，人的那些“属人的本质的客观地展开的丰富性，主体的、属人的感性的丰富性……简言之，那些

[1] 母小勇.论科学创新人才的一体化培养——来自诺贝尔奖获得者的启示[J].教育发展研究，2016(9).

感受人的快乐和确证自己是属人的本质力量的感觉，才或者发展起来，或者产生出来”❶。马克思主义的交往实践理论认为，人、历史、实践和社会是人生存的承担者或具体样式，并不是高居于人的生存与发展活动之上并与人的生存与发展相疏离的抽象的存在范畴。❷在马克思主义视野中，主体际交往实践不仅仅是一种精神的交往，更是依托活生生的现实基础的客观的交往实践。马克思主义认为，在“主体—客体—主体”相互作用的过程中，“双主体”的交往实践是通过平等的沟通和理解，最终实现各自的“自我满足、自我认识、自我完善”的个性化发展。基于大学的内在规定性、开放性以及大学文化共同体的独特功能，可以肯定，大学师生总是以“高深学问”为中介开展认知和实践活动，这种认知和实践活动本质上是他们通过“师—生”“生—生”“师—师”之间的交往实践实现的。大学中的交往实践的目的是大学师生创造性本质力量的生成，而大学师生创造性本质力量生成的保障是“自由劳动”。对于大学生来说，“自由劳动”意味着“学的自由”。为了培养创新人才，大学要尊重大学生的个体差异，促成他们的独特性生成，使每一个学生获得充分的、自由的、独特的发展。❸

“大学—大学生—社会”交往实践机制是培养纯学术创新人才、学术成果转化型创新人才、企业创新型人才和创新型创业人才的实践基础。“大学—大学生—社会”交往实践机制，是通过开放的社会实践活动和师生交往的课程活动，突破课堂与自然、社会的壁垒；通过大学生社团活动、科技创新团队活动、社会实践团队活动和大学生创业园活动，开展“田野式”调查与实践、创造发明、技术开发、民间采风和尝试创业等，使得学习内容跟人类社会生活与社会实践及所面临的问题发生关联成为可能，让大学生走进并体验充满生机和无限创造可能性的社会实践；通过学术讲座、创业经验报告、择业咨询报告、行业推介等，帮助大学生进一步领会专业、职业、创业、社会、文化、科学、技术等，明确自己的求学目的与动机，正确定位与“筹划”自己，让大学生既发现世界、认识世界，也发现自己、认识自己。❹

在“大学—大学生—社会”交往实践机制下，大学生可以通过与大学教师、其他大学生、管理人员进行大学内的交往与对话，通过学科组织、专业组织和社

❶ [德]马克思.1844年经济学—哲学手稿[M].北京：人民出版社，1979，79.
❷ 母小勇、韦剑剑.论高等教育哲学的人学基础[J].教育研究，2012（12）.
❸ 母小勇.创新人才培养的条件：交往实践与“自由劳动”[J].教育研究，2017（10）.
❹ 母小勇.创新人才培养的条件：交往实践与“自由劳动”[J].教育研究，2017（10）.

团组织进行关于学术取向或职业取向的交往实践，自主发展创新能力；大学生可以通过大学与社会文化组织、社会学术组织、社会行业组织、企事业单位、其他社会组织和公众建立的桥梁，或直接与这些社会组织建立联系，开展社会实践，了解社会主流文化、传统文化，熟悉各种社会行业、社会职业，甚至尝试创业，进入社会公众之中，参与社会管理机构组织、社会学术组织开展的创新实践活动，提升社会交往能力、领导能力、创业能力和创新能力。[1]

自由组合课程机制是纯学术创新人才、学术成果转化型创新人才、企业创新型人才和创新型创业人才成长的自由保障。建立自由组合课程机制，可以实现自然科学、社会科学之间的开放性，能够使每一个大学生不仅仅有自己所归属的专业，更重要的是有属于自己的知识结构、技能结构、文化视界和个人修养。自由组合课程机制将课程分为三个层次：（1）通识选修课程；（2）学科选修课程；（3）专业选修课程与社会综合实践。其特点是：（1）通识选修课程由适量“必选国家通识课程”和“自选通识课程”组成，以保证社会主义的办学方向；（2）学科选修课程、专业选修课程和社会综合实践均为自由选修课程，部分研究生课程也对本科生开放；（3）专业选修课程实现自由的“课程方案”制，社会综合实践实现“无类型强制”的“活动自由组合”制；（4）实行“弹性学习年限”，将尝试创业纳入社会综合实践活动范畴进行学业管理。

自由组合课程机制既能够满足社会多元化人才的需求，也能够实现大学生创造性本质力量的提升和自由发展。在课程机制方面，大学生除了要完成适量的“必选国家通识课程”学习，还必须从若干文理通识课程中选择一定学分的课程，然后在一级学科层面选择一定学分的大类课程；在专业方面，大学生可以在一级学科、二级学科范围内选择一定学分的若干专业课程，构成自己独特的专业方案；在社会综合实践活动方面，大学生可以结合自己的偏好，选择一定学分的某些类型的社会综合实践活动（包括创业尝试）。这样做的结果是，每一位大学毕业生都完成独特的、自主选择的课程组合的学习，形成了独特知识结构、技能结构和文化视界，成为具有“不可替代性”的个性化纯学术创新人才、学术成果转化型创新人才、企业创新型人才和创新型创业人才。

为了实现自由组合课程机制，要增强课程体系的灵活性，调整各类课程的比例，实行弹性学制，让学习兴趣、专业倾向、学习能力、学习风格不同的学生有

[1] 母小勇.创新人才培养的条件：交往实践与“自由劳动”[J].教育研究，2017（10）.

更多的选择，保证“自由劳动”或“自由学习”的时间，让他们发现自己“生命冲动”的独特品质，让他们成为独特的自己。

大学创新教育应然的价值取向

大学创新教育应然的价值取向是促进人的全面发展和自由成长，其基本特征是让大学生实现“自我超越”和完成旨在建构个性化文化视界的“交往”与“对话”。人必然“在受动中求能动，在实然中求应然，在适应中求超越，在有限中求自由”[1]。“一个健全的社会使人能够爱他人，进行创造性劳动，开拓自己的理性和客观认识，在体验到自己的生产性力量的基础上建立一种自我意识。”[2]创新教育的起点或“原点”是“非特定化”的、不完善的和有多样需要的“现实的人”，其功用是满足大学生的多样需求。创新教育是生成人、养成人的实践方式，其目的是促进学生自我完善、健全人格的形成，以提升学生的生命价值。因此，应然的创新教育必须保持多重创新观之间必要的张力，追求工具理性与价值理性的统整，通过多维实践完成大学生个性化文化视界的建构，实现创新教育的社会价值与个人价值。培养创新人才是一流本科教育应然的目标取向，一流本科教育应该在“成人”与“成才”之间保持必要的张力，通过一流的通识课程，促进大学生社会化与核心素养的发展，通过一流的基本学术训练，发展学生的迁移能力。

研究的基本内容

第一，基于实现中国梦对创新人才的需要，阐述中国创新发展战略；以马克思主义人学为指导，明确创新的本质，阐述创新人才的基本特质及其成长的基本规律；从心理学角度研究创新人才的品质及培养路径。

第二，学术创新人才是国家知识创新的源泉。在深刻解读“钱学森之问”的基础上，探讨钱学森纯学术创新人才和学术成果转化型创新人才的培养构想，研究钱学森学术创新人才培养构想背后严谨的科学思想和深厚的文化底蕴，为培养纯学术创新人才和学术成果转化型创新人才提供重要参考；根据1985—2014年30

[1] 王道俊、郭文安.主体教育论[M].北京：人民教育出版社，2005，28.
[2] [美]埃利希·弗洛姆.健全的社会[M].北京：中国文联出版社公司，1988，70.

年间210位诺贝尔物理学奖、化学奖、生理学或医学奖得主在诺贝尔奖官方网站提供的自传，通过实证研究，探寻这些典型的科学创新人才的成长道路，探索纯学术创新人才和学术成果转化型创新人才成长的基本规律。

第三，在实现中国梦和建设创新型国家的重大战略背景下，创新型企业人才是国家经济发展的重要力量。从创新创业角度，论证企业发展需要创新、创办创新型企业需要创新的观点；剖析两种类型的创新型企业人才：一类是主要基于创新成果与创新理念加盟企业、推进企业发展的企业创新型人才，另一类是主要基于创新成果与创新理念进行创业的创新型创业人才；阐述创新型企业人才的培养策略；研究我国大学以创新能力发展为核心的创业教育的内涵，进而讨论我国大学生创业的社会环境。

第四，在“大众创业、万众创新”的背景下，研究目前我国实然的创新教育现状，论证创新教育包括四个培养目标——纯学术创新人才、学术成果转化型创新人才、企业创新型人才和创新型创业人才；论证培养纯学术创新人才、学术成果转化型创新人才、企业创新型人才和创新型创业人才的创新教育，本质上都是基于大学生创新能力培养的素质教育和创新教育；通过实证研究，归纳我国大学创新教育存在的问题。

第五，论证纯学术创新人才、学术成果转化型创新人才、企业创新型人才和创新型创业人才培养问题本质上是一个人学问题；重点梳理人类人学思想的历史发展轨迹，以马克思主义人学视角，探究创新人才发展规律，探寻创新人才的培养策略，为大学创新教育奠定必要的理论基础。

第六，以马克思主义人学为指导，分析创新的人学理论基础；研究关于“人是现实的存在物”的思想，分析实践在人学中的重要地位，探究从抽象的、绝对化的、仅存在于理念世界的人返回到现实中的人的逻辑理路，论证创新教育的逻辑“原点”是“现实的人”，阐述人的实践性生成是创新教育的实践路径与基础；从人之本质的“非特定化”与“生成”出发，论证人实现创造与创新的必然性以及创造与创新是人的本质属性的最高体现；从人必然扬弃异化的观点出发，论证人只有不断超越自身的局限性，才能进行自由的创造与创新，从而阐述人实现创造与创新的可能性。

第七，从大学的内在规定性出发，论证大学是创新人才的摇篮；通过对历史与逻辑的梳理，描述大学的应然样态——人才的聚集地、学术的共同体、社会服务的中转站和文化的场域；论证大学师生特有的幸福而快乐的共在交往方式与意义“领会”活动，是以健全人的个性化发展为目标的，大学的创新职能是引领文化科技创新和培养创新人才；探究大学之所以能够不断完成文化创新和创新人才培养的文化组织原因，强调大学保持文化包容与思想自由的重要性；提出为了培养创新人才，大学应该成为引领思想创新、科技创新和文化创新的先驱，应该成为大学师生自由发展与快乐表演的舞台。

第八，基于大学的文化传承和文化启蒙功能，剖析大学文化共同体的多重属性，论证大学之为大学，不仅体现在其物质的、客体的存在，还体现在其非物质的、主体的存在；阐述大学是一个特殊的文化共同体，大学文化能够把这一特殊的文化共同体中的个体，从自在自发的生存状态提升到自由自觉的生存状态，进而以个体自觉的文化创新去推动社会文化进步，因此，大学文化是创新人才培养的土壤；阐述大学文化的精髓是“学术自由”，大学这一文化共同体是人才培养的平台，“学术自由”与大学的开放性是保障学生自由发展、实现人的创造潜能迸发的条件，因此，大学必须对自身异化加以“扬弃”。

第九，基于大学的内在规定性、大学的开放性和大学文化共同体的独特性，论证“大学—大学生—社会”交往实践机制和自由组合课程机制，阐述交往实践机制与课程机制的内容及其对创新人才培养的重要意义，为大学创新人才培养提供运行机制与策略支持；从交往实践理论出发，论述任何交往实践都具有关系建构性，都是“主体—客体—主体”相互作用的过程，“双主体”的交往实践是通过平等的沟通和理解，最终实现各自的“自我满足、自我认识、自我完善”的个性化发展；阐述大学中的交往实践的目的是大学师生创造性本质力量的生成，而大学师生创造性本质力量生成的保障是“自由劳动”；阐述“大学—大学生—社会”交往实践机制和自由组合课程机制的目标是让不同的学生有更多的选择，实现个性化发展。

第十，进一步揭示大学创新教育的应然价值取向与基本特征；论证创新教育的应然起点是“现实的人”，分析满足大学生多样需求的创新教育的应然功用；阐述创新教育保持多重创新观之间张力的必要性，以及追求工具理性与价值理性的统整的重要性，提出创新教育旨在实现社会价值与个人价值的双重目的；倡导创新教育必须实现个人社会化的交往与对话，通过多维实践完成大学生个性化文化视界的建构。依据人“非特定化”和不完善的本质，阐述实践既是人的根本的存在方式也是人的创新性和生成性的表现的观点；提出应然的创新教育是生成人、养成人的实践方式，其目的是促进学生自我完善、形成健全人格，从而提升学生的生命价值；论证一流的本科教育的应然目标是培养创新人才，一流的本科教育应该在“成人”与“成才”之间保持必要的张力，采用“课程机制”保证学生自由发展，促进学生完成人生规划和职业选择；阐述如何通过一流的通识课程，促进大学生社会化与核心素养的发展，以及如何通过一流的基本学术训练，发展学生的可迁移能力。

第一章
创新：实现中国梦的条件

中国梦赋予了当代青年历史责任与特殊使命。而实现中国梦的条件是国家的创新发展。国家的创新发展需要知识创新、科技创新和文化创新，国家的创新发展需要大批纯学术创新人才、学术成果转化型创新人才、企业创新型人才和创新型创业人才。目前，我国正处于全面建成小康社会的关键时期，实现“两个一百年”目标的重要条件之一是有一大批创新人才。因此，培养创新人才迫在眉睫。大学作为培养创新人才的摇篮，更应该将实现中国梦作为努力奋斗的目标，进行高等教育创新，培养能够实现中国梦的创新人才。大学应该以马克思主义人学为指导，明确创新的本质，研究创新人才的基本特质及其成长的基本规律。

一、中国创新发展战略

创新是人类区别于动物的本质特征之一，是社会进步和经济发展的推动力量。创新既是指发明和创造，推出先前没有的新事物或新产品，也是指产生新发现、新理念、新方法和新技术，甚至可以包括改良产品、优化方法和革新技术等。虽然人们对创新的理解莫衷一是，但是，创新所表现出来的特征是相同的，对能够实现创新的人的要求也大同小异。因此，从根本上看，创新首先是产生新思路和新方法，并据此指导科学探究或社会实践，从而完成科学发现、产品开发、环境改造和社会变革。

“创新”一词是由美籍奥地利经济学家熊彼特（J.A.Schumpeter）等人在1912年提出来的。当时，“创新”完全是一个具有严格内涵的经济学概念，指把一种生产要素和生产条件的“新组合”引入生产体系。[1]这种“新组合”包括：引

[1] [美]约瑟夫·熊彼特.经济发展理论[M].北京：商务印书馆，1990，1-74.

进新产品、引入新技术、开辟新市场、扩大原材料的供应来源和实现工业新组合。[1]在熊彼特看来，创新是经济发展与社会发展的内在因素，其目的是推动经济发展与社会变迁。在熊彼特创立了较完整的创新理论体系之后，许多学者对创新理论进行了发展。现代管理学理论家德鲁克（P.F.Drucker）则认为，企业家精神就是创新精神，创新是利润的源泉，只有创新才能把不是资源的资源变成资源，或者重置资源以提高产出，增加资源创造的价值。[2]索洛（R.Solow）在《经济学和统计学评论》上发表的论文中指出，技术进步对经济增长的贡献占87.5%，其余的12.5%则是依靠资本投入量的增加。[3]阿罗（K.J.Arrow）认为，竞争性的市场结构对创新的激励会更大，竞争性的市场结构也更有利于创新。[4]戴维斯（L.E.Davis）和诺斯（D.C.North）认为，制度创新是指“能使创新者获得追加利益的现存制度的变革”，它往往是采用组织形式或经营管理形式方面的一种新技术的结果。[5]熊彼特、德鲁克等人都是从经济学和企业生产的角度论述创新。现在创新的概念已广泛用于非经济学领域和企业生产之外的人类活动。

其实，我国的《周书》中早有“创新改旧”，《魏书》中也有“革弊创新”。《现代汉语词典》对创新的解释是“抛开旧的，创造新的”。马克思和恩格斯早就有关于创新的思想。在1848年2月发表的《共产党宣言》中，他们就指出：“资产阶级除非对生产工具，从而对生产关系，从而对全部社会关系不断进行革命，否则就不能生存下去。”[6]这里的“革命”指的就是创新，其内容包括生产技术与工具创新、生产关系与经济制度创新和社会形态与社会体制创新。[7]《学习的革命——通向21世纪的个人护照》一书强调，“你必须开辟新的道路、寻找新的突破点、发现新的联系，你必须打破原有模式”[8]。在西方，“创新”至少包含三层含义：（1）事物更新；（2）事物创造；（3）事物改变。

[1] [美]约瑟夫·熊彼特.经济发展理论[M].北京：商务印书馆，1990，1-74.
[2] 李卫华.“创新”内涵的三层拓展与社会意蕴[J].理论前沿，2009（9）.
[3] R.Solow.*Technical Progress,Capital Formation,and Economic Growth*[J].*American Economic Review*, 1962（5）.
[4] 任保平、张如意.技术创新最优市场结构的理论争论及其评价[J].西北大学学报（哲学社会科学版），2010（1）.
[5] 文魁、徐则荣.制度创新理论的生成与发展[J].当代经济研究，2013（7）.
[6] [德]马克思、恩格斯.马克思恩格斯选集（第1卷）[M].北京：人民出版社，1995，254.
[7] 方小荔.创新理论及建设创新型国家的重大意义[J].前沿，2008（5）.
[8] [新西兰]戈登·德莱顿、[美]珍妮特·沃斯.学习的革命——通向21世纪的个人护照[M].上海：生活·读书·新知三联书店，1997，171.

一般来说，“创新”（innovation）具有“创造”（creation）和“发明”（invention）的特征，有“创造性”（creativity）的人才可能实现创新。一方面，创新总是要“创造”或“发明”出前所未有的新事物、新观点和新机制，因此，创新突出新事物、新观点和新机制及其产生过程的原创性。创造者的创新意图既可能来自现实社会生活需要，也可能来自人的好奇心或求异思维。创造者的创新活动往往不一定预先具有明确的现实动机，也不一定期望创造出的或发明的成果立即在现实生产生活中得以应用。创造者的创造或发明常常发端于个人的愿望与动机。另一方面，创新成果往往是一种被人当作新东西而采纳的思想观念、实践策略和生产生活工具，因此，创新与否取决于某一群体的主观判断。只要某一群体认定是新颖的思想、方法和产品，并以此决定某一群体的行为，那么这些思想、方法和产品便是创新的成果。[1]可见，创新成果必须以某一群体的认可为依据。毋庸置疑，创新需要创造性，创造性是创新的前提。人们之所以认为创新非常重要，也主要缘于它体现了人的创造性。创造性成果一般表现为能够促进人类文明进步、推动社会经济发展和改善人类生存环境的各种新理念、新产品、新技术、新方法和新制度。一个善于创新的人，必然具有创造性或创造力。当然，利用人的创造性或创造力进行创新，还需要社会环境和制度的支持。

“革新”或“改革”也属于创新。革新一般指通过实践活动发现某种新思路、新方法或新手段，从而改良某一产品，进而生产出新产品。改革一般指通过社会活动发现某种新机制、新路径和新措施，从而改善社会秩序，进而建立新的社会秩序。前期的革新或改革往往试图解决生产活动或社会活动中某一具体问题，随着革新或改革的推进，革新者或改革者逐步形成了某种思想和理念，便在思想和理念的指引下，“另起炉灶”式地创造全新的产品或建立全新的社会秩序。因此，创新人才首先是一个善于革新或改革的人。

创新发展是实现中国梦的条件之一。改革开放以后，邓小平一针见血地指出“科学技术就是第一生产力”。江泽民在1995年全国科学技术大会上正式提出“科教兴国”战略。2007年，党的十七大提出“提高创新能力，建设创新型国家”，表明我国历届中央政府都非常重视科技创新对经济发展的重要作用。十八大报告又明确提出：“科技创新是提高社会生产力和综合国力的战略支撑，必须

[1] E.Rogers. *Diffusion of Innovations*[M].New York: Free Press of Glencoe,1983,11.

摆在国家发展全局的核心位置。”[1]2015年3月《中共中央国务院关于深化体制机制改革加快实施创新驱动发展战略的若干意见》发布，标志着创新驱动发展战略正式上升为国家战略，明确提出要加快实施创新驱动发展战略，激发全社会创新活力、创造潜能，营造“大众创业、万众创新”的政策环境和制度环境。

在学术创新和学术创新人才培养方面，教育部《2003—2007年教育振兴行动计划》指出，通过加大实施“高层次创造性人才计划”力度，促使拔尖创新人才脱颖而出。[2]2009年，时任清华大学党委书记的陈希在“基础学科拔尖学生培养试验计划”（简称“珠峰计划”）筹备会上就实施目标、原则、改革重点和措施等方面做了部署。[3]教育部随后选择北京大学、清华大学、中国科技大学等20所大学的数学、物理、化学、计算机、生物等学科率先试点，力图在学术创新人才培养方面有所突破。2010年，《国家中长期教育改革和发展规划纲要（2010—2020）》再次提出“培养一批创新人才”[4]。2012年《教育部关于进一步加强高等学校基础研究工作的指导意见》指出，“加强创新平台建设，使之成为拔尖创新人才培养的国家队”，“完善寓教于研的拔尖创新人才培养模式，推动科研优势向人才培养优势转化”[5]。2018年，教育部等六部门的《关于实施基础学科拔尖学生培养计划2.0的意见》指出，“要使拔尖人才选拔、培养模式更加完善，培养机制更加健全，基础学科拔尖学生培养计划引领示范作用更加凸显，初步形成中国特色、世界水平的基础学科拔尖人才培养体系，一批勇攀科学高峰、推动科学文化发展的优秀拔尖人才崭露头角”[6]。

[1] 胡锦涛.坚定不移沿着中国特色社会主义道路前进为全面建成小康社会而奋斗[EB/OL].[2012-11-09]，http://cpc.people.com.cn.

[2] 教育部.2003—2007年教育振兴行动计划[EB/OL].[2012-11-09]，http://old.moe.gov.cn//publicfiles/business/htmlfiles/moe/moe_4/200501/5323.html.

[3] 陈希.“基础学科拔尖学生培养试验计划”筹备会议上的讲话[EB/OL].[2012-11-09]，http://www.moe.gov.cn/s78/A08/gjs_left/moe_742/s5631/s7969/201210/t20121010_166817.html.

[4] 教育部.国家中长期教育改革和发展规划纲要（2010—2020）[EB/OL].[2012-11-09]，http://old.moe.gov.cn/publicfiles/business/htmlfiles/moe/info_list/201407/xxgk_171904.html.

[5] 教育部.教育部关于进一步加强高等学校基础研究工作的指导意见[EB/OL].[2012-11-09]，http://www.moe.gov.cn/srcsite/A16/s7062/201203/t20120309_172767.html.

[6] 教育部、科技部、财政部、中国科学院、中国社会科学院、中国科协.教育部等六部门关于实施基础学科拔尖学生培养计划2.0的意见[EB/OL].[2012-11-09]，http://www.moe.gov.cn/srcsite/A08/s7056/201810/t20181017_351895.html.

在企业创新和创新型企业创建以及创新型企业人才培养方面，“产学研合作”是推动创新驱动发展最有效的模式。1906年美国辛辛那提大学的赫尔曼·施耐德（H.Schneider）创建了“产学研合作”模式。在20世纪50年代这一模式被引入我国后，我国社会各界就开始不断积极探索“产学研合作”的新模式。1992年，我国发起了“产学研联合开发工程”，这标志着我国大学“产学研合作”正式启动。1999年，教育部《面向21世纪教育振兴行动计划》中给出了“产学研合作”概念：“产学研合作”是指企业、高校、科研院所三方优势互补、互利互惠、共同发展为原则进行的交流与合作。当然，广义的“产学研合作”是指教育与生产劳动、人才培养、科学研究及科技开发的有机结合。2006年，国务院《国家中长期科学和技术发展规划纲要（2006—2020）》中明确提出，“创新投入机制，整合政府资金，加大支持力度，激励企业开展技术创新和对引进先进技术的消化吸收与再创新”“在科研基地布局、人才队伍建设、政府科技计划设立、科研条件建设等方面，建立协调高效的管理平台，优化资源配置，使财政科技投入效益最大化”“在国家科技基础设施建设中，优先支持在重点产业中由产学研合作组建的技术平台，承担重大引进技术消化吸收再创新任务”。[1]这个纲要提出了创新型企业人才队伍建设的问题。同年，科技部等六部委成立了“推进产学研结合工作协调指导小组”，从宏观层面加强了对“产学研合作”和培养创新型企业人才工作的指导，为开创我国“产学研合作”和培养创新型企业人才的新局面提供了重要的体制保障。[2]虽然“产学研合作”以学术界和产业界合作为主，但是，近年来随着技术发展和创新形态的演变，政府在创新平台搭建中的作用进一步凸显，知识社会环境下的创新2.0正进一步协同推动科技创新的发展。

随着全面深化改革、继续扩大开放和实施创新驱动发展战略，我国企业创新和创建创新型企业得到了新的发展，技术、人才、资本等创新要素聚集，创业服务基础设施和市场环境得到很大改善。目前，我国创新型企业的创新、创建，以及人才培养面临新的机遇。2013年以来，从政策支撑来看，国务院常务委员会先后十几次讨论创新与创业的工作，致力于降低创业成本、促进创业就业，为创

[1] 国务院.实施《国家中长期科学和技术发展规划纲要（2006—2020年）》的若干配套政策[EB/OL].[2012-11-09]，http://www.gov.cn/zhengce/content/2008-03/28/content_5296.htm.

[2] 汪刚、余信理、赵继红.我国产学研合作的现状及发展思路探究[J].湖北广播电视大学学报，2011（11）.

新与创业搭建新平台，升级“中国制造”。我国相继出台了20多个政策文件保障支持创新与创业，其中仅2014年一年，相继有13个文件为创新与创业助力。2015年的全国两会上，李克强总理在政府工作报告中指出，要把“大众创业、万众创新”打造成为推动中国经济继续前行的“新引擎”之一。据国家发展和改革委员会统计，截至2015年6月，国务院各部门、各省（区、市）陆续出台的支持创业、创新、就业政策措施共1997条，其中，党的十八大以来，以各部门名义出台的有119条，北京、上海、深圳、广州、武汉、成都、西安7个创新创业相对活跃的城市出台的有129条。从产业发展来看，近年来随着新一代信息技术的不断进步，工业4.0和“互联网+”正积极通过物联网、云计算、大数据、人工智能等逐渐改变着人类的生产生活，并日益成为新的生产方式、产业形态、商业模式和经济增长点。

二、创新的本质及其条件

如前所说，“创新”是指把一种生产要素和生产条件的“新结合”引入生产体系。马克思早就认为，“劳动是积极的、创造性的活动”❶，“人不是在某一种规定性上再生产自己，而是生产出他的全面性；不是力求停留在某种已经变成了的东西上，而是处于变易的绝对运动之中”❷。“实际创造一个对象世界，改造无机的自然界，这是人作为有意识的类的存在物的自我确证”，“人则使自己的生活活动本身变成自己的意志和意识的对象”❸。例如，人能够创造和使用一切物质的、知识的、语言的工具，能够通过社会的组织和结构来提高活动效率和丰富活动内容。可见，人是有历史、有发展、没有完成而且不可能完成的存在，他需要不断自我超越；在人的身上蕴含着丰富的可能性，人类在创造力、想象力、理解力、学习能力和道德能力等方面具有无限开发的潜能，这些无限的潜能通过并且依靠人的社会性的生存实践活动，不断现实化为人的自由自觉的类生命

❶ [德]马克思、恩格斯.马克思恩格斯全集（第46卷下册）[M].北京：人民出版社，1980，116.

❷ [德]马克思、恩格斯.马克思恩格斯全集（第46卷下册）[M].北京：人民出版社，1980，486.

❸ [德]马克思、恩格斯.马克思恩格斯全集（第42卷）[M].北京：人民出版社，1979，96.

活动，人的满足最终在于创造性劳动。❶马克思主义人学首先强调了创造性是人的本质属性的最高表现，蕴含着对创新本质的认识与对实现创新可能性的肯定；同时，也说明了社会性实践或劳动、人的自我意识与自我超越是实现创新的条件。按照马克思主义的观点，人是感性地和实践地确证和阐释自身存在的，当人的自我生命、自我意识得到发展，人的创造性本质就得以体现，就能够实现自我创造并创造出实践范畴的新事物。

马克思主义世界观是一种以人为中心、把人的创造性活动理解成人类世界的构成原则的人学世界观。这种世界观确认人的主体性、人的实践本性和人的发展潜力，从而确认人实现创造的可能性。马克思主义认为，只有人才是世界上唯一能够从事自主的、独立的、全面的创造性活动的存在物，只有人的活动才称得上真正的创造。法国哲学家柏格森则通过“绵延”（duration）和“绵延”中的“生命冲动”（vital impulse）阐述人所存在的创造性和潜在的多种不确定性。❷柏格森说，“我们所说的生命冲动在于一种创造的需要……生命冲动获得了作为必然性的物质，力图把尽可能多的不确定性和自由引入物质”❸，从而自主地选择发展路径，实现创造。这里，个体的个性化与选择性的“绵延”其实就是马克思所说的真正自由的劳动或个性的劳动。德国哲学家海德格尔认为，当人陷入常人的“平均状态”之后，人就不可能成为独特的“此在”（dasein），也就不可能有独特的交往、实践或劳作方式，当然就不可能进行创造。他认为，“平均状态先行描绘出了什么是可能的而且容许去冒险尝试的东西，它看守着任何挤上前来的例外。任何优越状态都被不声不响地压住。一切原始的东西都在一夜之间被磨平为早已众所周知之事”❹。因此，只有“此在”独特的“操心”（sorge）与“筹划”（entwurf）才能够使其实践或劳作具有独特性或非常人性，才能够使创新成为可能。

马克思采用唯物主义方法考察历史。他认为，劳动和实践不仅生成了人化的自然，而且生成了人和人类社会。这实际上强调了实践对人的本质、人的创造和人所创造的事物的基础意义。为了实现创新，人们必须建立创造性实践观念。创造性实践观念是人的批判性与创造性的充分体现，是在可能的条件下依靠“生命

❶ 毋小勇、韦剑剑.论高等教育哲学的人学基础[J].教育研究，2012（12）.
❷ 毋小勇、韦剑剑.论高等教育哲学的人学基础[J].教育研究，2012（12）.
❸ [法]亨利·柏格森.创造进化论[M].北京：商务印书馆，2004，209.
❹ [德]马丁·海德格尔.存在与时间[M].北京：生活·读书·新知三联书店，2006，148.

冲动”摆脱“常规”并充分运用想象力和创造力而建构与“筹划”起来的。❶马克思认为，“人们自己创造自己的历史，但是他们并不是随心所欲地创造，并不是在他们自己选定的条件下创造，而是在直接碰到的、既定的、从过去承继下来的条件下创造”❷。任何实践观念都是基于外部对象的尺度和人的内在尺度的统一。首先，以理论的方式观念地掌握世界，是通过实践活动、感知活动如实地反映外部对象的本来面目，形成关于外部对象、客观事物的理论观念，从而获得真理。其次，人还要以实践的方式实际地改造世界或创造新事物。因此，无论以理论的方式观念地掌握世界，还是以实践的方式实际地改造世界或创造新事物，都需要实践范畴的创新。创新的最终目的是在符合客观实际的前提下，按人的需要改变外部对象，创造具有符合人的需要的理论与新事物。因此，创新是基于独特的人生体验、独特的社会经验和个性化的知识结构，摆脱“常人”的文化视界，创造实践范畴的新事物。❸无论是纯学术创新人才、学术成果转化型创新人才，还是企业创新型人才、创新型创业人才，他们的创新过程都如此。

三、创新人才培养的心理学基础

创新人才培养是国家进步和文化可持续发展的需要。国家的创新能力，包括知识创新和技术创新两方面的能力。国家的创新能力是一个国家在国际竞争和世界格局中能否占有一席之地的重要因素。国家的创新能力既表现在其劳动者的创新意识，也特别表现在其创新人才所具有的创新能力。劳动者的创新意识和创新人才的创新能力对国家的文化、综合国力及国际竞争力会产生直接影响。如果一个国家的劳动者缺乏创新意识，国家缺乏创新人才，那么这个国家将很难拥有可持续发展的能力。显然，创新是由具有创新意识的劳动者和创新能力的创新人才实现的。要培养创新人才，就必须弄清创新人才的人格特质及其成长规律。

国外学者对325名诺贝尔奖获得者的分析表明，诺贝尔奖获得者所具有的共同内在要素或人格特质是：选定目标，坚定不移；热情勇敢，不顾一切；思想开阔，高度敏感；注意实践，认真探索；富有幻想，大胆思考；坚韧顽强，勤奋努

❶ 母小勇.马克思人学视野中的大学创新人才培养机制[J].教育研究，2014（7）.

❷ [德]马克思、恩格斯.马克思恩格斯全集（第8卷）[M].北京：人民出版社，1961，121.

❸ 母小勇.马克思人学视野中的大学创新人才培养机制[J].教育研究，2014（7）.

力；强烈的兴趣，无休止的好奇心等。[1]诸多心理学家都对培养学生的创造力问题进行了研究，这些研究从不同的视角为创新人才培养活动提供了理论基础。一般来说，创造性人才具有独特的人格特质：他们有高度的自觉性和独立性；他们求知欲旺盛；他们有强烈的好奇心，善于观察；他们知识面广；他们做事具有条理性和准确性；他们往往有文艺天赋；他们意志品质出众，能排除外界的干扰，专注于感兴趣的问题。吉尔福特（J.P.Guilford）认为，任何一个智力单元都由内容、操作、产品3个维度构成，每一个维度上都可以分出好多个项目。他把内容分为5个项目，操作分成5个项目，产品分为6个项目，因此构成了具有150种结合的立方体，每一种结合代表一种智力表现。其中影响最大的项目是发散性思维。[2]

“人格”（personality）一词源于拉丁文，其本意是“面具”。古代西方人在演戏时会根据剧中人的社会角色特征戴上面具，剧中人一出场，观众便知道这个角色是什么样的人。可见，人格是社会化的人的行为方式和性格特征的标志。[3]心理学也把人格称为个性，并从人格倾向性和人格心理特征两个方面描述它。因此，人格是个体在社会化过程中形成的在行为上的内部倾向，它表现为个体适应环境时在能力、情绪、需要、动机、兴趣、态度、价值观、气质、性格和体质等方面的整合。[4]简而言之，人格是由气质、性格、认知风格和自我调控等构成的复杂系统。一个人的独特而稳定的人格，使得他在精神面貌、态度观念和做事方式等方面区别于他人。心理学用“外倾性—内倾性”“宜人性—敌对性”“尽责性—散漫性”“神经质—情绪稳定性”“才智开放性—封闭性”5个最重要维度，描述一个人的独特人格。一般认为，健全人格具有外倾性、宜人性、尽责性、情绪稳定性和才智开放性。[5]例如，高开放性和高尽责性的青少年往往学习优异，高散漫性和高敌对性的青少年容易出现不良行为。[6]人格是在生物遗传、社会文化和学校教育等因素的交互作用过程中，形成的个体的自我概念和社会角色特质。也就是说，健全人格的形成跟人的社会化过程密切相关。家庭、学校、

[1] 贺永平.关于创新型人才培养与大学生学习自由的研究[J].教育与职业，2013（3）.
[2] 郭有菊.创造心理学（第三版）[M].北京：教育科学出版社，2002，1.
[3] 郑希付.现代西方人格心理学史[M]，广东：广东教育出版社，2007，3.
[4] 黄希庭.人格心理学[M].杭州：浙江教育出版社，2002，8.
[5] J.A.Dyce.*The Big Five Factors of Personality and the Irrelationship to Personality Disorders*[J].*Journal of Clinical Psychology*,1997（6）.
[6] 彭聃龄.普通心理学[M].北京：北京师范大学出版社，2004，447.

社会与文化所建立的稳定的规范、态度和价值观，是健全人格培养的重要因素。

爱因斯坦（A.Einstein）在居里夫人（M.Curie）悼念会上指出，“第一流人物对于时代和历史进程的意义，在其道德品质方面，也许比单纯的才智成就方面还要大。即使是后者，它们取决于品格的程度，也远超过通常所认为的那样”[1]。这既是对居里夫人科学建树的充分肯定，也是对其人格的赞美。创新人才都具有人生理想和高尚品质。他们不计得失、热爱祖国、奉献于人类，表现出高尚的人格。先后获得诺贝尔物理学奖和化学奖的居里夫人，不迷恋金钱与荣誉，把一生中获得的奖金几乎全部用于资助波兰革命、资助穷人或为别的科学家创造工作条件。居里夫妇发现了一种放射性很强的元素后，基于对居里夫人祖国波兰的热爱，他们为这一新元素取名“钋”；居里夫人发现了另一种元素“镭”后，一个美国记者惊诧地询问她为什么不申请专利，她却回答：“镭是一种元素，它是属于全世界的！”[2]居里夫人不谋私利，甘愿为祖国和人类做贡献，堪为科学家的楷模。中国著名科学家、科普作家和社会活动家高士其原名高仕錤，他改名的原因是“去掉‘人’旁不做官，去掉‘金’旁不为钱”[3]。高士其改名足以表明他崇高的人生理想与目的。中国杂交水稻的开创者袁隆平被誉为“世界杂交水稻之父”，他始终坚持认为自己是最普通的农民，从事杂交水稻研究半个多世纪，不畏艰难、呕心沥血、兢兢业业、淡泊名利，为解决世界人民的吃饭问题做出了重大贡献。发明青霉素的弗莱明（A.Fleming）正是基于对战争期间受葡萄球菌感染的伤员的关切，不懈努力，终于战胜了葡萄球菌。因此，他也获得了1945年的诺贝尔生理学或医学奖。

创新人才往往充满自信、满怀激情、坚韧乐观。“日本科学之父”长冈半太郎早年研究了大量中国古代经典著作后，确信亚洲人在自然科学方面也是有天赋的，坚持认为自然科学不是西方人的专利。他曾经在给一个朋友的信中说：“没有理由让白人在每个方面都如此超前，如你所说，我希望我们能在10或20年之内打败那些白人，我才不想在地狱里用望远镜去看我们后代的胜利。”[4]长冈半太郎亲自培养一代又一代科学家，使日本的科学事业迅速发展，他的再传弟子汤川秀树果然获得了诺贝尔物理学奖。日本至今已有23人次获得诺贝尔物理学奖、化

[1] 爱因斯坦.爱因斯坦文集（第一卷）[M].北京：商务印书馆，1976，339.
[2] 束炳如、倪汉斌、杜正国.物理学家传[M].长沙：湖南教育出版社，1985，367.
[3] 高志其.高士其：把知识贡献给人民[J].中国科技奖励，2009（8）.
[4] 冈本拓司.科学与竞争：以日本物理学为例，1886-1949[J].科学文化评论，2006（2）.

学奖和生理学或医学奖。众所周知，布鲁诺（G.Bruno）为传播“日心说”被烧死在罗马鲜花广场。在火焰包围中，他仍然坚信哥白尼学说“如同一道霞光，它的出现应当使数百年埋藏在盲目、无耻和嫉妒愚昧的黑暗山洞的古代真正科学的太阳也放射光明”。他庄严地向刽子手表示，“你们对我宣读判词，比我听到判词还要感到畏惧”。布鲁诺不畏邪恶，在生命的终点仍然充满对真理的自信，推进了人类文明和科学的进程。[1]

创新人才有坚强的意志、抗挫折的能力、勇于创新的精神和独特的认知风格。高士其是一位身残志坚的科学家，他在一次研究脑炎病毒的过程中因瓶子破裂，不幸被病毒感染，留下了终身残疾。但是，他在全身瘫痪的情况下，写下了数百万字的科学小品、科学童话故事和多种形式的科普文章，引导了一批又一批青少年走上科学道路。1965年，美国物理学家彭齐阿斯（A.Penzias）和威尔逊（R.Wilson）检测到来自宇宙的微波噪声，在《天体物理月报》上发表题为《4080兆赫处天线附加温度的测量》的研究快讯，为大爆炸宇宙学提供了奠基性的实验支持，共同获得了1978年度的诺贝尔物理学奖。[2]他们清除接收器上的灰尘、树叶、鸟粪和雨水，夜以继日地控制变量观测，终于有了这一重大发现。物理学家霍金（S.Hawking）患有一种不寻常的疾病——渐冻症，仍然坚持研究宇宙，为人类做出了巨大的科学贡献。他身残志坚，不愿向恶疾低头，甚至不愿接受任何帮助。他喜欢被视为科学家、科普作家，最喜欢被视为有理想、有干劲、有梦想与有抱负的普通人。

创新人才具有团队合作的意识与精神，针锋相对又平等坦诚。从1958年开始，中国科学院上海生物化学研究所、中国科学院上海有机化学研究所和北京大学生物系三个单位联合组成协作组，在前人对胰岛素结构和肽链合成方法研究的基础上，开始探索用化学方法合成胰岛素。大家不计得失，终于在1965年完成了结晶牛胰岛素的全合成。1921年玻尔（N.Bohr）倡议成立了哥本哈根大学理论物理研究所。玻尔卓越的科学素养和平易近人的人格，吸引了海森堡（W.Heisenberg）等多位来自不同国家、不同大学的物理学家“自发”加盟。他们学术争论中针锋相对，生活中亲如父子兄弟，产生了哥本哈根学派异彩纷呈的科学成果。

[1] 束炳如、倪汉斌、杜正国.物理学家传[M].长沙：湖南教育出版社，1985，62.

[2] A.A.Penzias,R.W.Wilson. *A Measurement of Excess Antenna Temperature at 4080Mc/s*[J]. *Astrophys*.1965（142）.

创新人才往往具有独特的智力结构。加德纳（H.Gardner）在1983年出版的《智力的结构》中提出，智力是多元的，不是一种能力，而是一组能力，包括语言智力（学习语言文字的能力）、数理智力（数学运算和逻辑推理能力）、空间智力（凭知觉辨识距离、判断方向的能力）、音乐智力（对音乐节奏的欣赏和表达的能力）、体能智力（运用肢体完成精密作业的能力）、交际智力（与人相处和交往的能力）和自省智力（认识、洞察和反思自身的能力）7种智力，各组智力不是以整合形式存在而是以相对独立的形式存在。这说明每个个体的智力都具有自己的特点和独特的表现形式。不存在谁更聪明的问题，只存在不同的个体在哪一方面聪明及怎样聪明的问题，智力的发展方向和程度受环境和教育的影响和制约。[1]多元智力理论为创新教育特别是创新能力的培养提供了理论依据，这说明每一名学生都是同样具有发展潜质的，在学校中没有“差生”，教育就是要通过各种途径和方式，以培养学生的创新意识和创新能力为重点，努力开发每一个学生的最大潜能，推动学生的全面发展。

1986年，斯腾伯格（R.J.Sternberg）提出，创造就像市场上的投资一样，是将人的能力和精力投入到新的、高质量的思想上，创造力是智力、知识、思维风格、人格、动机和环境6种因素相互作用的结果，但是，6种因素很难同时出现又恰到好处的相互作用，发散思维不再是核心，而只是许多要素中的一个。[2]这说明在创新教育中，教育者要从多因素、多角度去创设情境，从多方面培养学生的创新能力。以布鲁纳（J.S.Bruner）等为代表的现代认知学习理论者认为，学习是个体对事物的认识、辨别和理解，从而获得新知识的过程，强调学习是内发的、主动的和整体的。他认为，直觉思维是发现学习的前奏，学习情境的结构性是有效学习的必要条件。他提出了学习的正向迁移和螺旋式课程。[3]在创新能力培养过程中，现代认知学习理论特别注意学生原有的认知结构，注重学生的自主探索，关注学生包括发散思维能力在内的各种思维能力的培养。

心理学对创新人才的品质与成长规律的研究，推动了培养创新人才的教育实践。近年来，TRIZ（theory of invention problem solving）理论在培养创新人才方面也得到了应用。TRIZ理论是由苏联发明家协会主席根里奇·阿奇舒勒

[1] 霍力岩.多元智力理论及其对我们的启示[J].教育研究，2000（9）.

[2] R.J.Sternberg,T.I.Lubart. *An Investment Theory of Creativity and Its Development*[J]. *Human Development*,1991（34）.

[3]《心理学百科全书》编辑委员会.心理学百科全书[Z].杭州：浙江教育出版社，1995，425.

（G.S.Altshuler）于1946年提出的，它是关于发明问题的一套完整体系的理论和方法。[1]TRIZ理论提供的创新设计理论和方法已经被大量实践证明，正成为产品开发中解决技术难题的有效工具。TRIZ理论告诉人们，创新设计方法是关键工具，而创新方法教育恰恰是我国教育所欠缺的。基于TRIZ理论的创新能力培养，将使大学生找到创造性解决问题的途径，这对于目前高校培养创新人才具有重要意义。

国内的诸多学者从研究性学习的视角也对学生创新能力培养做了探讨。最早关于研究性学习的文献是《对研究性学习的一次尝试和认知》。[2]此后一个阶段，对研究性学习的探索与实践主要集中在基础教育领域，但也有少数研究者论述了这种教学方法对高校教学改革的启发意义。在高等教育领域，近年来有学者开始探讨研究性学习对高校人才培养的价值。研究性学习对激活学生的探究兴趣与创新意识，塑造学生的务实精神，提高学生的学习能力、社交能力和可持续发展能力都有重要作用。创新人才培养得到了国内外教育学界的持续关注。作为创新人才培养的重要平台，高校应在理论与实践当中发挥带头作用。[3]

创新人才的培养必须基于人才发展的心理学机理，必须改变传统的教育教学模式。大学要更好地培养纯学术创新人才、学术成果转化型创新人才、企业创新型人才和创新型创业人才，必须对大学自身进行理念创新、管理体制创新、制度创新、教学创新、科研创新和文化创新，使之适应创新人才培养的需要。[4]大学理念是大学的理想和信念，它主要体现在大学的办学目标、培养目标、校训、办学方针、教学习惯、校风、学风与教职工和学生的日常行为准则中。大学理念对创新人才成长能够产生潜移默化的推动作用。我国的大学发展时间较短，大学理念通常会存在这样那样的不足，如大学精神缺失、大学理念陈旧、大学理念雷同、大学理念“口号化”等，难以真正瞄准创新人才的培养。大学要真正适应创新人才培养的要求，必须进行大学理念创新，更新人才培养观念、确定学校定位、把握创新人才的成长机制，把旨在培养创新人才的大学理念变成行动。“教育创新，核心是教育内容、方法和手段的创新。教育活动直接作用于学生的

[1] 杨清亮.TRIZ理论全接触[M].北京：机械工业出版社，2008，5-7.

[2] 胡炯涛.对研究性学习的一次尝试和认知[J].上海教育科研，2010（S1）.

[3] 邵云飞等.高校协同创新机制与人才培养模式研究[M].北京：清华大学出版社，2015，163-166.

[4] 付军龙等.大学创新教育论[M].北京：教育科学出版社，2012，195.

是其内容、方法和手段。教育创新，要在教育内容、方法和手段的创新上下功夫。”[1]与世界一流大学相比，我国大学在师资水平、学生质量、科研水平、科研成果的转化率和科研成果的转化方式等方面，还存在很大差距。但是，大学理念和教育理念的差距才是我国大学与世界一流大学存在的最大差距。大学要成为适合纯学术创新人才、学术成果转化型创新人才、企业创新型人才和创新型创业人才的培养平台，必须进一步完善大学质量工程，优化人才培养结构，加强大学章程建设，扩大社会合作以及推进专业评价。

[1] 袁贵仁.创新是教育发展的灵魂[J].求是，2003（1）.

第二章
学术创新人才：国家知识创新的源泉

为了实现中国梦，国家知识创新是关键，因此，需要培养一大批各学科领域的创新人才。学术创新人才是国家知识创新的源泉。如何培养学术创新人才，是新时代高等教育必须解决的首要问题。钱学森既是典型的科技创新人才，也是许多科技创新人才的良师益友。“钱学森之问”是建立在钱学森自己长期人才培养实践与对我国教育反思的基础之上的。钱学森本人是典型的创新人才，他还以其一生中从学、从研、从教的经历，总结出一套具有中国特色的学术创新人才培养的思想和构想。深刻解读“钱学森之问”，研究钱学森的学术创新人才培养的思想，既能够发现他的学术创新人才培养思想背后严谨的科学思想和深厚的文化底蕴，也能够丰富创新教育的理论与方法，通过学习他培养科技创新人才的方法与实践，找到培养纯学术创新人才和学术成果转化型创新人才的有效策略。根据1985—2014年30年间210位诺贝尔物理学奖、化学奖、生理学或医学奖得主在诺贝尔奖官方网站提供的自传，通过实证研究，可以探寻这些典型的科学创新人才的成长道路，探索学术创新人才成长的基本规律。这对我国培养纯学术创新人才和学术成果转化型创新人才具有启发意义。

一、“钱学森之问”

钱学森的感叹

纯学术创新人才和学术成果转化型创新人才是我国知识创新的源泉，科学研究、文化进步、社会治理、技术革新、产业转型升级等都是基于学术创新人才的原创性创新成果。然而，我国目前在基础研究和应用研究两个方面都缺乏高端人才。2005年7月29日，时任国务院总理的温家宝看望因病住院的钱学森时，94岁的钱学森对温总理说了一段话："现在中国还没有完全发展起来，一个重要原因是没有一所大学能够按照培养科学技术发明人才的模式去办学，没有自己独特的创新的东西，老是'冒'不出杰出人才。这是很大的问题。"这就是"钱学森之问"❶。"钱学森之问"并不是一个简单的问题，而是涉及多个因素的复杂问题。从整体角度看，有学者认为，"钱学森之问"应包含三个问题：第一，"关于杰出人才之问"，此问关系到国家和民族命运，把纯学术创新人才和学术成果转化型创新人才的培养上升到国家创新战略的高度，反映了国家对原创性知识的迫切需求；第二，"关于教育质量之问"，此问反映了对社会现实与教育现状的反思，即提升教育质量、进行教育创新应该成为当前和今后教育发展的中心任务，对教育提出了培养创新人才的任务；第三，"教师水平之问"，此问说明了教师水平是决定教育质量和培养杰出人才的重要因素，中小学教师和大学教师都应该提升教育与学术创新能力，只有这样，才有可能一体化培养创新人才。❷

"钱学森之问"是让国人深入反思与探讨中国基础教育和高等教育的问题，尤其是关于如何破解中国教育创新力不足导致的纯学术创新人才和学术成果转化型创新人才匮乏的重大问题。钱学森认为，教育科学中最困难的、最核心的问题是教育科学的基础理论问题，即人的知识和人应用知识的智力究竟是怎样获得的、有什么规律可以遵循？解决了这个最困难的、最核心的问题，教育的其他问题也许就迎刃而解了。如果这个核心问题始终没有得到突破和解决，就不可能构建教育科学的基础理论，其他问题也就难以解决。

"钱学森之问"是一个涉及人的、深奥的系统科学问题。按照钱学森的看法，到目前为止，我们国家还没有一个比较系统、比较权威、真正能指导教育教学改革、推动素质教育与创新教育发展的教育科学基础理论。钱学森倡导我国应该构建马克思主义创新教育学。他一直强调，中国教育改革必须从解决教育理论这个根本问题入手，即从构建教育科学的基础理论做起。因此，钱学森在向教育界、理论界呼吁加强教育基础理论研究的同时，亲自上书国家领导人，加以建议。这或许是"钱学森之问"的核心。

解读"钱学森之问"，不仅涉及中国的高等教育，也涉及中国的中小学教育，甚至涉及中国的教育体制问题，涉及如何处理教育与经济、科技、文化与社

❶ 奚启新.钱学森传[M].北京：人民出版社，2011，584.

❷ 傅国亮."钱学森之问"的启示[J].教育研究，2009（12）.

会环境之间的关系，尤其是我国教育与几千年以来的传统文化之间的关系。当然，“钱学森之问”主要“问”的是高校如何培养科技创新拔尖人才，在于探讨如何培养纯学术创新人才和学术成果转化型创新人才。在钱学森心目中，科技创新拔尖人才的标准应该是，他们是在世界科技领域有重大发现、重大发明、重大成就，享有盛誉的世界科学大师。如果按照这个标准衡量科技人才，从新中国成立直到目前，这种科技创新拔尖人才确实很少。解读“钱学森之问”，重在发现我国教育存在的问题；研究钱学森的创新教育思想，从而探寻培养创新人才的策略与方法。钱学森的创新人才培养的理论与实践，是以其从学、从研、从教的丰富多彩的亲身经历为基础的。他倾注心血，历时四年，按照他的教育理念进行实践，主持全方位改建国防科技大学。这一大学改建过程也比较全面系统地体现出钱学森的教育理念。[1]

钱学森的反思

从我国多年的教育实践来看，我国教育的根本问题在于普遍存在应试教育，缺乏创新人才培养的“土壤”。钱学森本人曾经介绍过美国加州理工学院的经验，指出中国大学存在的一些问题：学生没有充分的权利和民主氛围，缺乏创新思想和创新精神，理工科缺乏对学生创新思想和艺术修养的启迪等。[2]

钱学森一生都是在攻坚克难的科学技术研究氛围中度过。钱学森认为，只有营造浓郁的科学技术创新的研究氛围，激励师生始终立足于学术前沿攻关突破，才可能培养出一流的科学技术创新拔尖人才，创造出一流的学术研究成果。然而，在高等教育大众化背景下，我国大学生就业压力前所未有，导致部分高校急功近利，以培养职业科技人才为目标，我国大学的一切教育活动都是为了学生更好地就业。因此，大学生的基础研究能力和应用研究能力都没有得到很好地培养，科学技术创新的浓郁研究氛围难以形成，这样的学术与教育氛围不可能培养出科学技术的创新拔尖人才。因此，我国高校还缺乏浓郁的科学技术创新的研究氛围。

钱学森认为，高等学校课程体系与教学内容是关系人才培养的基础性问题，

[1] 马望星、马近远.钱学森创新教育思想解读[M].北京：高等教育出版社，2014，1-2.

[2] 钱学森.为什么我们的学校总是培养不出杰出人才?——与身边工作人员的最后一次系统谈话[J].理论参考，2010（5）.

是打造学术创新拔尖人才必须具备的知识结构的基础。当年，钱学森在改建国防科技大学时，设计和构建的课程体系依次为教学中的共同课、基础课与专业基础课、专业课。其中，共同课包括政治理论课、公共外语课和工程技术概论等。[1]虽然现在的高校课程体系与三十多年前相比发生了很大的变化，但钱学森当年的一些高等教育理念与课程理念，仍然值得我们借鉴。目前，许多高校只是开设了一些专业实践的实验性创新课程，还没有去系统建构培养创新拔尖人才的课程体系，这不利于创新拔尖人才的培养。可见，我国高校尚未系统构建培养创新拔尖人才的课程体系。

钱学森当年要求学校抓住经常性教育、课堂教学、实践教学、复习自学、考试等这些培养学生的基本环节和途径，将培养学生的创新思维和能力贯穿于教育教学的全过程。[2]钱学森认为，我们平时的教育，包括政治理论课教学，尤其是马克思主义哲学教学，都是确立学生科学世界观、人生观和辩证唯物主义思想方法的主要手段，也是培养学生创造性思维的基础性工作。就目前高校纯学术创新人才和学术成果转化型创新人才培养工作来看，高校还没有充分认识到学生创新思维能力的重要性，只是开设了少量的创新思维训练课程，没有抓住一切机会来培养学生的创新思维能力。因此，我国高校还未将学生创新思维能力培养贯穿教育教学的全过程。

在钱学森创新教育理念中，办好一所充满创新氛围的大学，实现创新拔尖人才培养，必须拥有一批具有开拓创新的勇气、胆识和智慧的大师级人物，只有拥有真正深谙学术规律的教育大家、科学大家，才有可能将学校不断推向学术前沿，培养出创新拔尖人才。然而，由于目前我国高等教育管理体制的限制，高校还在行政体制管理之下，校长作为行政干部主要由上一级组织部门任命，不是完全由学校根据学术能力、创新能力来挑选，因此，高等学校缺乏育人的自主权，这也从一定程度上影响了我国高校创新拔尖人才培养。我国大部分高校还没有做到由科学技术创新的大师办学与育人。

二、钱学森学术创新人才培养构想

作为一名杰出科学家，钱学森强调，为了培养具有较强创造性的技术科学人

[1] 曲亮生.钱学森论数理化基础理论课教学[J].高等理科教育，2014（8）.
[2] 曲亮生.钱学森论数理化基础理论课教学[J].高等理科教育，2014（8）.

才，必须强化基础、淡化专业。钱学森以自己多年在技术科学领域开拓进取的亲身经历，以及对科学研究与技术开发的基本规律的深刻把握，站在对技术科学人才需要深刻理解的高度，创造性地推出自己的科技教育理念，并加以实践。他针对以往高等院校重专业、轻基础所带来的一些弊端，尤其是他对现代科学技术特别是国防尖端技术发展趋势的深刻洞察，将国防科技大学建成按技术学科设系的大学，要求国防科技大学强化基础、淡化专业。这是当时国防科技领域办学育人制度的突破。

钱学森反复强调，学好基础和奠定扎实的专业基础。这一办学理念具有重要的理论价值与实践价值，值得我国各大学借鉴。他强调，学生“要冒尖，要对任何尖端技术问题没有畏难情绪，一定要打好基础与专业基础，只有把基础与专业基础学好了才行，才能垒得上去，才能有底气、有胆量、有勇气去冒尖和创新”❶。他认为，没有深厚的基础知识和宽阔的知识面不行。他既强调知识的广度也突出知识的深度。他认为没有广度和深度，培养的人是脆弱的，不能研究新的东西，联系实际也不深刻。❷因此，钱学森提出“理工结合、以工为主”的科技创新人才培养模式。理工结合就是要在“结合”上下功夫，理论联系工程实际，创造性地运用所学的科学理论，深入思考工程技术的实际问题，思考那些能摸得着、抓得到的科学技术问题，有所发现、有所发明、有所创造。理论紧密联系工程实际是这位杰出的技术科学家、工程科学家在学业和事业成功中最切身的体会，也是科学研究与技术开发的基本要求和必然规律。

作为一位系统科学专家，钱学森的教育理念蕴含着系统科学指导下的创新教育理念。钱学森的创新教育理念，是在他作为科技主帅长期领导研制“两弹一星”这类涉及千头万绪的巨大科技工程的过程中，从多次失败与成功的经历与教训中总结提炼出来的，是极为宝贵的理念。钱学森在给国防科技大学设计人才培养方案和模式时，运用了共性与个性相统一的系统方法。他认为，同样是国防尖端技术人才，却有研究、设计、生产、实验和管理五种类别。但没有必要也不可能构建五种人才培养模式。他认为，对于培养国防尖端技术五种人才来说，加强基础与专业基础是普遍的、共同的要求；即使对于那些接受再教育的技术管理人才也是如此，没有必要为他们另外设立一些学科专业，因为这部分人的专业知识和专业技能很强，这些技术管理人才最缺乏的是基础知识和专业基础，如果他们

❶ 马望星.钱学森创新教育的伟大实践[M].长沙：湖南科学技术出版社，2012，4.

❷ 曲亮生.钱学森论数理化基础理论课教学[J].高等理科教育，2014（8）.

将基础知识和专业基础加强了，就如虎添翼。对于培养勇于攻关、创新、冒尖的国防尖端技术人才，加强基础与专业基础更有特殊意义。

钱学森将办学育人和培养科技创新拔尖人才作为一个系统工程来考虑。这个系统工程或模式涉及办学体制、人才培养的目标和方针原则、课程体系、教育教学内容手段方法、学科建设、科学研究、师资队伍水平等各个方面。同时，这个系统工程或模式的内部结构也与外部的政治、经济、科技、文化与社会环境等多种因素有着千丝万缕的联系。钱学森在进行复杂系统研究时提出，复杂系统的核心元素是“人”，或者说复杂系统是以“人”为主的系统。这一观点对于办学育人和培养创新拔尖人才具有非常深刻的意义。学校的主要任务和崇高使命就是育人。因此，学校必须围绕育人这个崇高使命，对整个系统工程或模式通盘考虑与设计，深化教育教学等各个方面的改革与创新，真正培养出适应时代发展和国家需求的科技创新拔尖人才。

钱学森基于其人才培养实践，提出了“大成智慧学”。“大成智慧学”是引导人们尽快获得聪明才智与创新能力的学问。❶这是他的系统科学思想研究不断拓展深化后，构筑的一种前瞻性很强的全新的人才培养模式。众所周知，钱学森一贯强调培养科技创新拔尖人才，而创新拔尖的核心问题就是如何使人将获取的知识变成智慧。他的“大成智慧学”的关键特征在于，“既不只谈哲学，也不只谈科学，而是将哲学和科学技术统一结合起来。哲学要指导科学，哲学也要来自科学技术的提炼。这似乎是我们观点的要害：必集大成，才能得智慧”❷。他认为，智慧是比知识高一层次的东西，是创新的源泉；教育要解决的问题就是如何培养和激活人的创造性思维和能力。

钱学森进一步指出，人的智慧单靠一个方面不行，必须具备“量”和“质”两个方面。因为“量”和“质”是辩证统一的，人们对事物的认识和理解总是从“量”的变化到“质”或“性”的变化，而“质”或“性”的变化也必然影响“量”的变化。只有“量智”，有时会犯机械唯物论的错误，所以需要“量智”与“性智”的集成统一，也就是说，表现“量智”的科学技术和表现“性智”的哲学、艺术、美学等，必须综合集成统一，这就是“大成智慧学”的威力。钱学森的“大成智慧学”认为，培养创造性思维就要让学习者熟悉科学技术体系，熟悉马克思主义哲学，熟悉信息网络，善于用电子计算机处理知识，能够把理、

❶ 钱学敏.论钱学森的大成智慧学[J].中国工程科学，2002（3）.
❷ 钱学敏.钱学森的大成智慧[J].中国航天，2018（9）.

工、文、艺结合起来。现代科学技术体系中的数学科学、自然科学、系统科学、军事科学、社会科学、思维科学、人体科学、地理科学、行为科学、建筑科学十大科学技术门类的知识是性智与量智的结合，主要表现为"量智"；而文艺创作、文艺理论以及各种文艺实践活动，也是性智与量智的结合，但主要表现为"性智"。"性智""量智"是相通的。❶

钱学森学术创新人才培养理念是中西方先进文化的集大成。钱学森对创新的本质和意义具有深刻的理解。只有包括学校在内的全社会营造浓郁的创新氛围，国家的教育和其他各项事业才会真正充满生机和活力。钱学森以他自己在北京师范大学附中和美国加州理工学院的两次受教育的经历，告诫人们要学习创新文化理念和践行创新教育思想。在钱学森看来，这两个不同国度不同学校的教育理念，代表了中西方先进文化的教育理念，是适合培养科技创新拔尖人才的教育理念。❷

三、典型学术创新人才成长之路

《国家中长期教育改革和发展规划纲要（2010—2020）》要求我国加快创建世界一流高水平大学和形成一批世界一流学科的步伐，强调大学要培养一批在学术领域拔尖的创新人才，通过这些学术领域拔尖的创新人才推出一批在国际学术界领先的原创性成果。2015年，屠呦呦获得诺贝尔生理学或医学奖振奋了我国学术界、科学界乃至全国人民，增强了我国推出原创性学术、文化、科学和技术成果的民族自信。但是，"钱学森之问"仍然困扰着我国大学。钱学森认为，现在中国没有完全发展起来，一个重要原因是没有一所大学能够按照培养科学技术发明创造人才的模式去办学。❸其实，创新人才的培养是我国各级教育面临的共同任务。"钱学森之问"既是"大学之问"，也是"中小学之问"。创新人才的成长是一个连续的学术生命发展的过程。虽然科学创新主要跟大学本科阶段的基本科学训练和研究生阶段的专门化科学训练直接相关，但是，也跟中小学的科学普及甚至学前的科学启蒙有密切联系。为了培养科学创新人才，大学要通过教育制

❶ 钱学敏.钱学森的大成智慧学[N].北京日报·理论周刊，2007-4-12.
❷ 马望星、马近远.钱学森创新教育思想解读[M].北京：高等教育出版社，2014，1-2.
❸ 余申芳.亲切的交谈——温家宝看望季羡林、钱学森侧记[EB/OL].[2005-07-30].http://news.xinhuanet.com/newscenter/2005-07/30/content_3287444.htm.

度与培养机制设计、大学课程与教学改革，为大学生提供既严格又开放的基本科学训练，保证其研究生阶段顺利完成专门化科学训练；中小学必须明确与落实学生早期科学启蒙、科学普及与初级科学训练（或科学探究学习）的目标与内容，实现科学创新人才的一体化规划与系列化的基础性培养。

1985—2014年30年间，共有210位诺贝尔科学奖获得者。诺贝尔科学奖包括物理学奖、化学奖、生理学或医学奖。在这210位诺贝尔科学奖获得者中，绝大多数都在诺贝尔奖官方网站提供了自传。他们的自传既涉及他们大学本科阶段所接受的基本科学训练，也涉及他们所接受的早期科学教育。这些科学创新杰出人才的成长道路，对我们探究创新人才特别是纯学术创新人才和学术成果转化型创新人才的培养取向与路径很有启示。

科学启蒙与科学普及的重要性

早期科学教育是科学创新人才成长的奠基性环节。中小学甚至幼儿园必须科学、合理地定位与明确早期科学教育的目标，这对于科学创新人才成长尤为关键。我国改革开放以来，科学创新人才的早期培养，往往跟中国科技大学等高等学校的“少年班”和苏州中学等中小学的“少年班预备班”联系在一起。中南大学蔡自新教授分别在1999年、2000年、2002年和2006年的全国政协会议上提交了4次关于废除“少年班”和停止儿童超前学习的议案。[1]但是，一些大学和少数所谓“顶级”中学仍然坚持办“少年班”和“少年班预备班”。这种“加速学习”“压缩学习”和“超前学习”是在“多出人才”“快出人才”和“不让孩子输在起跑线上”的指引下蔓延开的，既影响了我国基础教育，也实质性地影响了高等教育的办学取向。但是，从总体看来，这种“加速学习”“压缩学习”和“超前学习”的“科学英才”培养模式并不理想。

“加速学习”“压缩学习”和“超前学习”的培养模式实际上就是，让所谓“科学英才”以比普通孩子更快的学习速度完成常规科学课程甚至大学科学课程的学习。这些所谓“科学英才”往往跳级，在中学超前学习大学的科学类课程并获得大学认可的学分，或者提前进入大学科学类专业学习。“加速学习”“压缩学习”和“超前学习”对这些所谓“科学英才”的学业和他们以后的学术生

[1] 熊树民.“温室神童”难孚人望，蔡自兴委员提出大学“少年班”应及早废止[N].人民政协报，1999-03-24.

涯有多大价值？国外的两项研究认为，实现学生学习进步的方式并非仅仅是向他们提供日益复杂的思想、观点和概念。❶国外的另一项关于高能力水平和高学习能力水平学生的“加速学习”的研究表明，“加速学习”对被选来的孩子来说，只是“难得的体验”❷。众所周知，心理学家皮亚杰（J.Piaget）曾经断言：“知识逻辑和理性组织发展与相应的心理认知过程具有相似性。”❸科学史家库恩（T.S.Kuhn）也指出，皮亚杰“对儿童的空间观、时间观、运动观或者关于世界本身的观念这样一些主题的富有洞察力的研究，已经反复地揭示了儿童的观念与古代成人科学家所持的观念有惊人的类似之处”❹。虽然美国国家研究理事会1998年提出了“每个孩子都是科学家（Every child a scientist）”❺的口号。现实的情况是，只有极少数孩子将来可能会成为科学家，而“每个孩子都是科学家”只意味着，每个孩子都有科学家那样的好奇心、动手“做”的本能、“摆弄”器材和工具的本能，以及人类都具备的基本推理能力。这些特征不是“加速学习”“压缩学习”和“超前学习”的依据，这些特征只是使中小学的早期“科学探究学习”成为可能。皮亚杰和库恩指出的科学认知发展的规律，并不表明在学前教育和基础教育阶段可以随意开展“加速学习”“压缩学习”和“超前学习”。从科学创新人才早期培养的模式和目标定位看，采用“加速学习”“压缩学习”和“超前学习”进行科学创新人才是不可取的。

早期科学启蒙与初级科学训练当然会对孩子的未来发展产生重要影响。在科学发展过程中，许多杰出的科学家都有过早期科学启蒙与初级科学训练。例如，意大利物理学家伽利略（Galileo Galilei）在科学研究方面，就受到其父亲的重要影响。据说，在1588—1589年间，伽利略与他的父亲进行过一些关于音调与绳中张力关系的实验。对能量守恒定律的证实有巨大贡献的英国科学

❶ R.G.Duncan& A.W.Gotwals. *A Tale of Two Progressions:On the Benefits of Careful Comparisons*[J]. *Science Education*, 2015（3）.

❷ N.Colangelo,S.Assouline&M.U.M.Gross. *A Nation Deceived:How School Shold Back America's Brightest Students（Vol II）*[M].Iowa City:The University of Iowa, 2004, 59-65.

❸ J.Piaget&R.Garcia.*Psychogenesis and the History of Science*[M].New York:Columbia University Press, 1989, 269.

❹ T.S.Kuhn.*The Essential Tension:Selected Studies in Scientific Tradition and Change*[M].Chicago:University of Chicago Press, 1977, 21.

❺ U.S.Governing Board of the National Research Council. *Every Childa Scientist:Achieving Scientific Literacy for All*[M].Washington:National Academy Press, 1998, 1.

家焦耳（J.P.Joule）就是从家里啤酒作坊的工作开始他的学术生涯的。焦耳曾经同他的兄弟、仆人做过电击实验，他们相互电击，研究不同强度的电击对人的危害。❶2009年度诺贝尔生理学或医学奖获得者、美国生物学家绍斯塔克（J.W.Szostak）发现了在细胞分裂时染色体如何进行完整复制，如何免于退化。他在提供给诺贝尔奖官方网站的自传中写道：“父亲在地下室为我建了一个化学实验室，我在这里进行的实验常常需要一些危险化学品，母亲则从她工作的公司买好带回来让我使用。”❷1988年度诺贝尔物理学奖得主施瓦茨（M.Schwartz）利用质子加速器发现了第二种中微子——μ中微子，对中微子研究做出了贡献。他认为，他真正对物理学感兴趣始于他12岁进入美国纽约的布朗克斯科学高中（Bronx High School of Science）。❸1997年，朱棣文因为在激光冷却和陷俘原子方面作出重要贡献而获得了诺贝尔物理学奖。在提供给诺贝尔奖官方网站的自传中，他告诉我们：“我的物理老师托马斯·迈纳特别聪明。……他告诉我们要学会如何处理像‘物体由于重力怎样加速下落’这样简单的问题。通过猜想和观测，把想法转换为一种可以通过实验检验的理论。”❹1985年度诺贝尔化学奖获得者、美国物理化学家卡尔（J.Karle）在用直接法确定晶体结构方面做出了开创性的工作，得到科学界的公认。他在提供给诺贝尔奖官方网站的自传中坦言：“我有幸进入纽约市公立学校学习。我的化学和物理课都是同一个老师教的，这两门课都使我受益匪浅。这位老师发现了我的科学兴趣，鼓励我朝这个方向发展。”❺可见，有效的早期科学启蒙与初级科学训练，能够对有强烈科学兴趣的孩子的未来发展方向产生显性或隐性的影响。我们到底应该为这些孩子们提供什么样的早期科学启蒙与初级科学训练呢？

本书作者从诺贝尔奖官方网站上查阅了1985—2014年210位诺贝尔物理奖、化学奖、生理学或医学奖获得者的自传，其中有133位在他们的自传中提到童

❶ A.Lamont.*The Great Experimenter Who Was Guided by God*[J]. *Creation*,1993（2）.
❷ J.W.Szostak-biographical[EB/OL].[2015-06-01].http://www.nobelprize.org/nobel_prizes/medicine/laureates/2009/szostak-bio.html.
❸ M.Schwartz-biographical[EB/OL].[2015-04-17].http://www.nobelprize.org/nobel_prizes/physics/laureates/1988/schwartz-bio.html
❹ S.Chu-biographical[EB/OL].[2015-04-17].http://www.nobelprize.org/nobel_prizes/physics/laureates/1997/chu-bio.html.
❺ J.Karle-biographical[EB/OL].[2015-05-07].http://www.nobelprize.org/nobel_prizes/chemistry/laureates/1985/karle-bio.html.

年、少年时期接受的早期科学启蒙与初级科学训练，以及早期科学启蒙与科学训练对他们后来学术生涯的影响。这133位诺贝尔科学奖获得者接受的来自中小学或家庭的早期科学启蒙与初级科学训练如表1所示。

表1　133位诺贝尔物理学、化学、生理学或医学奖获得者接受的早期科学启蒙与初级科学训练

获奖者早期科学启蒙与初级科学训练的来源	感知与了解科学（人数与比例）	培养与激发科学热情（人数与比例）	科学推理与“动手做”训练（人数与比例）	课外自主超前学习科学知识（人数与比例）
中小学	51（39%）	47（35%）	24（18%）	20（15%）
家庭	27（20%）	26（20%）	17（13%）	2（1%）
中小学和家庭	55（41%）	53（40%）	38（29%）	17（13%）
总人数与比例	133（100%）	126（95%）	79（59%）	39（29%）

说明：本表数据是根据诺贝尔奖官方网站 www.nobelprize.org 提供的获奖者自传分析统计得到。

研究表明，“约80%的获奖者声称其中小学的早期科学启蒙与初级科学训练对他们影响很大；约61%的获奖者声称早期家庭的科学氛围或接受的初级科学训练对其科学生涯有重要影响。所有这些获奖者都把早期对科学的感知与了解归因于中小学或家庭良好的科学氛围，例如，毕业于有优秀科学教师或著名科学家曾就读的中小学，或父母是科学家，或父母经常跟科学家接触等。约95%的获奖者认为他们早期的科学热情是被学校教师、父母、亲戚或朋友点燃的；有59%的获奖者曾经接受过学校或父母提供的逻辑或数学推理、观察和实验、研究方案设计等方面的早期训练；约29%的获奖者曾经在学校教师、父母、亲戚或朋友鼓励下课外自主学习大学课程或其他科学书籍”❶。

可见，“科学创新人才早期培养的目标定位应该是‘科学启蒙’与‘科学普及’。具体来说，科学创新人才早期培养应该让孩子们感知科学、激发科学热情与激情，通过向孩子们普及一些科学知识，让他们初步了解科学范式（方法和技能），为他们日后选择科学研究生涯奠定基础”❷。

❶ 母小勇.论科学创新人才的一体化培养——来自诺贝尔奖获得者的启示[J].教育发展研究，2016（9）.

❷ 母小勇.论科学创新人才的一体化培养——来自诺贝尔奖获得者的启示[J].教育发展研究，2016（9）.

大学本科基本科学训练的重要性

在现代科学创新人才成长和发展的过程中，大学是重要场所与关键环境。一般来看，当代科学创新成果产生于硕士、博士阶段的专门化科学训练与科学研究活动中。现代科学创新人才本科阶段的科学教育仍然属于奠基环节。

虽然经历了多年的改革，我国绝大多数大学仍然坚信可以按照规定模式“加工”本科大学生，因此，不能够真正培养出科学创新的人才。当前，我国大学在学科和专业等专业性约束下，课程、教学和考试以掌握知识为目标，必修课是主要的课程内容，本科教学体系相对封闭。大学的培养活动完全不顾大学生的个性化发展需要，无视大学生的兴趣、能力、偏好等个性特点，通过让大学生完成痛苦的“被专业化”过程，使他们成为“千人一面”的“产品”。因此，大学生对于应该“学什么”和应该“怎样学”，缺乏最起码的自主性。一些大学也可能从形式上开设一些选修课，但是，因为可供选择的课程非常有限，实际成为了必选课。科学技术类专业的大学生，实验室训练非常有限，实践训练基本没有得到重视，这些“做”的学习与“做”的训练，实际上只是机械的知识学习的陪衬或工具。在高等教育大众化背景下，大学生人数急剧增加，大学年轻的讲师、副教授成为本科教学的主力军，但是，他们既要承担大量教学任务，又要因职称晋升的压力忙于“生产”论文和著作，最终只好应付本科教学；大学资深的教授们则努力争取各种国家级的科研项目，为提高所在大学的排名而奋斗，为提升自己的学术地位而奔波，因此，本科生鲜见教授们的身影。在大学里，学科界限和僵化的专业机制导致各学科、各专业和各学院“各自为政”。“知识取向”的人才培养模式和缺乏师生交流互动的教学过程，制约了科学创新人才的成长。为了培养科学创新人才，大学应该为大学生营造什么样的成长环境？提供什么样的基本科学训练？

瑞士物理学家米勒（K.A.Müller）因发现新型超导材料，获得1987年度诺贝尔物理学奖。他在自传中说：“我进入位于苏黎世的瑞士联邦理工学院著名的物理和数学系。……最基础的课程由谢勒（P.Scherrer）教授执教，他生动的演示对我的物理科学观产生了深远影响。在一定程度上讲，其他课程没有多少启发性。因此，我曾经认真考虑过是否换到电气工程专业。然而，负责高级物理实验的丹泽博士劝我继续学习物理。在以后的学期里，我选择了泡利（W.E.Pauli）的课程，他给我留下了深刻的印象。他是一个真正聪明的人，对自然和人类有深入理解。”[1]美国物理学家奥谢罗夫（D.D.Osheroff）因发现氦-3超流性，获得1996年度诺贝尔物理学奖。当年他去加州理工学院读大学，是因为诺贝尔物理学奖获得者费曼（R. P. Feynman）正在那里进行“著名的本科教学”。奥谢罗夫认为，他在加州理工学院度过了一段美好时光。他坦言，费曼的课程虽然不能说全都懂，但这些课程对他发展物理直觉影响最大。[2]像泡利和费曼这样的大师走进本科生的课堂，大学生可以聆听大师的课程教学、大师举办的学术讲座和大师开设的学术沙龙，甚至有机会加入大师的学术团队，这必然会对有极大科学兴趣的大学生产生巨大的学术影响。

毋庸置疑，科学研究既强调反复观察、反复实验的科学实证，也重视符合逻辑的演绎分析与推理。也就是说，科学研究是一个激动人心而又艰苦的“做”的过程。大学阶段，科学研究范式的训练与掌握对于有极大科学兴趣的科学创新人才的成长来说是极为重要的。1986年度诺贝尔物理学奖得主、德国物理学家宾宁（G.Binning）对电子显微镜与扫描隧道显微镜的发明有重要贡献，他在提供给诺贝尔奖官方网站的自传中写道：“我意识到‘做物理’远比‘学物理’有趣，‘做物理’也是学习物理的正确道路。我一直对马坦森教授非常崇拜，他总能抓住并阐述科学问题的本质。霍恩博士指导我做实验，当我问他一些愚蠢的问题时，他表现出非凡的耐心。”[3]因发现新型超导材料获得1987年度诺贝尔物理学奖的德国物理学家贝德诺尔茨（J.G.Bednorz）在自传中描述道：“1968年，我在明斯特大学化学专业，但是不知为何，我感觉很失落，也许因为学生太多又没有人情味吧！因此，我转到了结晶学专业，这个矿物学领域介于化学与物理学之间。……1972年，我的老师霍夫曼教授和玻姆博士安排我以一名夏季学生的身份加入IBM苏黎世研究实验室进行三个月的学习。这对我来说是一个挑战……很快，这里自由的氛围给我留下了深刻的印象，即使我只是一名大学生也被给予工作，我从错误中学习，用自己的方式发现新问题。”[4]1988年度诺贝尔化学奖得

[1] K.A.Müller-biographical[EB/OL].[2015-04-17].http://www.nobelprize.org/nobel_prizes/physics/laureates/1987/muller-bio.html.

[2] D.D.Osheroff-biographical[EB/OL].[2015-04-17].http://www.nobelprize.org/nobel_prizes/physics/laureates/1996/osheroff-bio.html.

[3] G.Binning-biographical[EB/OL].[2015-04-17].http://www.nobelprize.org/nobel_prizes/physics/laureates/1986/binnig-bio.html.

[4] J.G.Bednorz-biographical[EB/OL].[2015-04-17].http://www.nobelprize.org/nobel_prizes/physics/laureates/1987/bednorz-bio.html.

主、德国生物化学家米歇尔（H.Michel）成功地解析了细菌光合作用反应中心的立体结构，阐明了光合作用的机制。他在自传中说："1969年我在图宾根大学学习生物化学。那时图宾根大学是德国学习生物化学的唯一地方。学习生物化学意味着除了完成几乎跟化学系学生同样数量的讲座和课程学习，还需要完成生物系大量的讲座和课程学习。……后来机会来了，我在慕尼黑大学和马克斯·普朗克生物化学学会的各种生物化学实验室工作了一年，而不必参加图宾根大学的实验室课程。我在1972—1973年抓住了这个机会，并最终确信学术研究就是我想要做的事情。"❶1988年度诺贝尔生理学或医学奖获得者、美国化学家埃利恩（G.B.Elion）研究发现了抗癌抗器官移植排斥反应药物原理。她在自传中描述道："一次偶然的机会，我遇到一位寻找实验室助理的化学家。虽然那时他不能给我任何薪水，但是我决定去做。这一经历非常有价值。"❷美国物理学家康奈尔（E.A.Cornell）因在稀薄的碱金属中实现了玻色—爱因斯坦凝聚，以及在对这种凝聚物的特性进行早期的基础研究中所取得的杰出成就，获得2001年度诺贝尔物理学奖。他在大学阶段的第一份物理方面的工作是在斯坦福直线加速器中心做一个"扫描者"。他认为，作为一个大学一年级新生，他需要赚一点钱，但是更重要的是他找到一种了解科学的途径。❸上述诺贝尔奖获得者取得的成功，跟他们主动或被动获得的"做"的基本科学训练是密切相关的。

"大学自由的课程选择、专业转换和跨学校培养机制的建立，对于创新人才成长也很有必要。"❹对原子钟和离子捕集技术有重要贡献的美国物理学家拉姆齐（N.F.Ramsey）于1989年获得诺贝尔物理学奖。他在自传中说："虽然我开始学习工程，但我很快发现比起成为工程师我更想深入理解自然，所以我转到了数学系。……在1935年我从哥伦比亚大学毕业的时候，我发现物理是可以考虑的专业，最能激发我的好奇心和兴趣。……这时，哥伦比亚大学为我争取到了凯利特

❶ H.Michel-biographical[EB/OL].[2015-05-07].http://www.nobelprize.org/nobel_prizes/chemistry/laureates/1988/michel-bio.html.

❷ G.B.Elion-biographical[EB/OL].[2015-06-01]http://www.nobelprize.org/nobel_prizes/medicine/laureates/1988/elion-bio.html.

❸ E.A.Cornell-biographical[EB/OL].[2015-04-17]..http://www.nobelprize.org/nobel_prizes/physics/laureates/2001/cornell-bio.html.

❹ 母小勇.论科学创新人才的一体化培养——来自诺贝尔奖获得者的启示[J].教育发展研究，2016（9）.

奖学金（Kellett Fellowship），我便去英国剑桥大学读本科物理。”[1]1991年度诺贝尔生理学或医学奖获得者内尔（E.Neher）在涉及电信号的分子交通——离子通道方面有重要成就，他在自传中写道：“1963年的秋季，我开始在慕尼黑工业大学学习物理学。这个大学跟德国其他典型大学不同，有非常紧张的学习计划，有大量的问题取向的课外研究以补充常规讲座、课程的不足。……1966年，我获得了富布莱特奖学金（Fulbright Scholarship）去美国学习，能够有机会接触生物物理，实际上这才是我的真正目的。在威斯康星大学麦迪逊分校期间，我完全融入生物物理实验室，开展X射线散射研究。”[2]类似的科学创新人才的事例还有不少。德国哲学家雅斯贝尔斯（K.T.Jaspers）指出：“科学家从无限多的可能性里选定一个问题，促成这个选择的可能是莫名其妙的冲动、热爱和仇恨。”[3]心理学家马斯洛（A.H.Maslow）强调：“人，甚至是儿童，最终必须自己进行选择。别人不能代替他进行选择，因为这会使他衰弱下去，会削弱他的自信心，会使他对于自己经验中的内在的快乐，对于自己的冲动、判断和情感的觉察能力发生混乱，也会使他对于什么是自身内在的东西以及什么是他人准则的内化不能区分”。[4]雅斯贝尔斯和马斯洛的观点，也许对我国高等教育改革有启发意义。

在大学本科阶段，鼓励学生自主学习对他们成长同样重要。瑞士化学家恩斯特（R.R.Ernst）改进了核磁共振技术，发明了傅立叶变换核磁共振分光法和二维核磁共振技术。因此，他获得1991年度诺贝尔化学奖。他在自传中讲述了他大学期间课外学习的体会：“我很快对（20世纪）50年代瑞士联邦理工学院所教的化学课程失望，学校要求学生必须背诵数不清的事实或结论，甚至有些事实或结论是教授都不理解的。局限于经典热力学的物理化学讲座与课堂教学也没有揭示太多有价值的见解。因此，我像在高中一样，继续通过阅读来获得一些像样的化学知识。那个时候，我从S.格莱斯顿的《理论化学》中学习了很多知识，它向我展示了课堂上从来没有提到过的量子力学、光谱学、统计力学和统计热力学。”[5]

[1] N.F.Ramsey-biographical[EB/OL].[2015-04-17].http://www.nobelprize.org/nobel_prizes/physics/laureates/1989/ramsey-bio.html.

[2] E.Neher-biographical[EB/OL].[2015-06-01]http://www.nobelprize.org/nobel_prizes/medicine/laureates/1991/neher-bio.html.

[3] [德]卡尔·雅斯贝尔斯.大学之理念[M].上海：上海世纪出版，2007，41.

[4] 林方.心理的困惑与自救——心理学的价值引论[M].沈阳：辽宁人民出版社，1989，155.

[5] R.R.Ernst-biographical[EB/OL].[2015-05-07].http://www.nobelprize.org/nobel_prizes/chemistry/laureates/1991/ernst-bio.html.

雅斯贝尔斯认为，“教育的过程是让受教者在实践中自我练习、自我学习和成长，而实践的特性是自由游戏和不断尝试”❶。

在诺贝尔奖官方网站发布的1985—2014年间的诺贝尔科学奖获得者的自传中，有174位得主在他们的自传中强调了他们在大学本科阶段受到的重要学术影响。具体情况如表2所示。

表 2 1985—2014 年间 174 位诺贝尔科学奖获得者在大学本科阶段受到的重要学术影响

获奖奖项	人数与比例	名师指导（人数与比例）	“做”科学训练（人数与比例）	跨专业跨学校学习（人数与比例）	自主选择学习（人数与比例）
物理学奖	58（33%）	34（20%）	28（16%）	27（16%）	17（10%）
化学奖	57（33%）	37（21%）	29（17%）	32（18%）	8（5%）
生理学或医学奖	59（34%）	36（21%）	36（21%）	31（18%）	12（7%）
人数与比例	174（100%）	107（62%）	93（54%）	90（52%）	37（22%）

说明：本表数据是根据诺贝尔奖官方网站 www.nobelprize.org 提供的获奖者自传分析统计得到。

研究表明，“约62%的获奖者声称，名师的本科教学、演讲报告、学术沙龙交流、实验或实践指导对其科学生涯有重要影响；约53%的获奖者认为，主动或被动获得‘做’（包括科学实证、思维推理和团队协作等）的基本科学训练对他们影响最大；约52%的获奖者有过‘跨专业’‘跨学校’选择课程学习的经历，他们甚至按照自己的意愿转换过专业；约22%的获奖者强调曾根据自己的兴趣、偏好进行专业外、课外的自主学习”。❷

可见，“本科阶段的科学教育目标定位是，让本科大学生获得基本科学训练，为他们确定今后进一步探索某一专门领域的科学研究问题提供选择的机会。为了实现这一本科阶段科学创新人才培养的目标，大学必须革除‘各自为政’的学校壁垒、学科界限、僵化的专业机制、知识取向的培养与评价模式和缺乏师生互动的教学过程”。❸

❶ [德]卡尔·雅斯贝尔斯.什么是教育[M].北京：生活·读书·新知三联书店，1991，3-4.

❷ 母小勇.论科学创新人才的一体化培养——来自诺贝尔奖获得者的启示[J].教育发展研究，2016（9）.

❸ 母小勇.论科学创新人才的一体化培养——来自诺贝尔奖获得者的启示[J].教育发展研究，2016（9）.

科学创新人才的一体化培养

任何学术创新人才——当然包括科学创新人才——的成长是一个连续的学术生命历程，这是一个学术创新人才依靠“生命冲动”不断选择学术发展路径的过程。从学术创新人才的成长历程看，学术创新人才成长的每一个环节、每一个阶段都跟其他环节、其他阶段环环相扣，某一个环节、某一个阶段的教育失败都会导致学术创新人才的夭折。可见，学术创新人才的培养是一个系统工程，早期的文化教育、科学教育以及大学本科阶段的学术教育、科学教育是基础。尤其是对于科学创新人才来说，学前阶段的科学启蒙对儿童探究天性、好奇心和求知欲的呵护，中小学阶段的科学普及、初级科学训练对少年科学热情的激发、科学精神的培养和对科学本质理解的熏陶，大学本科阶段的基本科学训练对青年领悟与掌握科学研究范式的训练等，构成了科学创新人才的基础性培养过程，因此，国家和大学应该对其进行一体化规划。从学术创新人才的个性化自由发展看，学术创新人才是在自主选择其创造潜能迸发方式中逐步成长起来的，某一环节、某一阶段中自由的丧失与潜能的耗竭，都会导致学术创新人才的毁灭。因此，遵循认知发展规律并充分保证学生的能动性，是学术创新人才培养应该坚守的第一要务。

学前的科学启蒙

心理学告诉我们，学前儿童认知发展处于“感知运动阶段”和“前运算阶段”。处于这两个阶段的儿童，其思维特征主要表现为表象思维或形象思维；处于这两个阶段的儿童，其各种感知运动图式正逐步开始内化为表象图式或形象图式，语言的发展也使这两个阶段的儿童能够运用大量表象符号开展思维活动。也就是说，儿童主要依靠表象来进行思维、推理与判断，他们乐于进行游戏、模仿、搭积木以及绘画等各种象征性活动。物理学家奥谢罗夫（D.Sheriff）6岁时就将玩具中的电动机拆下来“玩”。[1]发现了宇宙微波背景辐射的黑体形式和各向异性的美国物理学家马瑟（J.C.Mather），2006年获得诺贝尔物理学奖，他在自传中写道：“让我记忆犹新的是，虽然到纽约的美国自然历史博物馆需要花两个多小时，父母还是带我和妹妹去过几次。我第一次知道火星离地球很近，于是我对是否能看到上面的沟渠产生浓厚的兴趣。父亲便给我买了个小型望远镜，当然，

[1] D.D.Osheroff-biographical[EB/OL].[2015-04-17].http://www.nobelprize.org/nobel_prizes/physics/laureates/1996/osheroff-bio.html.

透过它看到的火星仍然极其渺小，更不可能找到沟渠。”[1]可见，学前阶段的科学启蒙，不是“超前”地给儿童灌输中小学阶段才能够了解的科学知识，而是通过让他们感知五彩斑斓的自然世界和巧夺天工的技术成果，聆听科学家生动的科学探究与发现故事，从而进行科学启蒙，激发他们的好奇心、想象力、创造性和求知欲。

中小学的科学普及与科学探究学习

心理学研究表明，在中小学的科学普及、初级科学训练阶段，学生主要处于“具体运算阶段”，这一认知阶段可以看作是“前运算阶段”向“形式运算阶段”的过渡时期。在这个认知发展阶段，学生虽然具有了一定的逻辑理解力和逻辑思维能力，但是，他们还没有完全达到“逻辑运算”或“形式运算”的高级思维与认知形态，他们只能解决一些涉及具体客体对象的问题。因此，中小学科学普及、初级科学训练的重要任务是让学生掌握最基本的、能够应用于他们现在的社会生活以及将来从业后中生产和工作的科学知识，重在激发他们对科学的热情，让他们逐渐了解科学的本质与科学范式。也就是说，中小学科学普及要让学生感知科学、产生科学激情、初步学习一些科学方法和技能。在核磁共振成像技术方面有突破的2003年度诺贝尔生理学或医学奖得主、美国化学家劳特伯（P.C.Lauterbur），发现τ轻子和中微子的1995年度诺贝尔物理学奖得主、美国物理学家莱因斯（F.Reines），他们都坦言曾经受到过中小学科学老师的鼓励，他们的老师竟把科学实验室钥匙给他们，允许他们随时进入学校的科学实验室做实验。[2][3]1995年度诺贝尔化学奖获得者莫利纳（M.J.Molina）对臭氧层浓度平衡机制的研究有突破性的贡献，并证明了人造化学物质对地球上空起保护作用的臭氧层构成破坏作用。他高中之前就迷上了科学，他居然把家里很少使用的卫生间改造成实验室，每天花几个小时摆弄他的化学仪器。[4]可以想象，如果这些科学创新人才中小学时期的课业负担很重，他们就不可能有自由发展他们的科学兴趣

❶ J.C.Mather-biographical[EB/OL].[2015-04-17].http://www.nobelprize.org/nobel_prizes/physics/laureates/2006/mather-bio.html.

❷ P.C.Lauterbur-biographical[EB/OL].[2015-06-01]http://www.nobelprize.org/nobel_prizes/medicine/laureates/2003/lauterbur-bio.html.

❸ F.Reines-biographical[EB/OL].[2015-04-17].http://www.nobelprize.org/nobel_prizes/physics/laureates/1995/reines-bio.html.

❹ M.J.Molina-biographical[EB/OL].[2015-05-07].http://www.nobelprize.org/nobel_prizes/chemistry/laureates/1995/molina-facts.html.

与爱好，就不可能有时间与空间进行他们喜欢的科学探究活动。因此，基础教育阶段，“要大幅度降低科学类课程（甚至所有课程）的课程标准及相关课程中考与高考中的知识容量、深度与难度，要给孩子们留出更多自由发展的时间与空间，以发展孩子的个性化兴趣，通过课外活动让那些对科学有热情的孩子进行科学推理与‘动手做’的初步科学训练。同时，无论采取什么形式的高考，都要避免把有科学偏好的‘奇才’‘怪才’拒之大学门外”❶。

我们知道，为了让中小学生初步体验科学探究过程和发展他们的科学认知水平，科学教师的科学素养是关键。本书作者于2013年在美国《科学》杂志上针对《U.S.Next Generation Science Standards（draft）》发表了观点，质疑各国中小学让那些从来没有或很少经历科学探究的教师指导学生进行科学探究的荒唐做法，阐述了本课题组在中小学科学教师“国培计划”中的4项主要措施。这4项主要措施是：“（1）通过科学史学习，让教师理解科学；（2）通过科学家与被培训教师长期‘结对’开展科学研究，让教师领会科学探究范式与方法；（3）通过典型科学教学案例和科学认知规律分析，让教师掌握学生科学探究活动的设计方法；（4）通过借班上课后的专家点评和自我反思，让教师提升科学教学的智慧。”❷这些培训科学教师的措施引起国内外科学教育界的广泛关注与认同。因此，对于目前还在进行的中小学科学教师“国培计划”来说，科学教师培训重心应放在让科学教师理解科学及其探究范式与方法上。

大学本科的基本科学训练与大学生的个性化发展

大学本科阶段的基本科学训练是科学创新人才成长的关键。前期对儿童的好奇心与想象力的培养、对少年科学热情的激发与初步的科学训练，已经让孩子们初涉了奇幻浪漫的科学之旅并获得了激动人心的体验，当然，也给他们留下了许多未解之谜。接下来，为了培养科学创新人才，就需要借助学生个体对科学的热情、兴趣以及他们的智力强项，根据他们越来越清晰的科学图景与个人的认知偏好，让他们完成个性化的学术生涯选择，通过让他们经历精细化的技艺、方法的基本历练，最终成就他们儿时的科学梦想。

雅斯贝尔斯指出：“只有那些亲身从事科研工作的人才能够真正地传授知

❶ 母小勇.论科学创新人才的 体化培养 来自诺贝尔奖获得者的启示[J].教育发展研究，2016（9）.

❷ Xiaoyong Mu. *Science Teacher Training in China*[J].*Science*, 2013（8）.

识。其他的人只不过是传播一整套按照教学法组织起来的事实而已。”❶为了培养科学创新人才，大学应该回归培养人才的本位，突出本科教育的重要性；国家应该完善各类教学名师的遴选机制，让那些学术造诣深厚、真正走进本科生课堂与实验室的教学名师、学术大师脱颖而出，最大程度地真正重视本科阶段的科学创新人才培养。为了培养科学创新人才，大学应该更加重视大学生“做”科学的基本科学训练，让学生尽快进入科学实验室、加入学术团队、参与学术沙龙，获得学术大师的指点，受到最严格的基本科学训练。1994年度诺贝尔化学奖得主、匈牙利裔美国化学家欧拉（G.A.Olah）对碳正离子研究有重大贡献。他在自传中描述道：“化学的多样性吸引我进入大学学习化学。布达佩斯技术大学的班级最后都相对较小，开始的时候我们班大概有七八十人，但因为没有通过残酷的‘决一死战’（do or die）的课程现场面试的人将无法继续学习，一年后我们班的人数迅速缩减到一半。……在有机实验室，我们做了40多次‘Gatterman反应’实验，这无疑给我打下坚实的化学基础。”❷

为了培养科学创新人才，“大学及大学之间应该建立自由的课程选择、专业转换和跨学校培养机制，鼓励大学生按照自己的兴趣、爱好、偏好进行自主学习。大学本科阶段除了基本科学训练外，最重要的是让大学生完成学术生涯的选择，因此，可以在一定范围内倡导各层次大学建立‘大学联盟’‘学科联盟’或‘专业联盟’，制订大学生转换学校、学科或专业的实施办法，实现真正意义上的校内学分制和跨学校学分互认制度，让大学生各得其所地自由发展，把大学生被‘异化’的‘劳动’‘还原’为快乐的‘自由劳动’”❸。

为了培养科学创新人才，大学既应该改革旨在考察学生知识掌握的考试评价机制，也应该严格本科教育质量标准，对本科生的学习质量进行严格监控，真正做到“宽进严出”。美国化学家柯尔（R.F.Curl）与其他两位科学家发现了具有特殊结构的碳60，这种独特结构的发现创立了一个崭新的化学分支。柯尔等三人因此获得了1996年度诺贝尔化学奖。他在自传中写道：“当时在莱斯大学（Rice Institute）有很高的淘汰率。由于不收学费，学生需要证明自己有价值，否则就要

❶ [德]卡尔·雅斯贝尔斯.大学之理念[M].上海：上海世纪出版，2007，74.

❷ G.A.Olah-biographical[EB/OL].[2015-05-07].http://www.nobelprize.org/nobel_prizes/chemistry/laureates/1994/olah-bio.html.

❸ 母小勇.论科学创新人才的一体化培养——来自诺贝尔奖获得者的启示[J].教育发展研究，2016(9).

让位给别人。不过，我通过刻苦学习应对了莱斯大学提出的挑战。”[1]这说明科学创新人才的成长也离不开个体的潜心钻研与努力拼搏。

[1] R.F.Curl Jr.-biographical[EB/OL].[2015-05-07].http://www.nobelprize.org/nobel_prizes/chemistry/laureates/1996/curl-bio.html.

第三章
创新型企业人才：国家经济发展的力量

在实现中国梦和建设创新型国家的重大战略背景下，创新型企业人才是国家经济发展的重要力量。我国提出“大众创业、万众创新”的国策。“大众创业、万众创新”已成为推动中国经济继续前行的“双引擎”之一。[1]“大众创业、万众创新”就是要劳动者具有创新意识，在可能的条件下进行基于创新的企业发展和基于创新的创业。事实上，在知识经济时代，具有创新能力的人才总是能够直接或间接地促进社会经济发展和开辟新的社会职业。也就是说，企业创新人才能够帮助企业家实现从传统企业向创新型企业转型，创新型企业家能够主导企业完成这一转型，从而推动社会经济发展；创新型创业人才完成的创业比其他创业者进行的创业具有更加广阔的社会效益和市场前景，在一定程度上实现社会经济繁荣。从创新创业角度看，企业发展需要创新，创办创新型企业需要创新。创新型企业人才包括企业创新人才和创新型创业人才。企业创新人才既可能基于创新成果与创新理念加盟企业、推进企业发展与转型升级，也可能基于创新成果与创新理念自己进行创业；创新型创业人才则主要依靠自己的创新成果与创新理念，吸纳具有创新意识和成果的人才，创办创新型企业。高等学校除了培养纯学术创新人才和学术成果转化型创新人才，还要培养企业创新人才和创新型创业人才这两类创新型企业人才。因此，我国大学以创新能力发展为核心的创业教育本质上是创新教育。

[1] 高辉、邹国庆、王京伦.转型经济下企业创新绩效的制度嵌入性研究[J].山东大学学报（哲学社会科学版），2016（1）.

一、创新型企业人才

一直以来，美国的学术人员不仅承担着繁重的科研任务，还需要进行类似于创业者的相关活动。例如，争取建立和维持实验室、雇用助手的资源与资金，建立获得其他资源的社会网络。学术人员会在各种学术会议和学术杂志“出售”自己的“产品”——观点、学说、方法和技术，强化其在同行和学术圈内的声誉和影响力，并借此寻找自己“产品”实现应用转化的机会，从而也能够获得可观的经济效益。此外，他们还要与来自政府、产业界的合作者良好互动，确保自己的“产品”既被学科研究领域认同也被应用转化领域认可，以便取得企业技术管理层的话语权甚至管理职位。从制度安排的角度来看，大学与市场或企业是应用转化“交易”得以实现的两个端点，在大学实现应用转化的治理结构之中，存在大量中间形态，威廉姆森（O.E.Williamson）称之为混合结构（intermediate or hybrid forms）。[1]也就是说，混合结构要求大学教授在管理实验室时，还需要像企业经理那样具有有效管理企业的能力，实验室甚至可以视为“准企业”（quasi-firm）。作为知识发现与传播者的学术界的学者、科学家等，和作为知识应用与产品开发的实业界的企业家、创业者，尽管两类人才往往沿着不同的轨迹发展与成长，但事实上，两者却存在内在的共同特点或相似点。

纳德逊（W.Knudson）等人根据影响“经济人”行为的两个因素——商业化新思想的动力（即创业动力）和创造新思想的动力（即创新动力），划分出四种创业与创新的组合类型：一是熟练企业家，二是创新型企业家，三是创业型创新者，四是熟练的创新者，但不是创业者。[2]我们可以从这一思想获得启发，将基于创新的创新型创业人才分为两类：一类是主要基于创新成果与创新理念加盟企业、推进企业发展的人才，称之为“企业创新型人才”，他们可能帮助企业成为创新型企业；另一类是主要基于创新成果与创新理念自己进行创业的人才，称之为“创新型创业人才”，他们可能成为创新型企业家。因此，大学创业教育既要把部分大学生培养成为能够帮助企业实现转型升级发展的人才，将来成为企业创新型人才；也要让大学生具备创新型创业人才的基本素质，并具备自己成为创新

[1] O.E.Williamson.*Comparative Economics Organization:The Analysis of Discrete Structure Alternatives*[J]. *Administrative Science Quarterly*,1991（36）.

[2] W.Knudson,Wysockia,J.Champagne&H.C.Peterson.*Entrepreneurship and Innovation in the Agri-foodsystem*[J].*American Journal of Agriculture Economies*,2004（5）.

型企业家的可能性。实现这两个大学创业教育目标的基础，当然都是大力培养大学生的创新能力。

企业创新型人才及其培养

在熊彼特的企业创新模式中，企业创新型人才是经济增长的源泉。他们的创新能够使市场走出均衡状态，成为非均衡的放大市场。卓越的企业创新型人才能够捕捉到社会与经济发展的先机，通过不断将新思想、新成果、新技术、新工艺和新机制融入自己所在的企业，提出整合各种生产要素的建议，从而使企业升级转型成功。工业时代，产业成为社会发展的基础，产业类型与产业运作模式的创新是企业可持续发展的保障。进入20世纪，创业精英多出自化学、电子和自动化等领域，最新的科技成果成为创业的条件。一方面，企业家可以不是发明者，但是，假若企业家不理解科学技术和不重视企业创新型人才的建言献策，那么企业恐鲜有巨大成功；另一方面，企业创新型人才必须熟悉文化、科技的创新机制与科学管理人才的方法，他们的建言献策应具有创新性和可操作性。总之，企业的成功总是要敢于丢弃既有的、陈旧的产品、技术、工艺和服务模式，引进最新的文化、科学技术成果与以人为本的科学管理模式，既追求通过可持续的创新引领时代的发展，也直面未来可能存在的风险。企业创新型人才应该善于预测未来社会发展，抓住重大机遇，将新思想、新成果、新技术、新工艺和新机制融入产品开发、产品产生、产生管理和产品销售中。

但问题在于，并不是所有的企业家和员工都具有创新的基因或者意愿。据全球创业观察（GEM）对80个国家或地区的调查显示，仅有30%的企业家表示其产品对客户和竞争对手而言应该具有创新性，不同国家以创新产品、创新技术为基础的新创业企业的比例也差异明显，有的国家仅仅10%左右，有的国家达到50%。硅谷之所以成功，不是因为硅谷有传统企业家或小业主，而在于硅谷拥有一批具备新科技基础、擅长创新、对创新趋势敏感的企业创新型人才。传统企业家追求稳定的科层管理、规范的产生流程和压倒所有竞争对手取得胜利，虽然强调团队的重要性，但缺乏对员工主动性与创造性的激发；传统企业家还往往希望员工对本企业高度忠诚，严格保护商业秘密，严格控制风险，拒绝与竞争对手合作。与之形成鲜明对照的是，硅谷的企业家已经创造了一种模式或一种文化：借助企业创新型人才的快速技术变化或创新是企业可持续发展的基础。企业家必须进行管理机制的创新，员工的主动性与创造性等个人价值比团体价值更被看重。企业既可能因采用新技术、新机制而获得更多的效益，也必须承受更大的创新风险，因此，企业家必然期望企业创新型人才进行博弈和风险预测与控制。此外，为了把企业创新风险降低到最低限度，企业家还要求企业创新型人才建立与投资者、供应商、外包商、顾客甚至竞争对手之间非同寻常的联系和合作。

基于上述研究，对企业创新型人才应该从以下几个方面来理解：首先，企业创新型人才隶属于企业人才。这一类人才具备作为一般意义的企业人才的共同特点，其成长过程遵循企业人才发展的一般规律，而其最大的特点是具备创新的品质，能够帮助企业成为创新型企业。例如，善于识别机遇，具有快速做出战略调整的能力，善于做出改变来适应变化了的市场条件，有效聚集大量客户，善于通过偶然事件触动并帮助企业家建立企业新的愿景。其次，企业创新型人才隶属于创新人才。这一类创新人才不仅善于创新，还善于利用创新理念、创新技术、创新管理机制、创新商业模式去发展新业态，而且善于把新成果、新产品、新思想、新模式和新工艺付诸实际，帮助企业家实现不同于传统意义上的企业创新发展。

总之，企业创新型人才首先必须具备创新的意识和一定的企业创新能力。这就要求大学不断为社会输送善于创新，拥有开发新成果、新产品、新思想、新模式和新工艺能力的人才，使他们既能够成为创业者的“高级参谋”，也能够逐步成为独立的创业者。也就是说，大学创业教育的第一个目标是培养企业创新型人才。这种人才拥有创新成果和创新理念，他们既可能创办创新型企业，也可能加盟创新型企业。显然，要培养企业创新型人才，大学素质教育和创新教育应该重点发展大学生的创新能力和创新理念。

创新型创业人才及其培养

从创新人才的角度来看，作为创新人才群组中关键组成部分的学者，在行为方面具有很多与创业者、企业家类似的特点，甚至最后成为创业者、企业家。首先，学者的许多核心行为可以用新古典微观经济学或者组织战略理论来解释。例如，研究选题的确定、课题组的组织与管理、研究过程的管理、科研成果的产生与发表、学术成果的应用转化和应用性学术成果的市场投放等决策活动，都具有社会、经济和文化的属性。整个活动不仅是一个学术创新过程，也是一个管理创新过程，更是一个新思想、新成果、新技术、新工艺和新机制的产生过程。其次，在学术研究组织，特别是国家重点实验、协同创新基地和创新团队中，学者在一定程度上承担或者扮演着创业者、企业家的角色。例如，各类大型实验室的首席科学家必须成功创建科学研究平台，必须有效管理大型学术组织，必须设法获得充裕的人力、物力资源，必须谋求实验室外部的政治、经济等方面的支持。甚至大学中的一个科研小组也跟社会上的一家创业公司十分相似，科研小组运作的首要条件是足够的科研经费。为了获得科研经费，教授们往往必须清楚社会需求，必须有能力与政府、企业保持紧密联系，通过承担委托项目、转让专利与技术等方式进行融资，以保证科研小组的可持续发展。总之，这些学者实际上也是创业者。

从创业人才的角度看，学者谨慎地选择研究议题，开展文化与科学的创新探究，然后，决定何时以及如何传播他们的研究成果，决定如何独立或合作完成学术成果的应用转化，决定通过什么路径将应用性学术成果投放市场，决定是否以技术参股的合伙人身份加入企业，决定是否依靠自己的创新成果创办企业。这样，学者便成为创业的创新人才或拥有创新成果的创业者。在这类高科技企业中，研发人员的职业晋升与其研发成果的数量、质量和原创性紧密相关，研发人员的工资、奖金以及顾问费用等经济收入与其学术名声紧密相关，因此，研发人员对研发成果的数量、质量和原创性是高度敏感的。创新型创业人才往往是小型高新技术企业创办人或者研发总监，他们已不仅仅是象牙塔中的学者，还是走进社会、市场的创业者、企业家。他们除了必须始终站在学术前沿，还必须与纯学术研究机构以外的社会要素、市场要素保持密切联系。这些学者必须筹措必要的资源，聚集研发、管理、生产、营销等方面的人员，建立企业的组织机构，建设研发与生产场所，研究与开发市场。

我们把以创业者、企业家身份出现的学者称为创新型创业人才。创新型创业人才指掌握自主知识产权或核心技术，具有较强的自主创业意愿和创业能力，懂经营、会管理，善于把先进技术成果转化为先进生产力，并取得显著经济社会效益的创新人才。创新型创业人才属于拥有自主知识产权或核心技术的创新人才，具有创业意愿、创业意识和创业能力，组建由专业技术人员、经营管理人员、生产人员和市场营销人员组成的创业团队，能够推动科研成果商业化价值的实现。

从内在构成来看，创新型创业人才可以分为两种：一是进行创业活动的高校、科研院所的科研人员，即在高校、科研院所从事科研、创新工作的研究人员。他们在掌握一定自主知识产权或发明专利后，组织人才创办企业，承担各种企业风险。而介入创业活动的高校科研院所的本科学生、研究生和博士后等，则可能是未来的创新型创业人才。三是介入创业活动的企业研发人员，即在各类企业（国有、民营和外资企业）具体从事研究开发活动的专业技术人员。他们在掌握关键技术、发明专利和知识产权后，组织人才创办新的企业，独立承担各种企业风险。

总之，大学是创新型创业人才的摇篮，它具备得天独厚的培养创新型创业人才的条件。因此，大学创业教育的第二个目标是培养创新型创业人才。为了培养创新型创业人才，大学创新创业教育应该把基于大学生创新能力培养的素质教育放在首位，充分利用大学和社会现有的创新型创业人才，培养大学生开发新成果、新产品、新思想、新模式和新工艺的能力，为大学生创造实现知识创新、成果转化的条件，并为大学生提供借助知识创新、成果转化尝试创业的机会。

二、我国大学创业教育的生态

目前我国大学轰轰烈烈开展的创业教育，本质上是基于大学生创新能力培养的素质教育和创新教育。通过这样的素质教育和创新教育，使大学生能够具有借助创新成果与创新理念帮助企业实现转型升级的能力，甚至具备自己创办创新型企业的能力。大学创业教育的本质是什么？大学生创业需要什么社会环境与社会文化支撑？这些问题的回答，直接影响了大学创业教育的实施。

大学创业教育的内涵

按照上述分析，大学创业教育的主要目的是培养企业创新型人才和创新型创业人才，其核心是创新教育。如何通过创新创业教育培养企业创新型人才和创新型创业人才，本质上是一个人学问题。马克思主义人学强调人的实践活动的历史性、主体性及其自我意识，强调人是由他自己创造出来的。人只有在创造文化的活动中才成为真正意义上的人，只有实现人的自我解放才能实现文化创新。马克思人学的思维逻辑是“人的本质—人的需要—人的创造性实践活动—人的社会关系—人的个性，这五者之间的必然联系和有机统一”[1]。因此，大学要营造良

[1] 韩庆祥.马克思人学的总体图象[J].中共珠海市委党校珠海市行政学院学报，2007（3-4）.

好的创新、创业文化氛围，让学生在宽松的教育体制与机制中快乐地“自由劳动”，学习最新的文化、科技知识，领会文化、科技创新的范式，熟悉创业的知识，进行创业的预演与训练，最终实现创新能力与创业能力的发展。

企业创新型人才和创新型创业人才具有开展文化、科技创新活动和创业活动的双重能力，是既能创新又能创业的复合型人才，既需要具有学者的创造力，拥有开发新成果、新产品、新思想、新模式和新工艺的能力，有旺盛的精力和独立分析决策能力，还需要有企业家的创业精神，有良好的沟通能力，能够把握技术与市场需求，掌握企业管理运作的基本规律。

1998年10月，联合国教科文组织在巴黎召开的世界高等教育会议上发表了《21世纪的高等教育：展望与行动世界宣言》，明确提出“高等学校，必须将创业技能和创业精神作为高等教育的基本目标”，要使大学毕业生“不仅仅成为求职者，而且逐渐成为工作岗位的创造者”[1]，“‘创业教育’与新的就业形势相适应，在原有重视学生竞争能力、自我选择能力的基础上，更注重培养学生的创新性、创造性，帮助学生获得或创造工作岗位，突出学生对社会变化的积极应对能力”[2]。这里的“创业教育”其实就是我国的“创新创业教育”。

20世纪90年代，面对知识经济初露端倪的挑战，我国政府反复强调创新的重要性以及增强民族创新能力的紧迫性。1995年的全国科学技术大会指出，创新是一个民族进步的灵魂，创新是一个国家兴旺发达的不竭动力。[3]1998年，江泽民在庆祝北京大学建校一百周年大会上的讲话中指出：“我们的大学应该成为科教兴国的强大生力军。教育应与经济社会发展紧密结合，为现代化建设提供各类人才支持和知识贡献。这是面向21世纪教育改革和发展的方向。”[4]在第三次全国教育工作会议上，江泽民进一步强调指出：“事实已经充分说明，‘象牙塔’式的教育，不能适应当今时代的需要。”[5]创新的关键在人才，人才的成长靠教育。中央教育科学研究所于1998年提出了“创新教育”的理念，联合了20多个省（市、区）的教育研究机构和大、中、小学开展了创新教育研究与试验，有力地

❶ 杨庆华、徐玉成.创业教育的发展历程及其本质和功能研究[J].合肥工业大学学报（社会科学版），2013（6）.
❷ 张玉利、李政.创新时代的创业教育研究与实践[M].北京：现代教育出版社，2006，84.
❸ 江泽民.十四大以来重要文献选编（下册）[M].北京：人民出版社，1997，1389.
❹ 江泽民.在庆祝北京大学建校一百周年大会上的讲话[N].中国教育报，1998-05-05.
❺ 江泽民.十五大以来重要文献选编（中册）[M].北京：人民出版，2001，879-882.

推动了教育改革。❶

中国创业教育的概念是在1988年由胡晓风提出的。在创业教育思想指引下，四川省合川县进行了广泛的创业教育试验。在此基础上，胡晓风等人对创业教育进行了系统阐述，认为"创业教育就是在人生历程之中进行创造和职业相结合的教育"，创业教育以培养合理的人生为宗旨。他们主张要培养学生三方面的基本能力：培植生活力、培养劳动力、发挥创造力，强调创业教育的三个原则：科技、教育、经济三结合原则，德育为本、创业为用原则，学问与职业一贯原则。❷柯林·博尔（C.Ball）在向经济合作与发展组织教育研究与革新中心提交的研究报告《创造一种开创性的文化：对教育和培训的挑战》中提出"三张教育通行证"的新概念：如果说"学术资历"（academic credentials）是学习的第一张通行证，"职业技能"（vocational skills）是学习的第二张通行证，那么，"事业心和开拓技能"（being enterprising）则是学习的第三张通行证。❸"三张教育通行证"思想写进了会议文件《学会关心：21世纪的教育——圆桌会议报告》。❹此报告将"Enterprise Education"翻译成"事业心和开拓技能教育"。现在一般译为"创业教育"。

随着研究的日益深化，我国逐渐出现了将创业教育与创新教育统一整合为一个整体的趋势，提出了"创新创业教育"的新概念。曹胜利和雷家骕在《中国大学生创新创业教育发展报告》中从广义和狭义两个方面对创新创业教育内涵进行了界定。❺他们认为创新创业教育从广义上讲，是关于创造一种新的伟大事业的教育实践活动；从狭义上讲，它是关于创造一种新的职业工作岗位的教学实践活动，是真正帮助当代大学生走上自谋职业、灵活就业、自主创业之路的教育改革的实践活动。创新创业教育的提法于2010年为教育部《关于大力推进高等学校创新创业教育和大学生自主创业工作的意见》所正式采用，并明确地将创新创业教育定义为"适应经济社会和国家发展战略需要而产生的一种教学理念与模式"。这是第一个推进创新创业教育的全局性、纲领性文件，明确了创新创业教育面向

❶ "创新教育研究与实验"课题组.推进创新教育培养创新人才[J].教育研究，2007（9）.

❷ 胡晓风、姚文忠、金成林.创业教育简论[J].四川师范大学学报，1989（4）.

❸ ColinBall.*Towards an "Enterprising" Culture: A Challenge for Education and Training*[R].*OECD/CERI Educational Monograph*（4）,Paris,1989,50.

❹ [美]柯林·博尔.学会关心：21世纪的教育圆桌会议报告[J].教育研究，1990（7）.

❺ 曹胜利、雷家骕.中国大学创新创业教育发展报告[M].沈阳：万卷出版公司，2009，5-6.

全体学生，结合专业教育，融入人才培养全过程的教育价值定位。❶

大学创业教育首先要让学生掌握最新的文化、科技知识，领会文化、科技创新的范式，养成创新的意识与精神，具备基本的文化、科学、技术创新的能力，同时，要培养学生的创业意识，让他们逐步领会并形成创新型企业家的特征素养，包括创新意识、创新能力、创业精神、责任意识、法治观念、诚信态度和团队意识等。“以人为本”的创业教育是以马克思人学理论关于“人的自由而全面发展”思想为价值导向，帮助人获得创新意识、创新知识、创新技能，形成交往实践能力，逐步具备创业精神和创造社会财富的能力，成就个人幸福人生，实现个人的自我价值。总之，创业教育的基础是创新意识的形成、对最新文化科技知识的掌握、对文化科技创新范式的领会，核心是创新能力的发展与创业精神的形成。因此，大学创业教育本质与核心是创新教育。

大学生创业的社会环境

在实现中国梦和建设创新型国家重大战略背景下，李克强总理于2014年9月在夏季达沃斯论坛上提出的“大众创业、万众创新”已成为推动中国经济继续前行的“双引擎”之一，“大众创业、万众创新”的社会文化氛围逐渐浓厚。从政策支撑来看，自2013年10月以来，国务院常务委员会先后十几次讨论创新创业工作，致力于降低创业成本、促进创业就业，为创新创业搭建新平台，升级“中国制造”。此外，自2013年5月以来，国家相继出台了20多个政策文件保障支持创新创业，其中仅2014年一年，相继有13个文件为创新创业助力。据国家发展和改革委员会统计，截至2015年6月，国务院各部门、各省（区、市）陆续出台支持创业、创新、就业政策措施共1 997条。其中，党的十八大以来，以各部门名义出台的有119条，北京、上海、深圳、广州、武汉、成都、西安等7个创新创业相对活跃的城市出台的有129条。从产业发展来看，近年来，随着新一代信息技术的不断进步，互联网新概念层出不穷，工业4.0和“互联网+”正积极通过物联网、云计算、大数据、人工智能等逐渐改变着人类的生产生活，并日益成为新的生产方式、产业形态、商业模式和经济增长点。❷

❶ 王占仁.中国创新创业教育史[M].北京：中国社会科学出版社，2016，19.

❷ 清华大学启迪创新研究院.2015中国城市创新创业环境评价研究报告[M].北京：清华大学出版社，2016，2.

从活动宣传来看，为进一步营造良好社会氛围，在更大范围、更高层次、更深程度上推进“大众创业、万众创新”，国务院决定从2015年起设立“全国大众创业万众创新活动周”，定于每年10月举行，具体时间根据年度安排确定，每年设置不同主题。通过搭建“大众创业、万众创新”（“双创”）展示平台，推动形成新一轮创业创新热潮，为实现创新驱动发展汇聚智慧和力量。首届“双创”活动周于2015年10月19日至23日成功举办，主题为“创业创新——汇聚发展新动能”。活动周在北京中关村国家自主创新示范区展示中心设立主会场，在上海、深圳、西安、成都、武汉、沈阳、合肥等城市分别设立分会场，同时在长春、广州等城市组织若干重大活动。各分会场城市在此期间开展创业培训、项目对接、投资洽谈、创投大赛等相关活动，总数近200项。该项活动在全国产生了广泛深入的影响。此外，还举办“创青春”中国青年创新创业大赛，设立31个省级赛区、100多个地市级赛区，吸引7 600多个创业项目、30多万名青年参赛；举办“互联网+”大学生创新创业大赛，吸引1 800余所高校、57 000多支团队20万名大学生参赛。广泛通过电视、广播、报刊、网站、微信、微博等方式宣传创新创业政策，讲述中国创业者的故事，弘扬创新精神和企业家精神。

总之，我国已在全国范围内形成了创新创业的社会文化氛围，为大学创业教育的实施，以及企业创新型人才和创新型创业人才的成长，提供了良好的外部环境。

第四章
创新教育：创新人才的“孵化器”

大学创新教育是创新人才的“孵化器”。社会和大学应然的学术创新氛围和创业文化的特征是什么？当前我国大学创新教育的实然状况如何？我国大学实然的创新教育存在什么问题？对这些问题的回答直接影响到我国纯学术创新人才、学术成果转化型创新人才、企业创新型人才和创新型创业人才的培养。

一、我国大学创新教育的外部环境

教育部《2003—2007年教育振兴行动计划》指出，通过加大实施“高层次创造性人才计划”力度，促使拔尖创新人才脱颖而出。❶2018年，教育部等六部门的《关于实施基础学科拔尖学生培养计划2.0的意见》指出，“要使拔尖人才选拔、培养模式更加完善，培养机制更加健全，基础学科拔尖学生培养计划引领示范作用更加凸显，初步形成中国特色、世界水平的基础学科拔尖人才培养体系，一批勇攀科学高峰、推动科学文化发展的优秀拔尖人才崭露头角”❷。这些国家战略强调了学术创新人才的培养。

我国2010年5月发布了《教育部关于大力推进高等学校创新创业教育和大学生自主创业工作的意见》，2012年8月发布了《普通本科学校创业教育教学基本要求（试行）》，2015年5月发布了《国务院办公厅关于深化高等学校创新创业

❶ 教育部.2003—2007年教育振兴行动计划[EB/OL].[2012-11-09]，http://old.moe.gov.cn//publicfiles/business/htmlfiles/moe/moe_4/200501/5323.html.

❷ 教育部、科技部、财政部、中国科学院、中国社会科学院、中国科协.教育部等六部门关于实施基础学科拔尖学生培养计划2.0的意见[EB/OL].[2012-11-09]，http://www.moe.gov.cn/srcsite/A08/s7056/201810/t20181017_351895.html.

教育改革的实施意见》。国家通过多个文件阐明，深化高等学校创新创业教育改革，是国家实施创新驱动发展战略，促进经济提质、增效、升级的迫切需要，是推进高等教育综合改革、促进高校毕业生更高质量创业就业的重要举措。党的十八大也对创新创业人才培养做出重要部署，国务院对加强创新创业教育提出明确要求。江苏省在2015年12月发布的《江苏省深化高等学校创新创业教育改革实施方案》提出，要在2020年左右，建立健全创新创业教育与专业教育深度融合、知与行相辅相成的人才培养模式，高校创新创业教育改革要走在全国前列。这些政策文件都强调了创新创业教育对教育和社会发展的重要意义，提出了实施办法。但是，本课题组的调查发现，部分高校对创新创业教育理解有误、不够重视。一方面，大学仍然用传统专业课程进行以传授知识为主的教育，忽视学术创新方法、范式和意识的培养；另一方面，大学仅仅满足于开设少量创业教育课程，忽视创业方法与实践的训练。创新创业教育本质上是以创新能力发展为核心的创新教育，目前，我国大学似乎缺乏动力进一步推进和深化创新教育。

大学是知识创新的主体，是科技产业化的引导者，在纯学术创新人才、学术成果转化型创新人才、企业创新型人才和创新型创业人才培养中发挥着重要作用。19世纪初，德国的洪堡（W.von Humboldt）提出，通过遵循科学研究与教学相结合的原则，追求纯粹知识和知识生成。科学研究真正成为大学的一个重要职能。洪堡的办学思想深深地影响了近代的大学发展。高校特有的学术优势决定了它将在建设创新型国家中发挥知识创新的独特作用。赠地学院创建后，大学纷纷用学术成果的应用转化直接服务社会、行业和企业，使大学除了培养纯学术创新人才，还完全可以培养学术成果转化型创新人才、企业创新型人才和创新型创业人才。

从培养纯学术创新人才和学术成果转化型创新人才的角度看，大学创新教育应该充分利用其先进文化、科学技术的生产者与传播者的特点，发挥人才密集与知识创新层出不穷的优势，推进基础研究和应用研究，鼓励教师与大学生自由选择发展方向，自主探索研究与创新，成为知识创新的主体。从培养企业创新型人才和创新型创业人才的角度看，大学创新教育应该充分利用学术成果应用转化的优势，积极探索产、学、研结合的新的教育机制，让学生掌握学术成果应用转化的方法，熟悉新技术，了解新产品，体验创业的路径、方法和条件。总之，大学应该发挥新思想、新知识、新技术源泉的作用，为建设创新型国家提供智力与人力的支持。

我国要建设在科学、文化、经济和技术等方面都创新发展的强国，创新人才是第一资源。高校应该创造有利于纯学术创新人才、学术成果转化型创新人才、企业创新型人才和创新型创业人才成长的环境，营造培养纯学术创新人才、学术成果转化型创新人才、企业创新型人才和创新型创业人才的文化氛围，充分发挥大学生的积极性、主动性、创造性，不断为社会输送高素质的富有创新意识的纯学术创新人才、学术成果转化型创新人才和高素质的富有创业精神的企业创新型人才和创新型创业人才，真正成为创新人才的培养基地，完善能够促进我国文化、科技和经济发展的人才结构。

从社会层面看，国家和各级地方政府已经大力宣传、推进"大众创业、万众创新"，形成了浓厚的鼓励创新和基于创新的创业的社会氛围，社会应该呵护大学生创新和基于创新的创业的热情，帮助他们树立正确的知识观、学术观、人生观、世界观、价值观和创业观，养成做事敬业、学术求真、创业诚信的良好品格，促进他们全面而有个性的发展，让大学生真正成为合格的创新型国家的建设者。

二、我国大学创新教育的实然状况

总体而言，大学创新教育的内部环境还有待进一步改善。近年来，大学创新教育得到不断加强，取得了积极的进展，在提高高等教育质量、促进学生全面而有个性的发展、鼓励学生立志学术创新、推动毕业生创业就业、服务国家现代化建设等方面发挥了重要作用。但也存在一些不容忽视的突出问题：一些地方和高校重视不够，创新创业教育理念滞后，与专业教育结合不紧密，与实践脱节；教师开展创新创业教育的意识和能力欠缺，教学方式方法单一，针对性、实效性不强；实践平台短缺，指导与帮扶不到位，创新创业教育体系亟待健全。[1]

大学创新教育的内部环境

针对这些问题，本书作者在问卷抽样调查中设计了8个涉及高校创新教育内部环境的问题，调查结果统计如表3所示。

[1] 中华人民共和国国务院.国务院关于大力推进大众创业万众创新若干政策措施的意见[EB/OL].[2005-06-16].http://www.gov.cn/zhengce/content/2015-06/16/content_9855.htm.

表3　学校创新教育的内部环境情况

序号	调研内容	回答“是”		回答“否”		回答“不知道”	
		人数	占比	人数	占比	人数	占比
1	您认为您所在的学校是否属于创新创业型大学？	116	34.3%	83	24.6%	139	41.1%
2	学校领导是否利用开学典礼、学生见面会、座谈会等机会畅谈涉及创新及创新创业的内容？	222	65.7%	49	14.5%	67	19.8%
3	学校是否有鼓励学生进行创新及创新创业学习、研究的政策？	238	70.4%	23	6.8%	77	22.8%
4	您所在学校是否实施了创新及创新创业教育？	173	51.2%	49	14.5%	116	34.3%
5	您认为目前的人才培养模式对您成长为创新人才是否有帮助？	140	41.4%	106	31.4%	92	27.2%
6	您是否参加过学校创新及创新创业类大学生俱乐部或协会？	62	18.3%	276	81.7%	0	0.0%
7	学校是否定期举办创新及创新创业类的品牌活动？	96	28.4%	242	71.6%	0	0.0%
8	学校是否利用校园网站、校报、滚动显示屏、横幅等媒介宣传过创新型国家、创新型社会、创新型大学、学术创新人才和创业人才培养等内容？	195	57.7%	52	15.4%	91	26.9%

维度1：学校重视程度

学校重视程度直接影响学校纯学术创新人才、学术成果转化型创新人才、企业创新型人才和创新型创业人才培养的力度。在这一方面，调查问卷设计了3个问题：

1.“您认为您所在的学校是否属于创新创业型大学？”在回收的338份有效问卷中，回答“是”的有116人，占34.3%；回答“否”的有83人，占24.6%；回答“不知道”的有139人，占41.1%。回答“否”和“不知道”的比例达到65.7%，说明学校在创建创新创业型大学方面的成效还不显著，或者学校在创新及创新创业教育方面的意识还没有上升到一定的高度，还没有形成校内人人谈创新及创新创业的浓厚氛围。

2.“学校领导是否利用开学典礼、学生见面会、座谈会等机会畅谈涉及创新及创新创业的内容？”在回收的338份有效问卷中，回答“是”的有222人，占65.7%；回答“否”的有49人，占14.5%；回答“不知道”的有67人，占19.8%。回答“否”和“不知道”的比例达到34.3%，说明学校领导层在创新及创新创业教育方面已基本形成共识，把创新及创新创业教育作为人才培养改革的突破口，因此，学校领导们会利用各种场合跟学生谈创新及创新创业的重要性。

3.“学校是否有鼓励学生进行创新及创新创业学习、研究的政策？”在回收的338份有效问卷中，回答“是”的有238人，占70.4%；回答“否”的有23人，占6.8%；回答“不知道”的有77人，占22.8%。从70.4%的学生给予肯定答复来看，学校意识到创新及创新创业教育的重要性，也出台了一些支持政策，但是，总体而言，这些推动创新及创新创业的政策的力度还不够，有待进一步加强。

维度2：培养的有效性

《国务院关于大力推进大众创业万众创新若干政策措施的意见》（国发[2015]32号）指出：创新创业教育要坚持育人为本，提高培养质量。把深化高校创新创业教育改革作为推进高等教育综合改革的突破口，树立先进的创业教育理念，面向全体、分类施教、结合专业、强化实践，促进学生全面发展，提升人力资本素质，努力造就大众创业、万众创新的生力军。调查问卷设计了两个问题，从学生感性认识上来初步调研创新及创新创业教育的效果：

1.“您所在学校是否实施了创新及创新创业教育？”在回收的338份有效问卷中，回答“是”的有173人，占51.2%；回答“否”的有49人，占14.5%；回答“不知道”的有116人，占34.3%。从51.2%的学生给予肯定答复来看，大部分学校都已按照国家要求开展了创新及创新创业教育，大学创新及创新创业教育已在学生心中留下了一定的印象。

2.“您认为目前的人才培养模式对您成长为创新人才是否有帮助？”在回收的338份有效问卷中，回答“是”的有140人，占41.4%；回答“否”的有106人，占31.4%；回答“不知道”的有92人，占27.2%。回答“不知道”的学生占比如此之高，说明学生对现有的创新人才培养模式还不是太了解，或者学生还没有从创新创业教育中获得真正的知识和能力。

维度3：活动支撑情况

大学第二课堂以提高大学生的综合素质和训练大学生的基本技能为重点，与课堂教学共同构成了完整的教育体系，在创新创业教育中具有独特的优势。创新创业教育本质上是一种实践取向的教育，第二课堂为大学生提供了实践机会。大学第二课堂能够培养大学生的理想、信念、世界观、人生观、价值观等，并挖掘大学生的创造潜力，最大限度地发展大学生的各自的特长和优势。

调查问卷从两个角度对学校创新创业教育的第二课堂进行了初步调查：

1. “您是否参加过学校创新及创新创业类大学生俱乐部或协会？”在回收的338份有效问卷中，回答“是”的有62人，占18.3%；回答“否”的有276人，占81.7%。回答“否”的学生比例达到81.7%，说明学校创新及创新创业类大学生俱乐部或协会数量偏少，没有形成集群发展之势，还没有形成品牌效应。这也从侧面反映了学校相关职能部门对创新创业教育的第二课堂建设缺乏足够的重视。

2. “学校是否定期举办创新及创新创业类的品牌活动？”在回收的338份有效问卷中，回答“是”的有96人，占28.4%；回答“否”的有242人，占71.6%。这个问题回答“否”的学生比例达到71.6%，说明学校没有创立创新及创新创业类的品牌活动，还缺乏有影响的系列活动方案，已经开展的这类活动在创新及创新创业教育体系中没有起到示范引领作用。

维度4：宣传力度

创新和创业宣传可以渲染创新与创业的氛围，提升创新与创业文化软实力。李克强总理提出“大众创业、万众创新”以后，全国各地都先后制定相关政策与法规，各级政府通过多种渠道宣传创新及创新创业对国家和个人发展的重要意义，向群众宣传创新及创新创业政策，让老百姓真正从中得到实惠和好处。高校也不例外，由于大学生社会经验不丰富且常常更多地关注专业学习，学校更应该加大对创新及创新创业活动和政策的宣传力度，让学生不仅知道创新、创业的事，还知道政府和学校对创新、创业的支持政策，从而进一步激发创新、创业的热情，努力成为纯学术创新人才、学术成果转化型创新人才、企业创新型人才或创新型创业人才。

调查问卷对学校创新、创业宣传进行了初步调查：

“学校是否利用校园网站、校报、滚动显示屏、横幅等媒介宣传过创新型国家、创新型社会、创新型大学、学术创新人才和创业人才培养等内容？”在回收的338份有效问卷中，回答“是”的有195人，占57.7%；回答“否”的有52人，占15.4%；回答“不知道”的有91人，占26.9%。这个问题回答“否”和“不知道”的学生比例达到42.3%，说明学校还没有真正发挥创新创业教育宣传阵地的作用，营造创新及创新创业氛围的意识不强，这从侧面反映了学校对创新及创新创业教育还不够重视。

大学素质教育的现状

如前所言，大学创新教育的核心是提升大学生创新素质和创新意识，目标是培养大学的创新能力与素质，所以，无论是培养纯学术创新人才和学术成果转化型创新人才，还是培养企业创新型人才和创新型创业人才，都离不开素质教育。

在本书作者的问卷抽样调查中，涉及大学素质教育的问题有7个，调查结果统计如表4所示。

表 4　大学素质教育状况

序号	调研内容	回答“是”		回答“否”		回答“不知道”	
		人数	占比	人数	占比	人数	占比
1	如果您是人文社科类的学生，学校是否要求您必修或选修自然科学类的课程？	215	63.6%	123	36.4%	0	0.0%
2	学校是否要求您必修或选修一门艺术类的课程（艺术类学生反之）？	247	73.1%	91	26.9%	0	0.0%
3	学校是否设置了跨学科、跨学校及国际合作教育项目来推动学术创新人才和创业人才培养？	201	59.5%	137	40.5%	0	0.0%
4	学校是否设置了产学研协同育人机制来培养创新创业人才？	171	50.6%	167	49.4%	0	0.0%
5	您是否参加过老师的科研项目？	74	21.9%	264	78.1%	0	0.0%
6	您是否参加过校外科研项目、校地或校企合作项目？	39	11.5%	299	88.5%	0	0.0%
7	教师是否采用过“习明纳”、启发式等能让学生表达思想的教学方式？	188	55.6%	150	44.4%	0	0.0%

维度1：知识结构

纯学术创新人才、学术成果转化型创新人才、企业创新型人才和创新型创业人才需要合理的知识、技能和人格结构。知识经济时代，大学生的创新及创新创业能力并不仅仅取决于其拥有知识量的多少，关键在于其掌握知识的质量和知识的结构。知识的质量决定了个体进一步发展知识的可能性大小，知识的结构决定了个体生成新知识领域的可能性大小，知识的质量与知识的结构共同决定了个体进行学术创新或创业成功的可能性大小。创新及创新创业是一个系统工程，因此，在创新及创新创业教育中，学生在掌握本学科专业知识的基础上，还要学习社会科学、自然科学和艺术科学等方面的知识，不断提升自己的知识质量，不断完善自己的知识结构，提高创新及创新创业能力。

调查问卷涉及大学生课程学习与知识结构的问题有2个，调查结果如下：

1.“如果您是人文社科类的学生，学校是否要求您必修或选修自然科学类的课程？”在回收的338份有效问卷中，回答“是”的有215人，占63.6%；回答“否”的有123人，占36.4%。这说明学校在大学生核心素养培养或通识教育方面做得比较好，强调文理融合学习，注重大学生整体素质的培养，这样的课程设置有利于后期纯学术创新人才、学术成果转化型创新人才、企业创新型人才和创新型创业人才的培养。

2.“学校是否要求您必修或选修一门艺术类的课程（艺术类学生反之）？”在回收的338份有效问卷中，回答“是”的有247人，占73.1%；回答“否”的有91人，占26.9%。这从侧面反映出学校对学生艺术素养的培养非常重视，注重学生综合素质的发展，深刻认识到艺术素养对学生创新及创新创业能力发展的隐性作用。

维度2：育人机制

高校应将教师的研究性教学和学生的研究性学习有机结合起来，鼓励并引导教师带领学生积极参与学术研究项目、实践创新研究项目、创业研究项目和校企合作研究项目等，鼓励学生直接参与学术创新活动、市场项目实践活动，完善知识，锤炼技术，锻炼能力。通过参与各种专门化的综合项目训练，学生会在项目任务的驱动下，“真题真做”，从而达到“教、学、做”合一、学术能力与职业素养同步培养。❶

高校应通过多方合作，形成立体化的纯学术创新人才、学术成果转化型创新人才、企业创新型人才和创新型创业人才培养的合力。这里的多方主体包括高校、科研机构、政府、企业、行业协会、家庭和学生。❷高校应搭建跨专业、跨学科、跨院系的协同创新平台。通过整合校内各种资源，借力信息化，充分发挥高校门户网站、广播、校报、校刊以及校园BBS、QQ群、人人网、微博等传播媒介的作用，形成资源信息共享平台，建立互动沟通机制，探索MOOC、翻转课堂等国际领先教育模式，培育开放、自由、宽容、实用的创新文化沃土。❸

❶ 张卫民等.科教结合：高校创新人才培养新途径[J].大学教育，2016（7）.
❷ 姜慧、殷惠光、徐孝昶.高校个性化创新创业人才培养模式研究[J].国家教育行政学院学报，2015（3）.
❸ 张卫民等.科教结合：高校创新人才培养新途径[J].大学教育，2016（7）.

调查问卷涉及育人机制的问题有4个，调查结果如下：

1.“学校是否设置了跨学科、跨学校及国际合作教育项目来推动学术创新人才和创业人才培养？”在回收的338份有效问卷中，回答“是”的有201人，占59.5%；回答“否”的有137人，占40.5%。这反映了学校还是特别注重单一的专业教育，没有对传统的学科教育进行充分的改革，不利于纯学术创新人才、学术成果转化型创新人才、企业创新型人才和创新型创业人才培养。

2.“学校是否设置了产学研协同育人机制来培养创新创业人才？”在回收的338份有效问卷中，回答“是”的有171人，占50.6%；回答“否”的有167人，占49.4%。这从侧面反映出学校还没有形成良好的产学研协同育人机制，学校领导和教师还没有充分认识到产学研协同育人在企业创新型人才和创新型创业人才培养中的良好效果。

3.“您是否参加过老师的科研项目？”在回收的338份有效问卷中，回答“是”的有74人，占21.9%；回答“否”的有264人，占78.1%。这说明教师没有积极引导学生参加自己的科研，还没有认识到科、教结合在纯学术创新人才、学术成果转化型创新人才、企业创新型人才和创新型创业人才培养中的重要作用。

4.“您是否参加过校外科研项目、校地或校企合作项目？”在回收的338份有效问卷中，回答“是”的有39人，占11.5%；回答“否”的有299人，占88.5%。这反映了学校没有充分利用社会资源来培养纯学术创新人才、学术成果转化型创新人才、企业创新型人才和创新型创业人才。

维度3：启发式教学

恰当的教学方法对创新及创新创业教育会起到事半功倍的效果。启发式教学强调教学过程中让学生自主学习，这有利于培养创造性人才。教师在教学过程中，应该根据教学任务和学习规律，从学生的实际出发，采用多种方式，调动学生学习的主动性和积极性，促使他们生动活泼地学习。当前，我国大学教学改革中提出的许多对策与措施，都同启发式教学的要求相关联。

本书作者通过问卷抽样调查，对高校启发式教学的情况进行了调查：

“教师是否采用过‘习明纳’、启发式等能让学生表达思想的教学方式？”在回收的有效问卷中，回答“是”的有188人，占55.6%；回答“否”的有150人，占44.4%。这反映了教师还习惯于传统的灌输式教育，学校对教学方法的改革力度不大，不利于纯学术创新人才、学术成果转化型创新人才、企业创新型人才和创新型创业人才的成长。

大学生学习自由和名师指导的现状

本书作者专门调查了大学生学习的自由度和名师走进大学课堂和课外活动对学生进行指导的情况。无论是文化、科技创新，还是借助文化、科技创新进行的创业，都需要独特的人生体验、独特的社会经验和个性化知识结构，摆脱“常人”的文化视界。要实现摆脱“常人”的文化视界，大学生必须有机会走进文化、科技的前沿，通过与学者名师的对话与交往，体验文化、科学和人生，形成自己对社会、文化、科技、人生的独特看法。

问卷调查涉及大学生学习自由和名师指导的问题有9个，调查结果统计如表5所示。

表5　大学生学习自由和名师指导状况

序号	调研内容	回答“是”		回答“否”		回答“不知道”	
		人数	占比	人数	占比	人数	占比
1	学校安排的课程是否让您拥有很少自由支配的学习时间？	96	28.4%	85	54.7%	57	16.9%
2	学校是否为您的特长制定了个性化的培养方案？	55	16.3%	283	83.7%	0	0.0%
3	您是否参加过学校的卓越人才培养计划？	45	13.3%	293	86.7%	0	0.0%
4	是否有老师的学术魅力、思维方式或教学方式等深深地激发了您对某一方面知识的学习欲望？	248	73.4%	90	26.6%	0	0.0%
5	您是否遇到过激发了您兴趣爱好的老师？	114	33.7%	224	66.3%	0	0.0%
6	在您本科一年级时，是否有本校本专业的高水平教授为您授课或作报告？	222	65.7%	116	34.3%	0	0.0%
7	是否有本专业的国内外一流专家为您授过课？	68	20.1%	270	79.9%	0	0.0%
8	是否有产业或企业方面的实业人士为您授过课？	126	37.3%	212	62.7%	0	0.0%
9	教师是否把自己的最新科研成果引入到课堂上来？	152	45.0%	186	55.0%	0	0.0%

1.“学校安排的课程是否让您拥有很少自由支配的学习时间？”在回收的338份有效问卷中，回答“是”的有96人，占28.4%；回答“否”的有185人，占54.7%；回答“不知道”（指在大一、大二期间是，大三、大四期间否）的有57

人，占16.9%。回答“是”和“不知道”的学生比例达到了45.3%，这说明我国高校课程设置中，大学一、二年级安排的公共基础课或通识课程较多，没有精选形成核心素养课程体系，这无形中挤压了学生自由发展的空间和时间。

2.“学校是否为您的特长制定了个性化的培养方案？”在回收的338份有效问卷中，回答“是”的有55人，占16.3%；回答“否”的有283人，占83.7%。这反映了高等教育大众化背景下，学校不能很好地兼顾大部分学生的个性特长，不利于学术创新人才和创新型企业人才的成长。

3.“您是否参加过学校的卓越人才培养计划？”在回收的338份有效问卷中，回答“是”的有45人，占13.3%；回答“否”的有293人，占86.7%。卓越人才培养计划是国家重大人才培养工程，目的是培养拔尖创新创业人才。调查结果反映了大部分学生还没有参与进来，说明卓越人才培养计划的惠及面不广，受益的学生较少。未来，国家可逐步增加这类高端创新及创新创业项目的支持数量和力度。

4.“是否有老师的学术魅力、思维方式或教学方式等深深地激发了您对某一方面知识的学习欲望？”在回收的338份有效问卷中，回答“是”的有248人，占73.4%；回答“否”的有90人，占26.6%。这反映了学生对教师的学术魅力、思维方式或教学方式非常关注。

5.“您是否遇到过激发了您兴趣爱好的老师？”在回收的338份有效问卷中，回答“是”的有114人，占33.7%；回答“否”的有224人，占66.3%。这反映了教师不太关注学生的学习和研究兴趣，没能很好地利用学生的兴趣点激励学生创新及创新创业。

6.“在您本科一年级时，是否有本校本专业的高水平教授为您授课？”在回收的338份有效问卷中，回答“是”的有222人，占65.7%；回答“否”的有116人，占34.3%。这说明学校注重专业学科前沿知识和发展趋势的传授，有利于学生了解本学科的研究最前沿，尽早确定自己的学习、研究方向。

7.“是否有本专业的国内外一流专家为您授过课或作过报告？”在回收的338份有效问卷中，回答“是”的有68人，占20.1%；回答“否”的有270人，占79.9%。这反映了学校不太重视名师名家在学生学习中的作用，不利于营造学习研究科学知识的良好氛围，不利于纯学术创新人才、学术成果转化型创新人才、企业创新型人才和创新型创业人才的发展和成长。

8.“是否有产业或企业方面的实业人士为您授过课？”在回收的338份有效问

卷中，回答“是”的有126人，占37.3%；回答“否”的有212人，占62.7%。这从侧面说明学校创新创业教育师资队伍结构不太合理，缺少行业和产业方面的优秀专家，这对大学生的创新创业实践来说，显然是不利的。

9.“教师是否把自己的最新科研成果引入到课堂上来？”在回收的338份有效问卷中，回答“是”的有152人，占45%；回答“否”的有186人，占55%。这从侧面说明教师在创新及创新创业教育过程中，缺乏创新意识，不能将自己的最新专业研究成果融入到教学内容中，不利于开拓学生眼界、提升学生创新创业能力。

本书作者通过问卷抽样调查发现，在我国高校创新及创新创业教育实践中，大学生培养模式的“差异化”尚未受到重视，没能很好满足大学生个性化成长需求，阻碍了纯学术创新人才、学术成果转化型创新人才、企业创新型人才和创新型创业人才的成长。在大学生创新及创新创业教育过程中，高校要树立“学生为本”的育人理念，摒弃“以工作为中心”和“以教师为中心”的观念，把学生的发展和成长放在第一位，一切教育、管理和服务都要围绕学生的成长。高校要满足学生合理的多层次的成才需要，高校学生工作者应经常深入学生当中，了解、研究学生的需要并及时反馈给教师，以便教师及时调整教育教学内容与教育教学策略。

创新研究与实践的现状

创新及创新创业活动是以创新为核心、灵魂和基础的推动科技、文化、学术和经济发展的实践。其具有实践性。因此，在创新及创新创业教育过程中，要高度重视“做中学”。

在本书作者的问卷抽样调查中，涉及大学生创新及创新创业研究与实践的问题有10个，调查结果统计如表6所示。

表 6　大学生创新研究与实践状况

序号	调研内容	回答“是”		回答“否”		回答“不知道”	
		人数	占比	人数	占比	人数	占比
1	学校是否设置了研究性的学习项目？	253	74.9%	85	25.1%	0	0.0%
2	学校的各类创新载体（如重点实验室、研究基地等）是否对您开放？	127	37.6%	211	62.4%	0	0.0%

续表

3	您是否在老师的指导下发表过论文或申请过专利?	33	9.8%	305	90.2%	0	0.0%
4	您是否参加过市厅级及以上的专业竞赛?	20	5.9%	318	94.1%	0	0.0%
5	您是否参加过专业实习实训?	71	21.0%	267	79.0%	0	0.0%
6	您是否到校外专业实践基地实践过?	39	11.5%	299	88.5%	0	0.0%
7	您是否做过专业调查或社会调查等类似调查研究?	171	50.6%	167	49.4%	0	0.0%
8	您是否参加过市厅级及以上的创新创业大赛?	10	3.0%	328	97%	0	0.0%
9	您是否主持过大学生创新创业训练计划项目?	15	4.4%	323	95.6%	0	0.0%
10	您是否在校内外创新创业实践平台(创业园、孵化器、科技园等)实践过?	22	6.5%	316	93.5%	0	0.0%

维度1：创新实践

1.“学校是否设置了研究性的学习项目？”在回收的338份有效问卷中，回答“是”的有253人，占74.9%；回答“否”的有85人，占25.1%。这从侧面说明学校教育教学改革中，对研究性学习促进学生创新创业能力培养的重要性认识到位，研究性学习项目设置基本能够满足纯学术创新人才、学术成果转化型创新人才、企业创新型人才和创新型创业人才培养的需要。

2.“学校的各类创新载体（如重点实验室、研究基地等）是否对您开放？”在回收的338份有效问卷中，回答“是”的有127人，占36.7%；回答“否”的有211人，占62.4%。这从侧面说明学校创新载体在跨学科创新及创新创业人才培养中的作用发挥得不明显，应加大各类载体对学生的开放度。

3.“您是否在老师的指导下发表过论文或申请过专利？”在回收的338份有效问卷中，回答“是”的有33人，占9.8%；回答“否”的有305人，占90.2%。这说明学生的整体创新能力还不强，教师在学生的创新实践中应加强指导，帮助学生提高创新能力。

4.“您是否参加过市厅级及以上的专业竞赛？”在回收的338份有效问卷中，回答“是”的有20人，占5.9%；回答“否”的有318人，占94.1%。这从侧面说明参加专业竞赛还是少数学生的专利，大多数学生得不到竞赛带来的良好的专业创新训练。

5.“您是否参加过专业实习实训？”在回收的338份有效问卷中，回答“是”的有71人，占21%；回答“否”的有267人，占79%。这从侧面说明作为传统专业教育过程中的一个环节，专业实习实训没有得到应有的重视，学校没有充分认识到实习实训对课堂教学的补充作用，这不利于学生夯实专业基础知识。

6.“您是否到校外专业实践基地实践过？”在回收的338份有效问卷中，回答“是”的有39人，占11.5%；回答“否”的有299人，占88.5%。这反映了学校校外专业实践基地建设数量较少，不能满足大部分学生的社会实践需要。

7.“您是否做过专业调查或社会调查等类似调查研究？”在回收的338份有效问卷中，回答“是”的有171人，占50.6%；回答“否”的有167人，占49.4%。这从侧面说明教师不太重视对学生的调查研究能力的培养，缺少对创新人才必要的训练。

维度2：创业实践

1.“您是否参加过市厅级及以上的创新创业大赛？”在回收的338份有效问卷中，回答“是”的有10人，占3%；回答“否”的有328人，占97%。这从侧面说明创新创业大赛在学生中的普及率还不高，创新创业还只是少部分人的兴趣爱好。

2.“您是否主持过大学生创新创业训练计划项目？”在回收的338份有效问卷中，回答“是”的有15人，占4.4%；回答“否”的有323人，占95.6%。这反映了国家和省实施的大学生创新创业训练计划项目只是针对少部分学生，大部分学生还得不到该项目的专业训练。

3.“您是否在校内外创新创业实践平台（创业园、孵化器、科技园等）实践过？”在回收的338份有效问卷中，回答“是”的有22人，占6.5%；回答“否”的有316人，占93.5%。这从侧面说明创新创业实践平台数量较少，对学生的覆盖面较窄，大学生创新创业实践支持体系不健全。

调查发现，学校缺少创新及创新创业的平台，立体化的培养体系还未建成，缺少关于创新及创新创业的指导培训、学习交流。此外，大学生课堂内外表现机会不多，压抑了大学生的创新及创新创业能力。随着教育部和学校大力提倡大学生创新能力培养，许多学生开始意识到动手能力的重要性，但往往因为学校缺少具体可行的措施与平台，他们的动手能力没有得到有效的锻炼和提高。

三、我国大学创新人才培养存在的问题

我国高校大学生创新及创新创业教育经过近30年的发展，取得了瞩目的成绩，对创新型国家建设以及国家“大众创业、万众创新”战略的实施，提供了有力的人才支持。然而，我们也应该看到，现有教育教学体制机制对纯学术创新人才、学术成果转化型创新人才、企业创新型人才和创新型创业人才的培养还有一定的阻碍。

创新、创业文化氛围是创新及创新创业生态体系中的重要元素，厚植创新、创业文化是激发纯学术创新人才、学术成果转化型创新人才、企业创新型人才和创新型创业人才创新潜能的有效途径。我国社会正处在实现中国梦的“大众创业、万众创新”的伟大时代，国家各级政府和社会机构通过举办“全国大众创业万众创新活动周”、开展“中国创新创业大赛”“‘互联网+’大学生创新创业大赛”等一系列措施，弘扬“敢为人先、追求创新、百折不挠”的创新精神，形成了创新、创业文化；中央和地方电视媒体推出大量以创业为主要内容的专题节目，中国政府网、中国网络电视台联合发起《发现双创之星》大型主题系列活动，通过“讲述双创好故事，展现中国好创意”，为中国创客搭建思想交流的平台、创意诞生的襁褓、匠人技能的舞台和梦想实现的工场；微信、微博等网络媒体上出现了一大批有影响力的公众号和讨论群组。国家信息中心大数据统计显示，94.3%的网民高度认可中央各项创新创业政策措施，在互联网主要媒体、论坛等与“双创”直接相关的话题达到2 000万条。

但是，大学创新及创新创业教育还没有从根本上让大学生对生命价值及其人生价值有清晰认识，使得他们在大学迷失方向、丧失勇气，既不知道该干什么，也不知道想干什么，更不知道能干什么。他们大学期间只读了几本教科书、听了几堂课、做了几道题。在完成毕业论文或毕业设计时，文科、理科大学生几乎都是在文献丛中进行“闭门造车”，工科大学生则匆匆地在实验室里按照操作程序按几下按钮、记录几组可能自己并不清楚含义的数据。这样的大学学习、这样的毕业论文或毕业设计，根本不可能培养大学生的主体性和创造性，根本不可能让他们成为学术创新人才。总之，大学没有形成创新人才培养机制，学生的学术发展还是“千人一面”，很难有纯学术创新人才和学术成果转化型创新人才脱颖而出。

大学创新创业教育还没有形成创业文化氛围。在社会浓厚创业氛围的包围

下，很多高校却没有营造出相应的创业氛围。出现这一状况可能有以下几个原因：一是学校领导、师生还没有完全对创业教育的重要性形成共识。他们往往认为，创新创业是少部分人的事，没必要大张旗鼓地开展。二是传统专业教育教学思想根深蒂固。创新创业教育是一种全新的理念，在教育模式、内容和教学方式上与传统的有很大的不同，需要在突出培养学生创新能力与创新精神的价值取向下，对现行的大学课程体系、课程内容、教学模式和学业评价方式等进行大刀阔斧的改革，因此，会遇到很大阻碍。三是开展创新创业教育缺乏资金和资源支持。许多大学往往认为，自身的主要任务是面向全体学生的专业培养，创新创业教育只是面向少数有浓厚的学术兴趣或有创业兴趣的学生，学校应该把资源和资金用到专业人才培养上，而不是用到纯学术创新人才、学术成果转化型创新人才、企业创新型人才和创新型创业人才培养上。

大学创新创业教育还没有全面落实提升大学生全面素质。创新、创业是复杂的、动态的活动，对纯学术创新人才、学术成果转化型创新人才、企业创新型人才和创新型创业人才的素质要求极高，并不仅仅是通过学术知识或创业知识的传授，就能有效提高大学生的学术创新或创新创业的能力。事实上，许多大学忽视了创新及创新创业学生全面素质的培养，机械地为创新及创新创业教育而教育，在课程建设上，只开设一些关于学科前沿或创业知识的课程，把学术创新教育和创业教育完全割裂开，没有认识到纯学术创新人才、学术成果转化型创新人才、企业创新型人才和创新型创业人才的核心素养要求，因而目前许多大学没有关注有志于成为纯学术创新人才、学术成果转化型创新人才、企业创新型人才和创新型创业人才的大学生的全面素质提升。

大学创新及创新创业教育没有保障学生的学习自由。创新的条件是快乐的“自由劳动”，创新与创业要求人能够容忍失败。创新、创业的成功没有一成不变的模式，因此，在创新及创新创业教育过程中，要注重大学生个性发展，给学生足够的学习自主权。就我国目前大学的情况来说，虽然经历了多年的高等教育改革，在校大学生对于自己学什么和怎样学，仍然缺乏必要的自主性。在大学课程实施过程中，必修课程（“必然劳动”）占绝对优势，这类大量的学习活动，学生不一定真正感兴趣而且不一定符合其特长，也许会感到压抑，毫无乐趣可言，当然就谈不上创新能力的培养。学校往往也开设一些形式上的选修课程或其他实践活动，但因为“因师设课”，学校不得不从有限的可供选择的课程与活动中挑选几门，名义上让学生“选”，实际是“必选”，否则学分就不够。可见，选修课程或其他实践活动没有成为真正的“自由劳动”。大量的课程以“必然劳动”的形式占用了学生几乎全部的劳动时间，学生缺乏“自由劳动”时间，就不可能实现创新。我国现行大学课程虽然在一定程度上反映了国家和社会的需求，也听取了一些学科专家出于促进学科结构完整和学科发展的考虑所提出的意见，有时还参考了各学院的优势学科，却唯独缺少对学生内在需求与兴趣的反映。所以，当前大学教育的突出缺陷在于把大学生的成长完全视为外在动因的结果，大学生的“劳动”在“额外压抑”作用下被异化为痛苦的“被塑造”“被专业化”的活动，大学生难以成为纯学术创新人才、学术成果转化型创新人才、企业创新型人才和创新型创业人才。

大学创新创业教育没有完善的实践教育体系。实践教育体系是创业教育区别于其他教育的重要特征。通过创新创业实践，一方面，学生所学的创新创业理论知识得以应用，另一方面，学生也可以在实践中积累相关的经验。有些高校对创新创业实践教育比较重视，以创新创业竞赛、园区和创业实践活动等为载体，通过多维实践锻炼，提高大学生创新创业能力。在创新创业竞赛方面，主要有“挑战杯”大学生创业设计大赛、课外学术科技作品大赛、公益创业实践等；在园区方面，主要借助国家科技（创业）园、各地方政府的科技（创业）园以及学校自建的科技（创业）园区开展大学生创新创业实践；在创业实践活动方面，形式更是多样，如成立各种以创业为主题的学生社团、开展企业家创业者进校园讲座、与媒体合作举办模拟创业栏目等。然而，从总体来看，我国高校创新创业教育实践支撑体系还不够完善，如创新创业实践与专业结合度不高，创新创业载体的育人功能发挥不足等。

第五章
马克思主义人学：传统人学的扬弃

创新人才能不能培养和培养什么样的创新人才，本质上是一个人学问题。必须梳理人学思想的历史轨迹，为从马克思主义人学视角探究创新人才发展规律和培养规律奠定理论基础。

人学是关于人的学问，这一学问的基本构架包括以下三个问题："人应当是什么""人现实上是怎样"和"人怎样成其为人"。[1]从古至今，思想家们不断地探索和反思人类自己。古希腊德尔菲神庙上的箴言"认识你自己"，昭示着人类对自身的终极追问。有学者认为，西方传统人学在两千多年的发展史上，始终笼罩着浓郁的实体主义情结，无论是古希腊的自然本体论还是理念本体论，无论是中世纪神学本体论还是近代理性本体论，都试图将现实存在的人回溯到"始基"和"实体"，在人的生存之外寻求人的存在根据。[2]马克思在继承、批判和扬弃西方人学思想遗产的基础上，创立了自己的人学理论体系，对关于人的问题做出了系统的科学论断。学者对哲学发展历史的以下概括，可以让我们比较清楚地了解人学思想演进的历史脉络："从总体上看，现代哲学克服了传统哲学单纯从外在事物和给定自然的本质去界定和理解人与世界的思维方式，确立了从人的存在和实践活动，从主体与客体的辩证统一的角度去理解人与世界的新哲学范式。"[3]

[1] 韩庆祥.关于人学研究中的几个基本问题[J].哲学动态，1995（12）.

[2] 陈曙光.实体本体论人学的基本建制及其动摇——马克思人学存在论革命研究（上）[J].探索，2014（1）.

[3] 衣俊卿.人学研究：域界厘定与范式转换[J].哲学动态，2000（6）.

一、自然主义人学思想

从哲学的角度来说，自然主义有两种含义："广义的自然主义一般指那些主张用自然原因或自然原理来解释一切现象的哲学思潮，如中国汉代王充用禀气的厚薄解释人的智愚，宋代张载用禀气不同解释人性，欧洲哲学史中用人的自然属性解释人的道德现象，都属此例；狭义的自然主义指20世纪30年代形成于美国的一个哲学流派。"[1]哲学传统上的广义的自然主义，在时间上其实发展并不连续。自然主义萌芽于古希腊，在历经中世纪神学笼罩之后，发展于17—19世纪。20世纪20—30年代，美国开始兴起自然主义，并流行于当代西方。在自然主义的不同发展阶段，哲学家们对人的认识也存在很大的差异。

自然主义对人的理解

古希腊哲学中的人学思想发展可以分为三个阶段。由于古希腊哲学最开始属于自然哲学，人们往往用自然的物质原因来解释万事万物，借此来认识自然。自然而然，哲学家们也采用相同的方式——自然主义来解释人。这就是古希腊人学思想发展的第一阶段——自然主义阶段。也就是说，在古希腊人学的第一阶段，哲学家们对人的认识是借助自然的原理，显露出初步的自然主义人学思想的意蕴。赫拉克利特（Heraclitus）是古希腊哲学早期爱菲斯学派的代表人物。他认为，火是世界的本源，万物遵循着逻各斯，因而相互转化。也因此，"人也是由火构成的，人的灵魂也是神圣之火的一部分"[2]。赫拉克利特接着以火的本性来解释人的人性，"一个人如果喝醉了酒，那么他就被一个未成年的儿童领着走。他步履蹒跚，不知道自己往哪里走；因为他的灵魂潮湿了"[3]。除此以外，赫拉克利特还努力地去区别人与动物。他认为，人有思想，从而能遵循逻各斯然后取得智慧，并以此来区别于动物。赫拉克利特对人的关注，改变了早前古希腊哲学只关注外部世界的局面。但是，他对人的认识和对人性的初步探索，却是站在自

[1] 中国大百科全书总编辑委员会《哲学》编辑委员会.中国大百科全书（哲学Ⅱ）[Z].北京：中国大百科全书出版社，1987，1267-1268.

[2] 杨俊.赫拉克利特的人学思想探析[J].贵州社会科学，2003（3）.

[3] 北京大学哲学系外国哲学史教研室.古希腊罗马哲学[M].上海：生活·读书·新知三联书店，1957，25.

然的角度上，把人的存在简单地归结为某种物质性的自然原因，局限于用自然的属性来解释人性，“对人的认识还没有上升到把人看作独立于自然物的独立主体的水平”[1]。

古希腊智者学派的代表人物普罗泰戈拉（Protagoras）明确地提出这个哲学命题——“人是万物的尺度”，成为古希腊真正的人学思想的开端，开始突出人对自然世界的感觉与知觉，甚至强调人对自然世界的意义建构。这就是古希腊人学思想发展的第二个阶段。在普罗泰戈拉看来，“人是万物的尺度，是存在者存在的尺度，也是不存在者不存在的尺度”[2]。他认为，人是没有天赋知识的，而知识是从人的感觉中获得的。由于他强调人的感觉在认识过程中的重要作用，那么，就必须对人的地位加以明确。“人是万物的尺度”，若从一般的哲学意义去解释，就是“世界的存在、真理、规律，皆以人的感觉为标准”[3]。因此，人这一“尺度”是最可靠的标准。从这个角度来说，普罗泰戈拉开始从人的感觉来认识人，从人的感觉来处理人与自然世界、人类社会的关系。尽管这样的标准具有鲜明的感觉主义和相对主义的色彩，但是，普罗泰戈拉推动了古希腊人学从用自然主义方式解释人转向用人的感觉和意义建构来解释自然与人自身，对人学思想发展做出了巨大的贡献。

在经历了中世纪神学的笼罩之后，17—19世纪，欧洲哲学中的自然主义人学思想又逐渐进入人们的视野。在摆脱了神学的束缚后，重新迎来了对人的自然主义关注。霍布斯（T.Hobbes）从感觉论出发，结合机械唯物主义的哲学基础，以力学、几何学的原理来认识人。在他看来，“人就是一架按照力学规律进行活动的机器。人的一切情感、欲望是服从因果规律的人体机械运动的表现，它们的发生、变化和消失，始终离不开机械力的作用”[4]。事实上，霍布斯是将人的一切看作是自然规律作用的结果。霍布斯认为，动物有两种特殊的运动，“一种被称为生命运动，从出生起就开始，而且终生不间断；如血液的流通、脉搏、呼吸、消化、营养、排泄等过程便属于这一类。这种运动无需构想帮助。另一种运动是动物运动，又称为自觉运动；按照首先在心中想好的方式行走，说话、移动肢体

[1] 龚天平.论古希腊哲学中的人学思想[J].华中理工大学学报（社会科学版），1995（1）.
[2] 北京大学哲学系外国哲学史教研室.西方哲学原著选读（上）[M].北京：商务印书馆，1981，54.
[3] 冒从虎、王勤田.欧洲哲学通史（上卷）[M].天津：南开大学出版社，1985，90.
[4] 龚天平.试论欧洲近代哲学中的人学思想[J].郑州大学学报（哲学社会科学版），1998（1）.

等便属于这类运动”❶。“自然使人在身心两方面的能力都十分相等”❷。自然赋予每个人“按照自己的愿意的方式运用自己的力量，保全自己的天性——也就是保全自己的生命——的自由”❸。也因此，他认为人性都是自私的，自私是所有人的本性。在当时的背景下，霍布斯的思想是符合资产阶级的利益的，但是，从历史的角度看，他同时忽视了不同阶级的人性的区别，用自私一概而论，存在片面性。

霍尔巴赫（D’ Holbach Paul-Henry）是18世纪法国著名的哲学家。他认为，“从最广的意义来说的自然，是由各种不同的物质、由这些物质的各种不同的组合、由我们在宇宙间看到的各种不同运动集合而成的大全体”❹。大自然是万物的本源，它是客观存在的，如果没有自然那么世界万物将不存在。同理，人也归属于自然，人是生物的存在物，人类社会同样也是自然的存在物，物质是永远存在的，永远都会发生作用的，他是不可能存在的永恒存在。他认为，人是从属于大自然的，包括人的肉体和思想。“如果身体与脑的交通被阻断时，人身体的各部分便停止感觉。”❺人的活动就像机器一样，服从于各种自然法则。“自然是大全，是一切存在物的总汇，它包容一切，在自然之外一切都不存在。”❻人的目的也就是自然的目的，换个词就是“自保”。在霍尔巴赫这里，自然生活被夸大为现实生活的全部。人的这种目的，也就构成了人的自然道德。霍尔巴赫的思想直接影响了后来的费尔巴哈（L.A.Feuerbach）的哲学思想。霍尔巴赫以唯物主义自然观为出发点对宗教的教条和教义进行了批判。他认为，“人类之所以迷信，只是由于恐惧；人类之所以恐惧，只是因为无知”❼。

费尔巴哈人学思想是欧洲近代自然主义人学思想的最高成就。其哲学的核心就是人本学，他从人本学出发对思辨哲学和宗教神学进行了深刻批判。他认为，“宗教是人跟自己的分裂：他放一个上帝在自己的对面，当作与自己相对立

❶ [英]霍布斯.利维坦[M].北京：商务印书馆，1985，35.
❷ [英]霍布斯.利维坦[M].北京：商务印书馆，1985，95.
❸ [英]霍布斯.利维坦[M].北京：商务印书馆，1985，97.
❹ 杜志清.西方哲学史[M].北京：高等教育出版社，2009，290.
❺ [法]霍尔巴赫.自然的体系（上卷）[M].北京：商务印书馆，1973，96.
❻ 北京大学哲学系.十八世纪法国哲学[M].北京：商务印书馆，1963，421.
❼ [法]霍尔巴赫.自然的体系（上卷）[M].北京：商务印书馆，1973，5.

的存在者”[1]，“属神的本质之一切规定，都是属人的本质之规定”[2]。他说：“我的著作以及我的讲演的目的，就在于使人从神学家变为人学家，从爱神者变为爱人者，从彼世的候补者变为现世的研究者，从天上和地上的君主和贵族的宗教的和政治的奴仆，变为地上的自由和自觉的公民。”[3]费尔巴哈认为，人本学的对象是自然和人，“新哲学将人连同作为人的基础的自然当作哲学唯一的，普遍的，最高的对象——因而也将人本学连同生理学当作普遍的科学”[4]。他倡导“观察自然、观察人吧！在这里你们可以看到哲学的秘密”[5]。费尔巴哈把上帝的本质看作人的本质，把上帝降到地上，把人提出来代替上帝。费尔巴哈认为，人的本质就是人的共同属性，就是“类”的属性。费尔巴哈把抽象的“类”视为每个人的“共同性”或“自然属性”。由于费尔巴哈仅看到人的自然属性，没有看到或不理解人的社会性，所以人在他那里仍然是一个“抽象”“自然”的人。因此，不管费尔巴哈的人本学说具有多么大的意义，它还是仅仅从自然属性上理解人。

自然主义人学在美国的发展

20世纪20—30年代，自然主义哲学在美国重新登上历史的舞台。对于人的认识，在这个时间段里发展到了新的高度。自然主义人学思想也日渐有了新的变化。

杜威（J.Dewey）是美国历史上有名的哲学家，他的思想又可以叫做经验自然主义。杜威主张经验与自然是连续性的统一整体，强调人基于经验、生活的发展。“经验既是关于自然的，也是发生在自然以内的。被经验到的并不是经验而

[1] [德]费尔巴哈.费尔巴哈哲学著作选集（下卷）[M].北京：生活·读书·新知三联书店，1959，60.

[2] [德]费尔巴哈.费尔巴哈哲学著作选集（下卷）[M].北京：生活·读书·新知三联书店，1959，39.

[3] [德]费尔巴哈.费尔巴哈哲学著作选集（下卷）[M].北京：生活·读书·新知三联书店，1959，525.

[4] [德]费尔巴哈.费尔巴哈哲学著作选集（上卷）[M].北京：生活·读书·新知三联书店，1959，184.

[5] [德]费尔巴哈.费尔巴哈哲学著作选集（上卷）[M].北京：生活·读书·新知三联书店，1959，115.

是自然——岩石、树木、动物、疾病、健康、温度、电力等等。”[1]他认为，离开自然界，无所谓经验，不存在经验；而自然事物与社会又必须通过人的经验才能够被人揭示出来。因此，经验“即具有它们自己所特有的特性和关系的一系列的事件进程，发生着、遭遇着和存在着。所谓自我那些事情就在这些事件之间和这些事件之内，而不是在它们之外或在它们之后”[2]。人的经验内容非常广泛，“‘经验’指开垦过的土地，种下的种子，收获的成果以及日夜、春秋、干湿、冷热等等变化，这些为人们所观察、畏惧、渴望的东西；它也指这个种植和收割、工作和欣快、希望、畏惧、计划、求助于魔术或化学、垂头丧气或欢欣鼓舞的人”[3]。杜威认为，人的本质在于他的目的性活动。对于人性，杜威与以往的自然主义哲学家们有所区别，他受到进化论的影响，强调人的可塑性，希望通过改善社会环境和条件来影响人。他把个人视为置身于特定环境中的有机体，认为人的价值与社会价值应当是统一的。杜威也试图从经验与自然的关系中来看待两者的制约性，从主客体的关系来看待人与自然的关系，具有创新性。

塞拉斯（R.W.Sellars）是美国自然主义哲学家中持唯物主义观点最为突出的哲学家。他的思想经历了从批判论到自然主义的变化。塞拉斯的自然主义是他的物理实在论发展的必然结果。他在《认识及其范畴》一文中把他理解的批判的实在论看作是一种物理实在论，认为这种实在论坚信存在物理的事物，并且认为关于物理世界的观念都是由科学的结论形成的。[4]他认为，物理实在论“承认物理之物的无限多样性，而不拒绝它的任何一种现实的形式，从宇宙尘和太阳的剥落原子到地壳上的原始泥层和人类大脑的复杂组织。在种种富丽堂皇的情景背后，在丑和美、悲剧和幸福的背后，都存在着物质。简而言之，物理之物只不过是存在的另一名称”[5]。自然界是它自身活动的原因，而否认受到任何超自然力量的推动。对于人，他强调感性认识的研究与理解。他认为人的知觉和感觉都是植根于大脑的，两者既有区别又有联系。塞拉斯的观点有非常明显的先进性，但毕竟受到认识的局限，他没有完全能够认识到感觉与知觉的本质，而对它们的关系的理解过于简单化。

[1] [美]杜威.经验与自然[M].北京：商务印书馆，1960，4.
[2] [美]杜威.经验与自然[M].北京：商务印书馆，1960，187.
[3] [美]杜威.经验与自然[M].北京：商务印书馆，1960，10.
[4] [美]塞拉斯.批判的实在论论文集[C].北京：商务印书馆，1979，177.
[5] 涂纪亮.美国哲学史（第2卷）[M].石家庄：河北教育出版社，2002，314.

自然主义哲学发展到当代，在西方的成就远高于我国。自然主义发展至今日，探讨的关于人的问题不再是关于人的本质，而是将目光投向人与社会的关系上。奎因（W.V.Quine）是当代美国的哲学家，也是当代自然主义哲学家的代表。他最为著名的是其自然主义认识论。奎因在对经验主义的认识论进行梳理总结后指出，“经验主义在过去两个世纪的发展中经历了五个转折点。第一个转折点是从观念转向词语。第二个转折点是语义焦点从语词转向语句。第三个转折点是语义焦点转向语言系统。第四个转折点是方法论的一元论，也就是放弃分析和综合的二元论。第五个转折点是自然主义，也就是放弃自然先于自然科学的第一哲学的目标”❶。蒯因指出，自然主义把自然科学看作一种对实在的探索，这种探索是可错的和可纠正的，但它不对任何超科学的裁判负责，也不需要在观察和假设—演绎方法之外作任何辩护。❷简单来说，奎因的哲学如果不是自然主义的，那么它将什么也不是！❸奎因认为哲学和科学是连续的，因此他的哲学在很大程度上对科学成果进行了利用。比如，解释儿童学习语言时，他借助行为主义和发生学的观点，来解释儿童对“类”的理解和掌握。而对人的语言学习，奎因认为如同儿童学习语言的过程一样，学习语言是一个通过条件反射获得语言习惯的过程。尽管奎因的理论“存在着诸多的存在问题，但不可否认的是，也正是由于对他的问题的思考，西方哲学进入了更深的研究领域”❹。

瓦托夫斯基（M.W.Wartofsky）与奎因不同，他认为认识论不仅要自然化，还应当社会化与历史化。他认为，历史的认识论开始于这样的前提，知识的获得是人类活动的基本方式，它不能脱离其他形式的人类实践，因此，也不独立于这些其他形式实践的历史性（即其历史变化和发展）。❺所谓历史的认识论，就是把认知的活动看作历史的变动的，也就是说，在他看来，认知、知觉的方式随整个人类实践的改变而改变，再进一步，“实践是认识活动的具体方式”❻。瓦托夫斯基正确认识到所谓的认识的获得是一个历史的、实践的过程。他以“认知活动

❶ [美]蒯因.蒯因著作集（第6卷）[C].北京：中国人民大学出版社，2007，68.
❷ [美]蒯因.蒯因著作集（第6卷）[C].北京：中国人民大学出版社，2007，72.
❸ R.F.Gibson.*Enlightened Empiricism*[C].Florida:University of South Florida Press, 1988,23.
❹ 林康延.论奎因自然主义认识论[D].长春：吉林大学，2011，4.
❺ M.W.Wartofsky.*Epistemlolgy Historicized*[M].In A.Shimony&D.Nails（eds）.*Naturalistic Epistemlolgy:A Symposium of Two Decades*.Dordrecht:Reidel,1987,358.
❻ 刘军.当代科学哲学中的自然主义流派论析[J].自然辩证法通讯，1997（6）.

是历史地变动的”为历史化认识论的整个出发点。这种见解虽然不错，却并不全面。不过瓦托夫斯基的科学哲学观仍有重大的意义，探索他的哲学观，使得我们更加深入地了解现代西方哲学的内在否定性。

总的来说，随着人与自然、世界关系的变化，自然主义人学的观点经过不断地发展，变得越加成熟。人们对自身、对世界的看法也在随着时代进步。作为哲学的一个重要部分，自然主义也不断向前迈进。

二、神秘主义人学思想

在浩渺的哲学天空中，神秘主义占据着特殊的地位。它没有如雷贯耳的名声，似乎在日新月异的现代悄悄隐去，却时常在人们耳畔回荡其声响，让人探索其中包含的珍贵的珠玉。如此特殊的地位，乃是由神秘主义中的“人学思想”所决定的。在神秘主义人学中，“人”的含义为何？“人”的价值从何体现？

神秘主义对人的理解

众所周知，人学思想中如何定义“人”的地位关系到其基础是否坚固，这也是区别不同人学思想的重要标准。在宗教中，“神”“上帝”“天”可被视为人渴求的终极的相遇者，而在非宗教的神秘主义中，也存在着这样的“一”，能够为人带来“天启”。“灵魂并不是通过成为某物的形式而存在，它是一种实体，它的存在不是来源于躯体，而是在它进入这个特定躯体之前就已经存在。”[1]人生来最重要的不是向外界追求所谓幸福，而是要经历“神秘体验”——和某种神圣整体的相遇，或者说是和上帝的相遇来达到一种圆融的、极乐的境界。此种境界追寻的途径不是人的分析思辨或是感知觉，一切实在的、可捉摸的途径都无法帮助人走向这样的目的地。唯有洞见，一种突然降临的，被人顿悟的“启示”，才是其解密之根本。在神秘主义追求一种完整、圆满的整体或者说“一”的面前，人和“神”之间的交融是最终的结局。“一”是永恒的真理，正如一轮蒙着云翳的太阳悬置天空，用其光芒和温暖引领“人”不断地接近。“人”无法直接地感受其形状和轮廓。直至在某一次翘首以待中，云层消散，神圣的光辉照耀大

[1] [古罗马]普罗提诺.九章集（上）[M].北京：中国社会科学出版社，2009，516.

地，“人”才得以在圣光的沐浴中和心中的“一”化为一体。

追溯到最初的源头，柏拉图哲学体系提出了一种完全独立于人的完美的“信念”。柏拉图（Plato）认为理念是固有的，就存在人的灵魂之中。在普罗提诺（Plotinus）的新柏拉图主义中，以“流溢”学说为核心的“太一”整体被创立。从根本上来看，“太一”这种世界本原也正如后来基督教中的上帝形象，同样都是在不同范畴内对世界根本的理解。“太一”作为世界的基础，万事万物按照一定的等级和次序存在并且运行。不得不提的是，“太一”并不是一种空泛的存在。它以“流溢”——一种极自然的过程——不断地创造万物，包括“理智”“灵魂”“世界灵魂”和“个体灵魂”。

当时正处于古希腊时代的终点，由于纷飞的战乱，人心惶惶，人们急需把握一种思辨之外的，能够镇定其心的超验的思想体系，于是人们纷纷把目光投向理智以外的领域。顺其自然地，人就进入到宗教领域。人是上帝按照自己的样子所造，自然中的一切皆为人主宰。作为唯一具有灵魂的个体，人在上帝之光的照耀下，有统摄一切自然之物的权力。因而，若以人自身为节点，则就可沟通上帝和万物。人的“灵”和“肉”，也是宗教中不可回避的话题。柏拉图哲学主张灵肉二元论，将灵魂和肉体置于对立的两方面。这两者处于“善”和“恶”的两端。灵魂是永生的，灵魂一旦摆脱了肉体，肉体毫无意义，灵魂则可以获得新生。或者说，柏拉图刻意否定、贬低感官世界的价值，以此凸显精神世界的高贵。

基督教对人的解释

作为基督教思想家，奥古斯丁（S.A.Augustinus）把柏拉图所说的“信念”转化为上帝光环下的一种存在。因而，这样的信念也失去了其本身的客观性。同时，考虑到基督教义中的“道成肉身”说，奥古斯丁坚持肉体和灵魂不可分割。即使是凡人的肉体，同样也成为灵魂的栖居之地，是寄寓灵魂的场所。正是如此，为了维护基督教中“灵魂说”的坚固性，他提高了肉体的地位。“人对于自己，就是自然界最奇妙的对象，因为他不能思议什么是肉体，更不能思议什么是精神，而最不能思议的莫过于一个肉体居然能和一个精神结合在一起。”[1]而相对于人来说，上帝则是宇宙一切的尺度，是最理想、最善的化身。没有什么能够

[1] 范明生.晚期希腊哲学和基督教神学：东西文化的汇合[M].上海：上海人民出版社，1998，391.

超越上帝的存在。在“人—神”关系之中，“神”是至高无上的一切。人只能求助于信仰，求得和上帝的统一。当上帝代表了绝对真理和权威，人所做的就是在信仰的指引下接近上帝。奥古斯丁在《上帝之城》中，描述了两座相互对立的城，并按照伦理标准对它们做出区分：“一种是属地之爱，从自爱一直延伸到轻视上帝；一种是属天之爱，从爱上帝一直延伸到轻视自我。因此，一座城在它自身中得荣耀，另一座城在主里面得荣耀。”❶他认为，自私统治着地上之城，因而是罪恶的渊薮；天上之城是理想的社会，天上之城（上帝之城）是虔诚的基督徒心目中朝拜的目标，世俗统治者和其他基督徒一样，应服从上帝的法律。

奥古斯丁认为，既然上帝是真理之光，人的心灵就好比是眼睛，理性好比视觉。眼睛只有在光照之下，才能看到物体，产生视觉。理性只有在上帝之光的照耀下才能发挥认识功能。上帝之光成为人们认识真理的前提条件。❷奥古斯丁认为，“人的理智充其量只能获得一些本性的和自然界的知识，决不可能获得真正的智慧和最高真理。人只有通过信仰才能获得智慧和真理”❸。他的光照说降低理性认识的地位，而强调神的重要作用。❹他认为，世界是上帝的产物，上帝以其不容置疑的准则创造万物，包括人。上帝掌握着绝对的主动权，也是世间运动的准则和标尺。显然，人的实践都被上帝这把巨大的标尺衡量着。当然，奥古斯丁在强调上帝不可撼动的神圣地位的同时，也没有疏忽对“自由意志”的阐释。他强调，上帝给每个人赎罪获救的可能，这也就是所谓的“恩典”。但至于谁是真正的幸运儿，还需要人发挥自由意志的巨大作用，做出正确的选择。“我们认定，每人选择去跟从信仰哪一类，全在于意志。”❺

在奥古斯丁“信仰自由观”的“理性、自由意志、信仰”三位一体中，或许有这样的一刻——人在信仰上帝那一刻，上帝就已经赋予了他自由意志。在有了自由意志之后，人又需要理性来指引正确的方向，向“正确的信仰”大步走去。奥古斯丁为基督的神学大殿打下坚实的地基，他关于上帝和信仰的论述如美玉般在基督殿堂中散发着迷人的色泽，但是即使光润如玉，也难免存在一丝瑕疵。奥古斯丁一再论述上帝的“无限”和“不可超越”，可对于“有限”的人来说，该

❶ [古罗马]奥古斯丁.上帝之城[M].上海：上海人民出版社，2006，631.
❷ 孙红霞.西方反科学思潮的中世纪思想根源[J].哲学动态，2012（5）.
❸ 傅乐安.托马斯·阿奎那基督教哲学[M].上海：上海人民出版社，1990，43.
❹ 王晓朝.信仰与理性：古代基督教教父思想家评传[M].北京：东方出版社，2001，283-285.
❺ [古罗马]奥古斯丁.独语录[M].上海：上海社会科学院出版社，1997，215.

如何认识这一点？信仰若高于理性，那何物会为人类揭开上帝神秘的面纱？层层推进，到最后，上帝存在的合理性在人的理性面前似乎也接近于无了。

“人—神”关系的转变

到了知识、技术急剧膨胀和爆发的现代，“人—神”关系在有了新的转变。人的价值不再徘徊于人、神二者主次关系上，而在于为寻求自主的实践和追索竭尽所能。人是自己的认识活动和实践活动的主体，人为自己确立道德原理并承担责任；最突出的变化即强调人的自主性——人获得救赎是凭借自身的超越和突破，而不再完全依赖上帝的恩典。[1]

德国神秘主义哲学家、神学家埃克哈特（M.J.Eckhart）认为，“我们首先应该知道的，而且也是十分明显的，那就是，人本身具有两重本性：肉体和灵魂”[2]，唯有上帝使我们成为新人，人的生命是“直接从上帝那里流入到灵魂里面”[3]的。“心灵之光”存在于人和上帝之间，而且上帝掌握着主动权。上帝超越一切，这所谓的纯粹使得人无法用常理来把握，只能求助于信仰对其的无限接近。在德国神秘主义哲学中，信仰是一个贯穿始终的关键词。在指向上帝对人的宽恕和救赎上，教会一时间充当着上帝的角色，决定是否给予某人救赎的机会。因此激起了宗教改革，这是神秘主义社会化进程中的重要转折。

“精神深入自身这个环节、自由这个环节、回归于自己这个环节”[4]作为宗教改革的精神原则为主体性哲学提供了起点。马丁·路德（M.Luther）在其发起宗教改革之初，就以反对外在性、反对上帝与人之间的人为割裂以及达到精神的自觉作为自己最迫切的期望。他通过揭露和批判教会和教皇大肆出售“赎罪券”这一丑恶行径，将矛头直指教会的腐败。他认为这种腐败绝不是某种偶然性的现象，“它的本源应当在这个事实中寻求，就是教会所承认的世间生存乃是感官的东西——就是外在的东西以一种外在的形式在教会本身中存在了”[5]。他认为教会把人的宗教信仰以及人的得救完全外在化了，因而人们缺少对上帝的真诚信

❶ 刘晓燕.休·布莱尔宗教思想研究[D].山东大学博士论文，2013.
❷ [德]埃克哈特.埃克哈特大师文集[M].北京：商务印书馆，2003，107.
❸ [德]埃克哈特.埃克哈特大师文集[M].北京：商务印书馆，2003，164.
❹ [德]黑格尔.哲学史讲演录（第3卷）[M].北京：商务印书馆，1996，384.
❺ [德]黑格尔.历史哲学[M].上海：上海书店出版社，2001，425.

仰。教会没有履行上帝交托于它的拯救人类灵魂的任务。他提出了“因信称义”的原则——人们不是靠教会所行的种种仪式，也不是靠购买“赎罪券”而得以免罪获救。这些外在的行为完全是人与上帝和解的障碍，人们只有靠着对上帝、基督的真诚的信仰才可以得救。他向世人宣告，从人出发，求得救赎的根本在于自己的内心。他说：“上帝的道不是借什么行为所能领受，所能爱慕的，乃是单借着信。因此，灵魂为着他的生命与义所需要的既然只是信，这样灵魂显然是因信称义，而不是因行为称义；因为若可因别的来称义，就不需要道，这样也不必要信了。”❶他认为，能够在灵性和修行中同上帝进行灵魂的交会，才是最受肯定的。“路德早年受以奥卡姆（Ockham）和迦伯列（Gabriel）为代表的经院今学之影响，认为上帝已与人立下契约，在上帝一面，救恩已经预备且一定会赐予每个人；在人一面，需要的是道德增进、信仰虔诚、事功增加和生活贞洁，人靠自己的完善一定能赚取救恩，这样上帝的公义便显明出来。”❷马丁·路德申明了信仰的价值，认为教会的权威无法干扰个体在神秘体验中的地位，每个人都应当在自身的努力下达到神圣和美的境界。

天主教神学家卡尔·拉纳（K.Rahner）认为，神学属于批判性的反思活动，其对象是基督教信仰的活动和内容。作为信仰科学的神学不能脱离每个时代的人类经验。❸“只有神学成功找到与特定时代的人所具有的整个世俗的自我理解的一个接触点，而且成功地进入与这种自我理解的对话之中，拾起这种自我理解，并让自己的语言甚至主题本身被这种自我理解所丰富，只有在这样的程度上神学才是真正的布道性的神学。”❹拉纳给人下的定义是“人是具有承纳性的、对历史开放着的精神性的在者，这个在者在自由之中并作为自由伫立于一种可能启示的自由的上帝之前，而这种启示一旦来临，便在人的历史中（并作为历史的最高现实形式）‘以言之形式’发生。人是从自己的历史中聆听自由的上帝之言的倾听者”❺。拉纳强调，人对世界万物和自身的认知应当基于神的启示。人的认知

❶ [德]马丁·路德.马丁·路德文选[M].北京：中国社会科学出版社，2003，5.
❷ 张仁颖.论马丁·路德对德国文化的影响[J].德国研究，2002（2）.
❸ R.Karl,E.C.Smyth,K.Mundi. *An Encyclopedia of Theology*（Vol.6）[M].New York:Herder and Herder,1970,235.
❹ K.Rahner.*Foundations of Christian Faith:An Introduction to the Idea of Christianity*[M].New York:Seabury Press,1978,7-8.
❺ [德]K.拉纳.圣言的倾听者——论一种宗教哲学的基础[M].北京：生活·读书·新知三联书店，1994，182.

和理性存在限度，但在这极限背后也存有无尽的可能性，跨越这极限的途径就是在某种特殊的历史情境中，获得和上帝会面的神秘体验，获得上帝的圣言。当然，人即使获得这神秘体验，能够倾听到上帝的启示，也并不代表这一切就能够内化为人内心的某种智慧。如何处理和接收依旧取决于人的能动性。

神秘主义的出现就是由于人的主观能动性在探索神的过程中几乎被阻断，无法凭着感觉和经验前进。而这样，关于神的存在的合理性又无法得到证实。“天人合一”只得求诸人的自由意志。可是，若这样的经历真的能受自由意志的影响，这样的自由意志是否还在人的理性范畴内？具体的界限是何？换句话说，人在什么时候能够自己感知并做出选择与判断？这有待人们去发现。

三、理性主义人学思想

“人是什么”一直都是一个困扰着古今中外的哲学难题。随着时代的发展，人学主要演变为几大流派，而在这些流派中，理性主义人学思想占据了重要的地位。

古希腊对人的理性思考

在智者学派以后，古希腊人学迎来了苏格拉底（Socrates）等哲学巨匠，古希腊人学进入体现出理性主义色彩的阶段。这就是古希腊人学思想发展的第三阶段。苏格拉底认为“自我”是理性的，他把这种理性叫做“神”。“苏格拉底所说的神既不是传统意义的神，也不是任何宗教意义的神，而是理性的神。”[1]黑格尔（G.W.F.Hegel）指出：“在苏格拉底那里，我们也发现人是尺度，不过是作为思维的人；如果将这一点以客观的方式表达，它就是真，就是善。”[2]

因此，谈及理性主义人学首先谈到的便是苏格拉底，苏格拉底是古希腊哲学的开创者。他的观点是要求人们的认识活动从外在对象转向人自身，提出了“认识你自己”这一重要观点，目的在于让人们认识自己，对自己达到本质的理解。在苏格拉底的眼中，每个人的理性心灵中潜在地存在着众人认同的道德观念，如

❶ 汪子嵩.希腊哲学史（第2卷）[M].北京：人民出版社，1993，423.
❷ [德]黑格尔.哲学史讲演录（2）[M].北京：商务印书馆，1997，62.

正义、勇敢等。[1]他还提出了“美德即知识”的重要思想，开辟了西方哲学的理性主义传统。[2]他经常同周围的人进行辩论，通过面对面的问答“研究什么是虔诚和非虔诚；什么是美和丑；什么是正义与非正义；什么是勇敢和怯懦；什么是城邦，什么是政治家；什么是政府，什么是统治者，及其他类似的问题”[3]。理性主义人学起始于苏格拉底，而后由柏拉图继承与发展。

在柏拉图看来，世界有两种，一种为“外在的”现实世界，一种为独立于人的生理机能外的“理念世界”。柏拉图通过区分理念世界与感觉世界之后提出，知识按照接近理念“真实”的程度，可以分类为四种心理状态：相当于最高一部分的是理性，相当于第二部分的是理智，相当于第三部分的是信念，相当于最后一部分的是想象。[4]现实世界是变幻莫测、不真实的。而理念世界才是永恒不变、完善的真实世界。理念世界高于真实世界并决定现实世界，而现实世界只不过是理念世界的影子。人们只有通过理性的灵魂才能认识到理念世界，才算是认识到真理。柏拉图从灵魂的自动性出发，论证了灵魂的实质就是思维。他认为，灵魂是自己运动的源泉和创始者，“这种自动性就是灵魂的本质和定义”，“自动者确实就是灵魂”[5]。他从灵魂的单纯性出发，论证了灵魂的特性是精神：“复合的东西是要遭受分解和毁灭的，反之单纯的东西是不会被分解和毁灭的；而那永远自身相等、自身同一的东西就是单纯的。”[6]人的灵魂是早就存在的，因此，人对知识真理的获取只是灵魂对诞生之前的理念世界的回忆。柏拉图认为，“善是我们一切行为的目的，其他一切事情都是为了善而进行的，并不是为了其他目的而行善”[7]，“正是为了善我们才做其他事情，包括追求快乐，而不是为了快乐才行善”[8]。可见，善是柏拉图认为的人的最高伦理价值目标。

在经历了苏格拉底、柏拉图之后，亚里士多德（Aristotle）成为古希腊哲学的集大成者，也成为早期理性主义人学的代表人物。亚里士多德说：“求知是所有人的本性。我们乐于使用我们的感觉就是一个说明：即使并无实用，人们

❶ 刘晓燕.休·布莱尔宗教思想研究[D].山东大学博士论文，2013.
❷ 王志.分析马克思主义的道德理论研究[D].南开大学博士论文，2014.
❸ 苗力田.古希腊哲学[M].北京：中国人民大学出版社，1996，200.
❹ 北京大学哲学系.古希腊罗马哲学[M].北京：商务印书馆，1961，202.
❺ [古希腊]柏拉图.柏拉图文艺对话集[M].北京：人民文学出版社，1997，119.
❻ [德]黑格尔.哲学史讲演录（第2卷）[M].北京：商务印书馆，1997，192.
❼ 汪子嵩.希腊哲学史（第2卷）[M].北京：人民出版社，1997，441.
❽ 汪子嵩.希腊哲学史（第2卷）[M].北京：人民出版社，1997，441.

总爱好感觉，而在诸感觉中，尤重视觉。无论我们将有所作为，或竟是无所作为，较之其他感觉，我们都特爱观看。理由是：能使我们识知事物，并显明事物之间的许多差别，此于五官之中，以得于视觉者为多。”❶，亚里士多德认为，即使知识来自感觉，“我们不以官能的感觉为智慧”❷。因为“感觉既人人所同有而易得，这就不算智慧”❸。“除了人类，动物凭现象与记忆而生活着，很少相关联的经验；但人类还凭技术与理智而生活。”❹“我们不为任何其他利益而找寻智慧；只因人本自由，为自己的生存而生存，不为别人的生存而生存，所以我们认取哲学为唯一的自由学术而深加探索，这正是为学术自身而成立的唯一学术。”❺亚里士多德以人性中的理性力量来解释人。“人一旦趋于完善就是最优良的动物，而一旦脱离了法律和公正就会堕落成最恶劣的动物。不公正被武装起来就会造成更大的危险，人一出生便装备有武器，这就是智能和德性，人们为达到最邪恶的目的有可能使用这些武器。所以，一旦他毫无德性，那么他就会成为最邪恶残暴的动物，就会充满无尽的淫欲和贪婪。”❻对于古希腊城邦，亚里士多德认为，它是由于人为了实现最高的善而建立的。城邦的出现“源于人的物质的、精神的自然需要，是由人的物质的、精神的自然需要在与各种外在的必然因素和偶然因素相互作用以及相互积累的历史演变中逐渐演化出来并确定的”❼。亚里士多德认识人的角度十分丰富。尽管他的命题还具有一定的朴素性、直观性乃至臆想性，但是，这不能掩盖亚里士多德为西方人学发展所做出的巨大贡献，他为西方人学思想的发展提供了宝贵的思想资源。

显然，柏拉图的观点被亚里士多德所继承，并推陈出新，提出了自己的“灵魂论”。亚里士多德发展了柏拉图的知识观，也认为人是理性动物。他认为应该发展三种灵魂——植物灵魂、动物灵魂和理性灵魂，开展体育、德育和智育。按照亚里士多德的观点，一切生命物都有灵魂，植物仅有营养能力，植物灵魂是最

❶ [古希腊]亚里士多德.形而上学[M].北京：商务印书馆，1995，1.
❷ [古希腊]亚里士多德.形而上学[M].北京：商务印书馆，1995，3.
❸ [古希腊]亚里士多德.形而上学[M].北京：商务印书馆，1995，3.
❹ [古希腊]亚里士多德.形而上学[M].北京：商务印书馆，1995，1.
❺ [古希腊]亚里士多德.形而上学[M].北京：商务印书馆，1995，5.
❻ [古希腊]亚里士多德.亚里士多德全集（第9卷）[M].北京：中国人民大学出版社，1997，6-7.
❼ 李伟斌.自然主义概念的哲学评析[J].河南师范大学学报（哲学社会科学版），2012（2）.

低的灵魂形式，动物有感觉能力，动物灵魂比植物灵魂高一层次，而最高的形式是理性灵魂。[1]亚里士多德力图将感性与理性联系在一起，从而有机整体地理解人。人之所以为人而区别于其他一切动物的根本特征是：求知是所有人的本性；人是理性的动物；人是政治动物。亚里士多德认为，幸福内在于思辨，提出“完满幸福是一种思辨活动”[2]。同时，“人生须竭一生最高的理知活动而后能达到幸福境界”[3]。亚里士多德在《政治学》中指出：“每一个事物是什么，只有当其完全生成时，我们才能说出它们每一个的本性，比如人的、马的以及家庭的本性。……由此可见，城邦显然是自然的产物，人天生是一种政治动物，在本性上而非偶然地脱离城邦的人，他要么是一位超人，要么是一个鄙夫；就像荷马所指责的那种人：无族、无法、无家之人，这种人是卑贱的，具有这种本性的人是好战之人，这种人就仿佛棋盘中的孤子。”[4]“人是政治动物，天生要过共同的生活。这也正是一个幸福的人所不可缺少的。”[5]亚里士多德认识到人与自然、社会、政治和生活存在本质联系，人不可能独立存在，总是生活在一定的群体之中，人是一种群居的动物。过一种团体的生活便是人的幸福。

理性主义实体论人学

时间的轮轴不停地在转动，转眼便是文艺复兴。文艺复兴时期人学思想的主流是强调人的感性存在，而谈及理性时，大多强调的是与上帝的神性相对立，将上帝的神性还给人。而笛卡尔（R.Descartes）第一个扛起了理性主义人学的大旗。

文艺复兴时期，神学受到了前所未有的批评。在批评神学的时候，有这么一个问题困扰着人们：当将上帝弃如敝履时，人类如何确认所获得的自然界知识的

[1] [古希腊]亚里士多德.亚里士多德全集（第3卷）[M].北京：中国人民大学出版社，1992，33-34.

[2] [古希腊]亚里士多德.亚里士多德全集（第8卷）[M].北京：中国人民大学出版社，1997，230.

[3] [古希腊]亚里士多德.形而上学[M].北京：商务印书馆，1996，255.

[4] [古希腊]亚里士多德.亚里士多德全集（第9卷）[M].北京：中国人民大学出版社，1997，6.

[5] [古希腊]亚里士多德.亚里士多德全集（第8卷）[M].北京：中国人民大学出版社，1997，205.

正确性？人的认识是否合法？为了解决这个疑惑，笛卡尔提出这么一个命题“我思故我在”。他说：“我在这里发现了思想是属于我的一种属性：只有它与我不能分开。有我，我存在：这是确实的；可是我存在多久呢？我思想多久，就存在多久；因为甚至于很可能是：如果我完全停止思想，我也就同时完全停止存在。我现在不承认任何并非必然真实的东西，所以，严格地说，我只是一个在思想的东西，也就是说，我只是一个心灵，一个理智或一个理性。”❶笛卡尔认为，理性是人类优于其他动物的部分。人的本质便是思维，人因思维而存在，最终逻辑上的思维会代替肉体。

斯宾诺莎（B.de Spinoza）继承和发展了笛卡儿开创的理性主义人学原则。斯宾诺莎的实体学说对实体的定义是“实体，我理解为在自身内并通过自身而被认识的东西。换言之，形成实体的概念，可以无须借助于他物的概念”❷。他认为，实体是在自己之内认识自己，而认识自己也就是给出关于自己的概念，规定自己的本质，人作为类存在物，显然不是无限的。与万物一样，“人是由心灵和身（物）体组成”❸。“人的本质是由神的属性的某些样式所构成，也即是由思想（维）的样式所构成……由此推知，人的心灵是神的无限理智之一部分。”❹斯宾诺莎把从表示事物之共同性质的普遍概念去认识事物的方式称为理性。❺“没有一个人努力保持他自己的存在，而其目的是为了别的东西。”❻在斯宾诺莎看来，“唯有遵循理性的指导而生活，人们的本性才会必然地永远地相符合”❼。但是，他并不认同人的本质只是理性，而是认为人是由身体和心灵结合的一个整体，并进一步提出思维的本质是自由的主张，将理性主义人学发展到新阶段。

❶ 北京大学哲学系外国哲学史教研室.十六—十八世纪西欧各国哲学[M].北京：商务印书馆，1975，128.
❷ [荷兰]斯宾诺莎.伦理学[M].北京：商务印书馆，1997，3.
❸ [荷兰]斯宾诺莎.伦理学[M].北京：商务印书馆，1997，56.
❹ [荷兰]斯宾诺莎.伦理学[M].北京：商务印书馆，1997，54.
❺ [荷兰]斯宾诺莎.伦理学[M].北京：商务印书馆，1997，80.
❻ [荷兰]斯宾诺莎.伦理学[M].北京：商务印书馆，1997，187.
❼ [荷兰]斯宾诺莎.伦理学[M].北京：商务印书馆，1997，194.

理性主义人学的发展

理性主义人学兴盛于德国。一大批德国古典哲学家为理性主义人学的发展做出了卓越的贡献。德国古典哲学家大多都崇尚理性，肯定人的主体性。而在这些哲学家中，康德（I.Kant）是不得不提的一位。“人是目的”是《实践理性批判》中“道德律令”的核心思想，是康德对“人是什么”之谜的历史性解答。他在《实践理性批判》中指出，“人虽然是够不神圣的了，但在其个人中的人性对人来说却必然是神圣的。在全部造物中，人们所想要的和能够支配的一切也都只能作为手段来运用；只有人及连同人在内所有的有理性的造物才是自在的目的本身。因为他凭借其自由的自律而是那本身神圣的道德的主体”❶。他认为，“你的行动，要把你自己人身中的人性，和其他人身中的人性，在任何时候都同样看作是目的，永远不能只看作是手段”❷。康德在《实用人类学》中写道:“人具有的一种自己创造自己的特性，因为他有能力根据他自己采取的目的来使自己完善化；他因此可以作为天赋有理性能力的动物而自己把自己造成为一个理性的动物。”❸康德认为，人是双重性的存在者，尝试将人的理性和感性有机统一在一起。作为感性存在，人是自然世界的一部分，因此有欲望，有情绪，而且受自然规则所支配，并不是自由的。而人作为理性存在者，不应受感性世界所支配，只受理性自身所创立的法则支配，所以人在意志上是自由的。“康德打出这个纯理性的作为目的的‘人’的旗号，实质上是向封建主义要求‘独立’‘自由’‘平等’的呼声。”❹

黑格尔对康德“自由理性是人类的本质”的观点颇为赞同。与过往的哲学家不同，黑格尔把人的理性绝对化，即独立自存和自行发展的无人身的主体，便是所谓的绝对精神。同时，他认为，人自由的发展经历了由低级到高级的发展过程，即从主观精神到客观精神，再到绝对精神的发展过程。黑格尔写道：“自我意识是从感性的和知觉的世界的存在反思而来的，并且，本质上是从他物的回归。”“意识，作为自我意识，在这里就拥有双重的对象：一个是直接的感觉和知觉的对象，这对象从自我意识看来，带有否定的特性的标志，另一个就是意识

❶ [德]康德.实践理性批判[M].北京：人民出版社，2003，119.
❷ [德]康德.道德形而上学原理[M].上海：上海人民出版社，1986，81.
❸ [德]康德.实用人类学[M].重庆：重庆出版社，1987，232.
❹ 李泽厚.批判哲学的批判[M].北京：人民出版社，1984，290.

自身，它之所以是一个真实的本质，首先就只在于有第一个对象和它相对立。自我意识在这里被表明为一种运动。在这个运动中它和它的对象的对立被扬弃了，而它和它自身等同性或统一性建立起来了。”[1]黑格尔认为人的本质是精神，而精神是自由的，因此，人的本质也是自由的。黑格尔说到自由问题时，首先考虑到是人和动物的不同本质。黑格尔指出：“禽兽没有思想，只有人类才有思想，所以只有人类——而且就因为它是一个有思想的动物——才有自由。”[2]黑格尔还指出：“动物也有冲动、情欲、倾向，但动物没有意志，如果没有外在的东西阻止它，它只有听命于冲动。唯有人作为完全无规定的东西，才是凌驾于冲动之上的，并且还能把它规定和设定为他自己的东西。”[3]从而，黑格尔把自由引申为理性或人的自决的活动力量，但是，自由也并不是任性。在黑格尔看来，任性不是自由，反而是不自由的表现。除此之外，黑格尔还猜测人在本质上并不是孤立存在的个体，而是各种关系的总和。这肯定了人的价值和尊严。[4]总体来说，黑格尔的人学思想是西方近代理性主义人学思想发展的最高峰。

四、马克思主义人学思想

在实体论的视野中，人被理解为预定的、超验的、抽象的、支离破碎的存在，人的可能性、现实性、具体性、丰富性、完整性等被遮蔽，人成了“无家可归者”。马克思超越了以往哲学的局限，“重建了关注人的生存际遇的现代人学本体论路向，推动人学范式从实体论人学转向了生成论人学”[5]。

马克思主义对实体论人学的批判

西方传统人学思想主张在超验的本体世界，寻求人之存在的终极根据。但是，马克思认为，人之“是其所是”的依据不在超验世界，而在经验世界。马克思对人自身的追问和反思，是在对费尔巴哈人学思想批判的基础上形成的。费尔

[1] [德]黑格尔.精神现象学（上卷）[M].北京：商务印书馆，1981，116-117.
[2] [德]黑格尔.历史哲学[M].北京：生活·读书·新知三联书店，1956，111.
[3] [德]黑格尔.法哲学原理[M].北京：商务印书馆，2009，23.
[4] 梁宁.浅谈西方关于人的本质理论的历史发展[J].中外企业家，2012（5）.
[5] 陈曙光.存在论的断裂与马克思的重建——马克思人学存在论革命研究（下）[J].探索，2014（4）.

巴哈不认同黑格尔的把现实看成是思维和概念。在他看来，人之所以存在，“决不是靠语言的或逻辑的食粮——自在的食粮——且永远只是靠这种食粮——依靠这种‘不可言说’的东西。……语词失去作用的地方，才是存在的秘密揭开的地方，因此，如果不可言说就是非理性，那么一切存在都是非理性的。因为存在永远始终只是这个存在。但是存在并非如此。存在虽则不能言说，本身依旧是有意义和合理性的。”❶费尔巴哈认为，人的本质是人的现实存在，它是在人对自身的直观过程中确认出来的；而人对自身的直观依赖于对对象的直观（或者说，对对象的直观其实也是对自身的自观），感觉的对象不只是外在的事物，而且还有“自我”。这样，费尔巴哈在批判黑格尔的基础上，也将自己与霍布斯为代表的机械唯物主义划清了界限，一改机械唯物主义者见物不见人的弊病，把人纳入哲学视野；同时，把人的本质的认识纳入到了“现实性”中来。费尔巴哈强调思维与存在的统一，他指出，“只有在将人理解为这个统一的基础和主体的时候，才有意义”❷。因此，在费尔巴哈那里，对人的本质的认识只有在人与自然的关系中才是可能的。但是，费尔巴哈并没有因此正确认识到人的地位。在他看来，“人是自然界的产物和它的构成部分，只有自然才是世界的终极归结”❸。

费尔巴哈将人看成自然的产物，并把自然看成“世界的终极归结”，实际就是认同了自然作为抽象的物质本体。按照康德的观点，本体不可知。正是在这个意义上，马克思指出：“被抽象理解的，自为的，被确定与人分隔开来的自然界，对人来说也是无。”❹在马克思看来，自然是属人的、与人息息相关的，是人化自然。只有人化的自然才是真真切切的。马克思指出，“在人类历史中即在人类社会的形成过程中生成的自然界，是人的现实的自然界；因此通过工业——尽管以异化的形式——形成的自然界，是真正的、人本学的自然界”❺。在马克思看来，进入人类实践活动的自然才是真正的人化自然，“单纯的自然物质，只要没有人类劳动物化在其中，也就是说，只要它是不依赖人类劳动而存在的单

❶ [德]费尔巴哈.费尔巴哈哲学著作选集（上卷）[M].北京：商务印书馆，1984，157.
❷ [德]费尔巴哈.费尔巴哈哲学著作选集（上卷）[M].北京：商务印书馆，1984，181.
❸ 张奎良.实践人学：马克思哲学的最终归结——纪念《德意志意识形态》诞生160周年[J].哲学研究，2006（5）.
❹ [德]马克思.1844年经济学哲学手稿[M].北京：人民出版社，2000，116.
❺ [德]马克思.1844年经济学哲学手稿[M].北京：人民出版社，2000，89.

纯，它就没有价值”[1]。马克思指出，“凡是有某种关系存在的地方，这种关系都是为我而存在的”[2]。由于作为人实践活动的对象性存在物的自然并不自然、自觉、自足地满足人的需要，人必然通过不断否定、扬弃、超越和创造，从而使它们为我所用；这样，自然人化的过程也是人的自我确证与实现的过程。正如马克思指出的，“一切对象对他来说，也就成为他自身的对象化，成为确证和实现他的个性的对象，成为他的对象，这就是说，对象成为他自身”[3]。

马克思不同于费尔巴哈的是从人化自然来理解人的现实性，从世界的真实性和属人性来理解现实的人的确证与实现。世界是人化的，对人来说是内在的、自我的，不是外在的、他在的，“人不是抽象的蛰居于世界之外的存在物”[4]。费尔巴哈明确了人的现实性就是人的类生活。马克思虽然同意这一点，但问题在于费尔巴哈得出“人是类存在物”的结论时，没有把人的类本质看作是一个“实现”的过程。马克思批判费尔巴哈道：“费尔巴哈在那里阐述道：某物或某人的存在同时也就是某物或某人的本质；一个动物或一个人的一定生存条件、生活方式和活动，就是使这个动物或这个人的‘本质’感到满意的东西。任何例外在这里都被肯定地看作是不幸的偶然事件，是不能改变的反常现象。这样说来，如果千百万无产者根本不满意他们的生活条件，如果他们的‘存在’同他们的‘本质’完全不符合，那么，根据上述论点，这是不可避免的不幸，应当平心静气地忍受这种不幸。可是，这千百万无产者或共产主义者所想的完全不一样，而且这一点他们将在适当时候，在实践中，即通过革命使自己的‘存在’同自己的‘本质’协调一致的时候予以证明。”[5]费尔巴哈把人的本质等同于人的存在，从而使得人的存在不得不服从于人的本质的抽象设定。如此，人的超越性被抹杀。

马克思主义人学的要义

马克思对于费尔巴哈的超越在于，他提出通过劳动来证明人是“类存在

[1] [德]马克思、恩格斯.马克思恩格斯全集（第46卷上册）[M].北京：人民出版社，1972，337.
[2] [德]马克思、恩格斯.马克思恩格斯选集（第1卷）[M].北京：人民出版社，1995，81.
[3] [德]马克思、恩格斯.马克思恩格斯全集（第42卷）[M].北京：人民出版社，1979，125.
[4] [德]马克思、恩格斯.马克思恩格斯选集（第1卷）[M].北京：人民出版社，2012，1.
[5] [德]马克思、恩格斯.马克思恩格斯选集（第1卷）[M].北京：人民出版社，1995，97.

物”。事实上，马克思不仅从人化自然，也从劳动来理解人的现实性。他指出，人是“从事实际活动的人”，即“从事活动的，进行物质生产的，因而是在一定的物质的、不受他们任意支配的界限、前提和条件下能动地表现自己的”❶人。马克思理解的“现实的人”是受物质生活条件制约的“受动性”的人，但人并不因其受动性而甘愿受支配，人自身的确证与实现不会如费尔巴哈所说的接受存在的预先设定。人不同于动物，“动物和自己的生命活动是直接同一的。动物不把自己同自己的生命活动区别开来。它就是自己的生命活动。人则使自己的生命活动本身变成自己意志的和自己意识的对象。他具有有意识的生命活动。这不是人与之直接融为一体的那种规定性。有意识的生命活动把人同动物的生命活动直接区别开来。正是由于这一点，人才是类存在物”❷。“可以根据意识、宗教或随便别的什么来区别人和动物。一当人开始生产自己的生活资料的时候，这一步是由他们的肉体组织所决定的，人本身就开始把自己和动物区别开来。”❸因此，人总是通过自己的活动（或实践）克服和超越外在条件的预设，使它们为我所用，并在这种克服与超越中确证和实现自己作为人的本质力量。事实上，正是人的活动的“受动性”激起人的创造热情，使人不断地创造自己的对象世界，也创造完整的“自我”。“人作为对象性的、感性的存在物，是一个受动的存在物；因为它感到自己是受动的，所以是一个有激情的存在物。激情、热情是人强烈追求自己的对象的本质力量。”❹因此，人是一种超越性的存在，他“不是处在某种虚幻的离群索居和固定不变状态中的人，而是处在现实的、可以通过经验观察到的、在一定条件下进行的发展过程中的人”❺。正是人的有意识的、自由的生命活动使人成其为“类存在物”——“一个种的整体特性、种的类特性就在于生命活动的性质，而自由的有意识的活动恰恰就是人的类特性”❻。

然而，“自然界的人的本质只有对社会的人来说才是存在的”❼。现实的人的活动是有意识的、自由自觉的，是在关系中展开的。人的对象性活动所处的复杂关系不仅包括人与自然界的关系，也包括人与人之间的社会关系。“人对自然

❶ [德]马克思、恩格斯.马克思恩格斯全集（第1卷）[M].北京：人民出版社，1995，56.
❷ [德]马克思.1844年经济学哲学手稿[M].北京：人民出版社，2000，57.
❸ [德]马克思、恩格斯.马克思恩格斯选集（第1卷）[M].北京：人民出版社，1995，67.
❹ [德]马克思.1844年经济学哲学手稿[M].北京：人民出版社，2000，107.
❺ [德]马克思、恩格斯.马克思恩格斯全集（第1卷）[M].北京：人民出版社，1995，73.
❻ [德]马克思.1844年经济学哲学手稿[M].北京：人民出版社，2000，57.
❼ [德]马克思、恩格斯.马克思恩格斯全集（第3卷）[M].北京：人民出版社，2002，301.

界的关系是社会的人对自然界的关系，因而它不是片面地属于自然界的纯粹的自然关系，而是属于人的、‘为我’而存在的‘人的关系’。”❶实际上，人与自然的关系展开，人要使自然界成为“人的现实的生活要素”，成为“人自己的人的存在的基础”，也只有在“只有在社会中”才是可能的。“为了进行生产，人们便发生一定的联系和关系，只有在这种社会联系和社会关系的范围内，才能有他们对自然的关系，才会有生产。”❷因此，马克思进一步指出：“人的本质并不是单个人所固有的抽象物。在其现实性上，它是一切社会关系的总和。”❸人不是单纯的自然存在物，而是一种社会存在物。人与人之间的社会关系才是人的一种本质关系。人的社会性实际体现着人之为人的存在状态。

有学者指出，人的社会性被确认出来，人的丰富性就被展示出来了。❹实际上，当马克思确认了人的类本质之后，就着手考察人的现实存在状态了。马克思试图考察资本主义制度下人与人的关系是否也体现出社会性，然而他发现正是私有制导致了人的本质与存在的矛盾。“私有制使我们变得如此愚蠢而片面，以致一个对象，只有当它为我们所拥有的时候，就是说，当它对我们来说作为资本而存在，或者它被我们直接占有，被我们吃、喝、穿、住等等的时候，简言之，在它被我们使用的时候，才是我们的。”❺在私有制条件下，劳动被异化，无论是工人还是资本家，劳动产品带给他们的意义只是物的意义，而非人的意义——对工人自己而言是再生产劳动力，对于资本家而言则是生产出资本。这样，私有制条件下劳动的异化也导致了人的异化。❻马克思认为，只有一切对象成为人的本质力量的现实时，现实的人才得以确证和实现。有学者指出，当“物成为人的本质力量的实现，而物的多样的、不同的性质对应着人的不同的本质力量，这种对应关系就形成了对某一种本质力量的特殊的、现实的肯定方式。由于不同的关系印证着人的不同的本质力量，它们对世界的不同的把握方式形成其对象化的独特方式，于是也就形成人的对象性的、现实的、活生生的存在的独特方式。这样，人对对象世界的现实把握就超越了单纯的拥有而丰富起来，实现了人的多种多样

❶ 夏甄陶.人：关系活动发展[J].哲学研究，1997（10）.
❷ [德]马克思、恩格斯.马克思恩格斯选集（第1卷）[M].北京：人民出版社，1995，344.
❸ [德]马克思、恩格斯.马克思恩格斯选集（第1卷）[M].北京：人民出版社，1995，60.
❹ 尹玮煜、杨晗旭.人的现实性与马克思主义人学的出发点[J].理论月刊，2013（6）.
❺ [德]马克思、恩格斯.马克思恩格斯文集（第1卷）[M].北京：人民出版社，2009.189
❻ 刘秀萍.重新理解马克思对共产主义的“人学”论证——《巴黎手稿》思想再辨析[J].哲学研究，2011（12）.

的现实、多种多样的本质”。❶马克思把实践或劳动看成通达现实的人的途径，“实践的任务就是实现抽象的人向现实的人转变，将不属于人的对象转变为社会的对象”❷。因此，实践的目的是人作为社会性存在的复归。

由上可知，马克思人学思想实际是将人的自然性与现实性结合起来，把人的本质与存在结合起来，把人的社会性与实践结合起来，从而展现出完整的、丰富的人的意义。❸总之，在马克思看来，为了进行生产，人们便发生一定的联系和关系；只有在这些社会联系和社会关系的范围内，才会有生产。❹“只有当现实的个人同时也是抽象的公民，并且作为个人，在自己的经验生活、自己的个人劳动、自己的个人关系中间，成为类存在物的时候，只有当人认识到自己的‘原有’力量并把这种力量组织成为社会力量因而不再把社会力量当作政治力量跟自己分开的时候，只有到了那个时候，人类解放才能完成。”❺

西方马克思主义者的人学思考

马克思的人学思想影响了众多西方马克思主义者，他们从各自的理论信仰出发，遵循着马克思哲学的使命，继续探索人类的解放道路。马尔库塞（H.Marcuse）认为，人的解放是爱欲的解放，劳动是人的最基本的爱欲活动。他认为，由于人首先是一种存在，因而人的本质首先就是与存在原则相一致的生命本能（即人类机体的主要内驱力，与“生命冲动”同义）。这种生命本能就是爱欲。马尔库塞认为，在现代文明中，人受到压抑，就因为作为他的本质的爱欲受到压抑。他认为，人的非压抑性生存方式就是爱欲的解放，爱欲的解放的关键就是要解放劳动，就是要使爱欲进入劳动领域，使人摆脱异化劳动的痛苦，在劳动中获得快乐。这种能满足爱欲的非异化的工作，使人的各种器官和机能自由消遣。❻如果实现这样的社会形态，人类生存将是消遣，而不是苦役，人将在表演

❶ 刘秀萍.重新理解马克思对共产主义的“人学”论证——《巴黎手稿》思想再辨析[J].哲学研究，2011（12）.
❷ 尹玮煜、杨晗旭.人的现实性与马克思主义人学的出发点[J].理论月刊，2013（6）.
❸ 尹玮煜、杨晗旭.人的现实性与马克思主义人学的出发点[J].理论月刊，2013（6）.
❹ [德]马克思、恩格斯.马克思恩格斯选集（第1卷）[M].北京：人民出版社，1972，362.
❺ [德]马克思、恩格斯.马克思恩格斯全集（第1卷）[M].北京：人民出版社，1956，443.
❻ [美]马尔库塞.爱欲与文明[M].上海：上海译文出版社，1987，4-5

中而不是在需要中生活。[1]可见，马尔库塞认为人的自由与解放，也需要解放劳动。这一点跟马克思的观点是一致的。只是他把劳动与爱欲区分开了，而马克思强调劳动与实践是确认人之存在以及人区别于动物的本质。当然，马克思所说的劳动解放是指实现“自由劳动”。

弗洛姆（E.Fromm）则认为，“人可以被定义为使一个能说‘我’的动物，能够意识到作为一个独立存在的自身……人，从自然中分离出来，形成了一种自我的概念，需要说和需要想：‘我就是我’……意识到自己和邻居是不同的人，他必须有能力作为他的行动的主体来感受自我”[2]。并认为，“人是孤独的，他与世界是分离的；人无法忍受这种分离，他被迫寻找与他人的关系，并与他人结为一体。人实现这种需要的方法很多，但只有一种方法才能使他保持其为一个唯一的实体而不变；只有一种方法才能使人在与他人相交的过程中展现自己的力量”[3]。尽管他有着与马克思主义人学思想不完全相同的主张，但为我们理解人的问题提供了更宽广的视野。

❶ [美]马尔库塞.爱欲与文明[M].上海：上海译文出版社，1987，145

❷ [美]E.弗洛姆.健全的社会[M].北京：国际文化出版公司，2003，52.

❸ [美]弗洛姆.为自己的人[M].北京：生活·读书·新知三联书店，1988，102-103.

第六章
创新的理论基础：“现实的人”的生成与超越

传统的人学从宗教、道德和理性角度对人的本质进行探讨，在一定程度上都是抽象的、绝对的。马克思主义人学认为，人是现实的存在，人的本质既不是想象的、设想的东西，也不是只存在于口头上所说的东西。马克思关于“人是现实存在”这一观念的提出，使得抽象的、绝对化的仅仅存在于理念世界的人返回到现实中，成为“现实的人”。马克思认为，对人的本质的探讨不是一个纯粹的、抽象的理论问题，对人的本质的认识不在于解释和说明人是什么，而在于立足于人的本质，理解人与社会发展的历史。马克思主义人学认为，创造与创新是人的本质属性的最高体现。人正是在实践中，一方面完善与“扬弃”自身，另一方面又完成对实践对象的改造。人之本质的“非特定化”与“生成”使得创造与创新成为必然，人对异化的“扬弃”使得创造与创新的实现成为可能。因此，作为改造者和被改造者的统一的人，正是通过感性与理性结合的实践活动，不断超越自身的局限性，进行自由的创造与创新。

一、“现实的人”与人的实践活动

古希腊时期的哲学家已经开始了对人的本质的探讨，“认识自我乃是哲学探究的最高目标——这看来是众所公认的。在各种不同哲学流派之间的一切争论中，这个目标始终未被改变和动摇过：它已被证明是阿基米德点，是一切思潮的牢固而不可动摇的中心。即使连最极端的怀疑论思想家也从不否认认识自我的可能性和必要性”[1]。普罗泰戈拉强调人为万物的尺度，亚里士多德认为人是理性

[1] [德]恩斯特·卡西尔.人论[M].上海：上海译文出版社，1985，3.

的动物。中世纪基督教神学把人看作是上帝的创造物。德国古典哲学时期的黑格尔用理念和精神来理解人的本质。康德认为，人之所以为人，根本原因在于他的理性。卡西尔（E.Cassirer）认为，人是符号的动物。作为旧唯物主义的代表，费尔巴哈认为，理性、爱和意志力构成了人的绝对本质。马克思通过对历史上关于人的本质的看法的分析，在批判与继承康德、费希特（J.G.Fichte）和黑格尔的基础上指出，自古希腊以来哲学家对于人的本质的探讨，往往是在唯心主义的视域下，从精神的角度理解人，强调对人的抽象的认识，忽视了人活生生的现实生活。费尔巴哈虽然第一次把对人的认识纳入了唯物主义的视野之下，但仍然只是从感性存在而不是感性活动的角度理解人，对人的理解仍然停留在抽象的、肤浅的、表面的层次。这种对人的浅层次的作为感性存在的理解，一方面打着强调人的旗号，另一方面却降低了人的地位，把人归结为和动物一样的纯粹的现象的存在。

"现实的人"

马克思在《关于费尔巴哈的提纲》中指出："从前的一切唯物主义，包括费尔巴哈的唯物主义的主要缺点在于对对象、现实、感性，只是从客体的或者直观的形式去理解，而不是把它们当做人的感性活动，当做实践去理解，不是从主体方面去理解。与唯物主义相反，唯心主义虽然把人的能动的方面发展了，但只是抽象地发展了，因为唯心主义当然是不知道现实的、感性的活动本身的。"[1]马克思认为，历史上所有的这些对人的本质的认识脱离了人生活的世界，远离了人是现实的存在这一根本，只是把人看作没有能动性的自然物质形态，打着强调人的口号却在实践中消解了人的主体性和能动性。作为过于对人的本质进行抽象的理想的描述的传统人学，根本无法突破对人的认识的局限。正是在这种情况下，马克思主义提出了探讨人的本质的新的视角，即把人放在社会历史的现实中来把握，通过人的主动的活生生的实际生活和社会实践来把握。马克思强调，对人的研究只有从"从现实的、有生命的个人本身出发"[2]，才能真正地掌握人的复杂的本质，掌握人与社会之间的关系。在马克思主义者的眼中，人既是历史存在，也是社会存在，是在一定的社会关系中，从事物质生产，进行社会交往，依赖于

[1] [德]马克思、恩格斯.马克思恩格斯文集（第1卷）[M].北京：人民出版社，2009，503.
[2] [德]马克思、恩格斯.马克思恩格斯选集（第1卷）[M].北京：人民出版社，1995，73.

一定的现实物质并在一定程度上创造现实物质的“现实的人”。马克思和恩格斯认为，唯物史观的观察方法“并不是没有前提的。它从现实的前提出发，而且一刻也不离开这种前提。它的前提是人，但不是处在某种虚幻的离群索居和固定不变状态中的人，而是处在一定条件下进行的、现实的、可以通过经验观察到的发展过程中的人。”❶总之，正是通过对传统人的本质的理论的批判，马克思把“现实的人”作为其人学理论的基点。

作为现实的存在，人首先是自然的存在。人作为有血有肉的生命个体，作为立体多样化的自然形态而存在，在现实的感性活动中生成自己的本质，表现着自己的生命。“人直接地是自然存在物。作为自然存在物……人和动物一样，是受动的、受制约的和受限制的存在物。他的情欲的对象是作为不依赖于他的对象而在他之外存在着的。”❷人的生存具有现实依赖性，人的生存离不开现实世界。作为现实的人，为了生存，必须从现实世界中获得基本的需要，必须进行生产活动。任何人都不可能超越现实世界而抽象地存在。现实世界作为人活动的对象世界，限制并规定着人的生存和发展的方向、进程和性质。人注定是现实的产物，作为现实的存在，具有欲望、需要和追求。如果剥离了人的内在需要、激情和自我意识，人就只能是一个没有历史感也没有发展空间的空洞的抽象存在。现实的人，是主动的存在，有着自身的需要和利益，追求自我设定的目标，创造自身的价值；是个体的存在，具有特殊性、多样性和自主性。

作为现实的存在，人也是社会的存在。马克思反对那种将社会当作抽象的东西与人对立起来的观念。强调人是社会的存在物，是社会生活的表现和确证，个人与社会是统一的。如果脱离现实的个人及其活动，或者抽掉“现实的人”这一马克思主义人学的基础，群体、社会都将迅速枯竭死亡。对人的本质的认识，其根本的“出发点是从事实际活动的人”❸，“历史不过是追求着自己目的的人的活动而已”❹。人们结成的生产关系“就是交往形式与个人的行动或活动的关系”❺。政治的上层建筑和意识形态也是人的实践活动的结果。马克思指出，

❶ [德]马克思、恩格斯.马克思恩格斯全集（第3卷）[M].北京：人民出版社，1972，30.
❷ [德]马克思、恩格斯.马克思恩格斯全集（第42卷）[M].北京：人民出版社，1979，167-168.
❸ [德]马克思、恩格斯.马克思恩格斯选集（第1卷）[M].北京：人民出版社，1972，30.
❹ [德]马克思、恩格斯.马克思恩格斯全集（第2卷）[M].北京：人民出版社，1957，118-119.
❺ [德]马克思、恩格斯.马克思恩格斯选集（第1卷）[M].北京：人民出版社，1972，127.

"整个所谓世界历史不外是通过人的劳动而诞生的过程，是自然界对人来说的生成过程"❶。人的实践活动规律是"人们自己的社会行动的规律"❷。"个人怎样表现自己的生活，他们自己也就怎样。因此，他们是什么样的，这同他们的生产是一致的——既和他们的生产什么一致，又和他们怎样生产一致。因而，个人是什么样的则取决于他们进行生产的物质条件。"❸

人的本质是一切社会关系的总和。作为现实的个体，人并不是作为孤立的原子而存在。现实的个人处于一定的社会交往中。马克思认为，人和动物的根本区别在于人的技能、能力和品格都通过社会而得到塑造。任何活着的个体都降生在这个运转的社会，并且被其所塑造。每个人都是前代累积文化的承受者，并且在他与生活于其中的自然和社会交互作用时，进一步改造了那个同样为其他人所体验的世界。人虽然表现为一个个独立的个体，但却又无时无刻不与其他的个体进行着物质和精神的交往，和其他个体共同生活在同一个群体之中，作为群体之中的一员而存在。作为现实中的人，他们彼此需要，相互依存，具有社会性。"只有在社会中，自然界才是人自己的人的存在的基础，才是人的现实的生活要素。只有在社会中，人的自然的存在对他说来才是自己的人的存在，并且自然界对他说来才成为人。"❹正是作为社会成员的身份，以及支撑这个社会、使社会成为可能的一套技术与文化装置，使人获得了人性，使人与动物相区别。❺作为现实的个体，人无时无刻不在与其他人发生各种各样的关系，如生产关系、同事关系和利益关系等。人具有社会本质。人是社会关系的产物，全面而丰富的社会关系的创立与合理建构是人的发展的重要内容。❻

马克思主义认为，传统的人学从宗教、道德和理性角度对人的本质进行探讨，这在一定程度上都具有唯心主义的倾向。人是现实的存在，人的本质既不是想象的、设想的东西，也不是只存在于口头上所说的东西。"这里所说的个人不

❶ [德]马克思、恩格斯.马克思恩格斯全集（第42卷）[M].北京：人民出版社，1979，131.
❷ [德]马克思、恩格斯.马克思恩格斯选集（第3卷）[M].北京：人民出版社，1995，633-634.
❸ [德]马克思、恩格斯.马克思恩格斯选集（第1卷）[M].北京：人民出版社，1972，67-68.
❹ [德]马克思.1844年经济学哲学手稿[M].北京：人民出版社，2000，83.
❺ [英]安东尼·吉登斯.资本主义与现代社会理论[M].上海：上海译文出版社，2013，19.
❻ 吕一军.马克思主义关于人的全面发展理论与高校思想政治教育[J].中国高教研究，2005（7）.

是他们自己或别人想象中的那种个人，而是现实中的个人，也就是说，这些个人是从事活动的、进行物质生产的，因而是在一定的物质的、不受他们任意支配的界限、前提和条件下能动地表现自己的。”❶真正地理解人，必须从现实出发。现实的人具有过去、现在与未来。马克思关于“人是现实存在”这一观念的提出，使人学从传统哲学对绝对化的、精神世界的抽象人的认识返回到对“现实的人”的认识，实现了人学的“哥白尼式转向”。作为现实的个体存在，人具有生存和发展的需要。这种生存的和发展需要促使人进行对象性的活动。马克思认为，对人的本质的探讨不是一个理论的问题。对人的本质的认识不在于解释和说明人是什么，而在于立足于人的本质，理解人与社会发展的历史。

人的生存与实践方式

人作为感性的对象，处于一定社会历史条件下从事物质生产，从事着感性的实践活动，他们以感性的实践的方式存在着，通过实践的方式改造世界、完善自身。实践是人存在的最根本方式，是人存在的特征，也成为人类的整体特征。总之，以“现实的人”为起点，马克思明确了实践在人的存在中的价值。“全部社会生活在本质上是实践的，凡是把理论引向神秘主义的神秘东西，都能在人的实践中以及对这种实践的理解中得到合理的解决。”❷

实践是人生存和发展的基本途径。人的实践活动是人获得各种规定性的过程，是人的本质力量凸显的过程。人最初和动植物一样，是受动的、受制约的、受限制的存在。这种先天的制约和限制没有为人类的存在提供优质的机会。这种情况下的人，只有在物质生产活动的实践中，其先天的生物缺陷才能发生根本的改变，使得自身脱离动物的低级本能，实现发展的飞跃，完善自我，确证自身，作为主动的存在而表现着自身的力量。也就是说，正是人先天生物本能的不完善性决定了实践成为人存在的根本方式。正是通过实践活动，人才能从无知到有知，从不成熟到成熟，逐渐接近无限的完善，获得各种内在的规定性，发挥着自己的本质力量，成为实践的主体。从人类历史的发展历程来看，人所诞生其中的世界和社会不是固定不变的。社会是历史的产物，是人类活动的结果。正是人类永不停止的实践活动，使得周围的物质环境和社会环境与人类自身一起发展。这

❶ [德]马克思、恩格斯.马克思恩格斯选集（第1卷）[M].北京：人民出版社，1972，29.
❷ [德]马克思、恩格斯.马克思恩格斯选集（第1卷）[M].北京：人民出版社，1972，56.

种持续不断的实践活动，构成了整个现存的感性世界的根基。总之，正是由于实践，人的本质和自然环境发生了根本的变化，自在自然转化为人化自然。

人正是在实践中，一方面作为实践主体完善自身，另一方面又完成着对于实践对象的改造。作为被改造者兼改造者的人，正是通过这种感性的实践活动，不断地超越自身，完善自身，超越内在的局限性，进行自由的创造，成为具有无限可能的、开放的人。“事实上，自由王国只是在由必需和外在目的规定要做的劳动终止的地方才开始；因而按照事物的本性来说，它存在于真正物质生产领域的彼岸。像野蛮人为了满足自己的需要，为了维持和再生产自己的生命，必须与自然进行斗争一样，文明人也必须这样做；而且在一切社会形态中，在一切可能的生产方式中，他都必须这样做。这个自然必然性的王国会随着人的发展而扩大，因为需要会扩大；但是，满足这种需要的生产力同时也会扩大。这个领域内的自由只能是：社会化的人，联合起来的生产者，将合理地调节他们和自然之间的物质变换，把它置于他们的共同控制之下，而不让它作为盲目的力量来统治自己；靠消耗最小的力量，在最无愧于和最适合于他们的人类本性的条件下来进行这种物质变换。但是不管怎样，这个领域始终是一个必然王国。在这个必然王国的彼岸，作为目的本身的人类能力的发展，真正的自由王国，就开始了。但是，这个自由王国只有建立在必然王国的基础上，才能繁荣起来。”[1]正是通过实践，人彻底脱离自己的动物本性，在改造社会和参与社会交往的活动中，将整个社会的力量内化到人自身。一方面，实践使得人成为自主的人。在实践中，人以自主自由的状态能动地改造着世界，改造着自身。人以能动的方式，在自我确证与否定中，由被动顺应外界限制，转变为主动顺应、改造外界环境，实现自主能动性与客观规律性的和谐统一。另一方面，实践使得人成为社会的人。实践作为人存在的根本方式，使人的存在方式由动物的自发活动转变为自觉的社会劳动与交往。实践使现实中的个人结成一定的社会关系，使人超越了自然属性而成为真正意义上的人。[2]人的实践以及实践中的人，构成了人生成演变的所有轨迹和特征。

实践推动了自然和社会的发展。马克思认为，人与自然之间绝不是固定的分离的关系，而是通过社会实践与客观世界发生关系。人是对象性的存在，需要从自然界获取生存的资料和资源。自然界作为人的实践活动的对象，又不可能脱离

[1] [德]马克思、恩格斯.马克思恩格斯全集（第25卷）[M].北京：人民出版社，2001，926-927.

[2] 万光侠、夏锋.人的文化存在与精神家园价值探析[J].山东社会科学，2013（10）.

人的存在而存在。那种脱离了人的实践的自为的自然界是毫无意义的。当然，强调自然界对人的依赖性，并不是否认自然界的客观性。作为联系主观世界和客观存在的实践活动，使得现实的人与现实世界发生关系，实现人化自然和自然化人的双重功能。

“自然界的人的本质只有对社会的人说来才是存在的；因为只有在社会中，自然界对人说来才是人与人联系的纽带，才是他为别人的存在和别人为他的存在，才是人的现实的生活要素；只有在社会中，自然界才是人自己的人的存在的基础。只有在社会中，人的自然的存在对他说来才是他的人的存在，而自然界对他说来才成为人。因此，社会是人同自然界的完成了的本质的统一，是自然界的真正复活，是人的实现了的自然主义和自然界的实现了的人道主义。”[1]正是通过实践活动，人逐渐扩展着现实世界的界限，开拓着人的感性世界。通过实践活动，人对客观的现实世界进行改造，使得现实世界更加符合自身的生存需求，增添现实世界对于人的自身的意义。正是通过实践，人创造着自身、创造着社会存在和全部的社会关系。实践的过程也就是人与社会相互生成、逐步发展的过程。正是通过实践活动，人在改造自然、改造世界的过程中也逐渐生成主体与客体、人与自然、人与社会之间的关系，并在生成这些关系的同时，完善自身，完成自我生成。实践是理解和把握人的本质的根本，是作为主体的人与人之间联系的范畴，也是联系人与客体的范畴。正是由于人是现实性的存在，人也在实践中改变自身、改造世界的历史进行、改变着自己和人类自身的实践进程。离开实践这一基础，我们不仅无法把握人与现实世界的关系，也不可能正确认识事物。只有从实践出发，才能真正把握人的现实性的本质。

总之，在充分认识关于人的宗教本质、生物本质、理性本质和非理性本质的观点的局限性的基础上，通过对唯心主义对人的抽象理解，以及以费尔巴哈为代表的旧唯物主义对人的单个的自然的理解，马克思主义从现实生活出发对人进行了分析，从实践的角度对人作为现实存在的本质进行探讨，代表着对人的认识的一个本质的飞跃。马克思主义通过描述实践和实践活动，以独特的方式思考人的存在。“马克思人学实现了客体转换——从虚拟客体转向真实客体；地位转换——从主体错置转向主体归位；工具转换——从工具迷失转向工具复归；目标

[1] [德]马克思、恩格斯.马克思恩格斯全集（第42卷）[M].北京：人民出版社，1979，121-122.

转换——从空目标转向现实目标。”[1]马克思主义强调实践在人的本质形成中的价值，强调人的全部特性就在于实践。马克思主义认为，只有从实践出发才能真正把握人和社会的本质，把握人与人、人与社会之间的关系。实践是人认识自己、认识世界的钥匙。马克思在强调人的实践的价值的基础上，把人的解放自由和发展作为人类社会的根本目标。实践是马克思主义人学与其他各种关于人的本质的学说的区别所在。正是通过对人的实践本质的强调，马克思主义人学与夸大精神和自我意识作用的唯心主义人学划清了界限。实践作为人存在的根本方式，使得人的发展与成长同动物的自在自发状态产生了区分，使得人超越类自然意义而成为真正的人。马克思主义通过对现实的个人和实践作为人的生存方式的强调，明确了“现实的人+实践的人+社会的人”的多重属性，真正解决了“人是什么”这一最大的哲学难题。

二、创造与创新何以必然

哲学人类学也基本符合马克思主义人学的观点，能够帮助人们进一步理解创造与创新的必然性。哲学人类学认为，人与动物存在非特定、生成和开放等三大区别。其中，人的“非特定化”是人与动物的最根本的区别，决定着人的生成性和开放性。当然，这种“非特定化”并不是说人的生理器官不具有相应的形式和功能，而是指人的生理组织器官功能并不先天具有某些适应环境的片面功能。[2]相比之下，动物的器官具有天生的特定化的优势，例如，鸽子的方向感和蚊子的定位能力。[3]兰德曼（M.Landmann）在其《哲学人类学》一书中指出，“动物的器官适合于特定的生活条件，而且每个物种的必要性，像一把钥匙一样，只适合于一把锁”[4]。器官具有特定的功能和效用，帮助动物适应特定的生活条件。相比之下，人的器官却并不具备这种功能，无法提供满足人进行生存生活的基本装备。自然没有规定人应该做什么和不应该做什么，也没有指出他发展的方向。[5]人的器官并不片面地指向某些行为，他在本能方面是贫乏的。从这个意义来说，

[1] 陈曙光.关于“以人为本”的形上之思[J].哲学研究，2009（3）.
[2] 母小勇.创新人才培养的条件:交往实践与“自由劳动”[J].教育研究，2017（10）.
[3] 谢冉、母小勇.文化哲学人类学视野下的大学课程构建[J].山东高等教育，2016（1）.
[4] [德]M.兰德曼.哲学人类学[M].贵阳：贵州人民出版社，2006，164.
[5] 潘体芳.从起源的角度论人与万物的关系[J].知识文库，2017（2）.

人的自然本性也许不利于人的生存。但是，正是因为这种“非特定化”的特点，使得人的生命发展的轨迹不像动物那样被预先设定。这些没有被限定的器官本能使得人有无限的发展可能，能够充分发挥自己的主观能动性，超越本能的限制，进行思考和创造，改变着环境的同时扩展自己的限度，获得更好的生存环境和生存能力。

在文化哲学人类学的视野中，动物的本能和特定化使得它们只能在一个有限的、特定的环境中生存。人的“非特定化”的本质使得人与环境之间自然形成一种天然的互动开放关系。人按其本性来说，本质上是能够无限地扩张到他自己作用范围的地方，扩展到现存的世界所能延伸到的地方。人是一个能够向世界无限开放的永恒的浮士德，自己决定自己的行为，自由地追求所渴望的一切，努力去超越现实的限制，超越自我的本性、本能的控制，不断地向世界开放，获得自由。[1]

人的“非特定化”

因为人的“非特定化”，人必然需要自我超越。人的自我超越性是现实的人在实践中的本质体现。动物在最初的时候比人获得了更好的生存装备，具有先天的预定性，但这种预定性也限制了动物的发展轨迹。人的“非特定化”所带来的本能贫乏和不确定性所带来的不完善，则为人的普遍性发展，提供广泛的可能性和自由度。[2]这种“非特定化”，虽然在原初的时候使得人不具备动物天赋的能力，但从发展的角度来看，却为人类的进步做出了贡献。正是这种“非特定化”，使得人类的发展具有无限的可能，也为人的主体性的发展创造了条件。“人必须靠自己完成自己，必须决定自己要成为某种特定的东西，必须力求解决他要靠自己的努力自己解决的问题。他不仅可能，而且必须是创造性的。创造性……作为一种必然性，根植于人本身存在的结构之中。”[3]人的“非特定化”，看上去使人处于被动消极的境地，但恰恰是这种本质，为人的发展和完善做了准备。作为一个没有获得多少“恩惠”的，需要在自然、社会中生存的存在物，人只有通过发挥自己的能动性和创造性，才能弥补其天性中的不足。人的

[1] 谢冉、母小勇.文化哲学人类学视野下的大学课程构建[J].山东高等教育，2016(1).
[2] 夏甄陶.人是什么[M].北京：商务印书馆，2000，101.
[3] [德]M.兰德曼.哲学人类学[M].贵阳：贵州人民出版社，2006，192.

“非特定化”意味着巨大的开放性和自我塑造的机会。[1]现实的人的未特定化和未完成性决定了人永远具有被塑造、提升和完善的可能和需要。人始终处于未完成的状态，需要不断提升，完成自我超越。正如季羡林指出的：“人类从其余的动物中脱颖而出成为‘人’以后，真不愧‘万物之灵’这一头衔。他们改造了世界，也改造了自己。到了今天，他们创造出来的文明，光辉灿烂。大之能登上月球，进入宇宙；小之能深入原子，穷极微藐。其他动物如有知，必定会甘拜下风的。人类在有意无意之间，自命为宇宙的中心、宇宙的主人，气焰万丈，不可一世。然而，夷考其实，却不禁令人气短。他们有点像《西游记》里面的孙悟空，一个筋斗能跳十万八千里，神通真可谓广大矣。可是一旦被如来佛抓入手中，他连翻无数的筋斗，自以为已经到了天地尽头，还在五根大柱子下撒了一泡猴尿，翻身回来以后，才知道没有跳出如来的手心。这如来的手掌，对人类来说，不是别的什么奇特的东西，而就是人类本身。”[2]人的“非特定化”使得人永远具有超越和扬弃自身局限性的要求和可能性。这种可能性表现在人一方面否定和扬弃了自然和人自身的给定性，另一方面创造与再创造了对象世界和人自身，为获得人的完整性提供了内在根据。[3]马克思主义人学也强调，人的生成和创造是一个丰富而全面的过程；人作为现实的存在，其本质的不同在于通过持续的自我塑造而不断地突破自身的限制，实现不断地生成和发展。可见，人的“非特定化”决定了人的生成性，也决定了人的创造性。正是在实践性的创造过程中，人超越自身的局限，具有无限的可能。

人的“非特定化”也促进环境的生成。作为对象性的存在，人通过改变外在的各个方面、各个环节和各种层次的限制，从而确定自身的存在和价值。作为人的活动对象，外在环境随着人的对象化实践活动在层次和领域上不断扩展。人活动的中介和工具，也必然随着人活动的不断扩展而不断生成变化发展——由物质性的工具系统发展为语言符号工具系统和具有逻辑规则的思维工具系统；由低级简单的手工工具系统发展为机械的工具系统和具有高度自动化和智能化的人工智能工具系统。人作为文化存在，扬弃了人的自然属性，不是按照本能规定的宿命式的自然方式生存，而是以自由自觉的方式，在自我确证与否定中实现自我超越与选择。正如兰德曼所言，“人类的存在决不会重新开始；相反地，它总是发现

[1] 谢冉、毋小勇.文化哲学人类学视野下的大学课程构建[J].山东高等教育，2016（1）.
[2] 孙鼎国、李中华.人学大辞典[M].石家庄：河北人民出版社，1995，1.
[3] 毋小勇.创新人才培养的条件:交往实践与“自由劳动”[J].教育研究，2017（10）.

它本身被‘投入’到它不断寻求的一种历史形式中。我们全都是由我们在其中成长和存在的共同群体的传统塑造成的，我们是由自己的过去塑造成的”[1]。人作为“非特定化”的存在，一直处于一个不断变化发展的开放性的未完成状态。这种未完成的状态便成为实现他的对象化活动的逻辑前提和实际方式。人对于外在环境的超越意味着人原有的生存状态的限制被打破或拓展，而这种超越又意味着人的内在的进一步完善。因此，在一定程度上可以说，每一次对于外在环境和内在自我的超越，都意味着人自身的进一步的更新发展。人在创造环境的同时，也得到进一步的自我塑造，获得更为丰富的特性和本质。马克思主义人学认为，需要的满足，表明外部世界逐步同化于人，并转化为人的本质因素；需要的满足，是人的本质力量的证明和人的本质的充实。[2]

人的自我生成与超越

人的“非特定化”促进自我的生成。动物只是按照他所属的那个种的尺度和需要来建造[3]，人却是一种“非特定化”的存在。这种“非特定化”决定了人必须从其生存的环境中不断学习那些自然和本能没有赋予他的生存技术。人的“非特定化”决定了人的生成性。人的有限性，就是人的受动性和局限性，包括了生物、认知和能力的有限性。然而，正是人的有限性，造就了人的无限开放性、适应性和否定性。因为人是有意识的类的存在物，不是按照本能自发地生存于自然世界中，而是通过有意识的对象化活动，打破了动物式的与自然自在的统一，把人从自然界中提升了出来，把人的本质力量不断外化和对象化，自觉地把握世界与自身，并且作为自由自觉的类存在物而实际地进行创造活动。人能意识到自己的存在是偶然的和有限的，因而人要求否定对自我的否定，超越自身的有缺陷的本能，在超越中确证自身，迈向自由。

人的生成性和未完成性决定了人首先以满足自身的物质生活需要而扩展着实践的范围，与此同时又将社会现实的拓展作为自我推进的现实表征，以实践活动为基础的人的现实社会活动就内在地生成了人的自然存在、社会存在和意识存在诸方面的存在特性，使人不断地得以综合的全面生成和塑造，从而使人获得了

[1] [德]M.兰德曼.哲学人类学[M].贵阳：贵州人民出版社，2006，199.
[2] [德]马克思、恩格斯.马克思恩格斯全集（第42卷）[M].北京：人民出版社，1979，132.
[3] [德]马克思.1844年经济学哲学手稿[M].北京：人民出版社，2000，53.

作为人的各种存在特性及本质。人的对象化活动在内容上无疑表现为作为主体的人凭借自己的中介与客体进行相互作用的过程。就人的主体活动系统来讲，同样在自身的个体性主体与社会化主体相互作用的过程中而不断生成变化发展，使人愈来愈摆脱和超越自己以往存在的历史形态而成为具有愈来愈丰富和全面的文化的人或智慧的人。因此，人自身的活动系统是一个自身要素、层次不断生成、变化、发展的开放性过程。也就是说，由于人自身活动的方式、关系的多样性、丰富性和开放性，人作为由自身活动所规定的生成物，也就必然具有多样性、丰富性和开放性，从而在自身的活动中不断自我塑造为具有越来越多种规定性的人，越来越丰富、全面而开放发展的人。人的“非特定化”决定了人的本质的非固定性与生成性。

人的“非特定化”能够促进世界整体系统的生成。人在世界系统中生存，同时作为系统的一个组成部分，人自身活动系统的构成要素并不是相互孤立的，而是相互作用、相互贯通和相互转化的。人的活动系统诸要素相互作用的方式及其社会化程度都必然随着人的活动的生成而不断发展。从物质实践方面看，人类最初的物质实践是很原始单一的，与精神活动处于一种原始混合的状态。但在发展过程中，不仅实践本身分化出了越来越多样的形式，而且还从中演化出了具有相对独立性的越来越多样化的精神活动形式。从精神活动方面看，人的精神活动不断由低级向高级而开放发展。从整个宇宙物质系统来看，人的活动系统又是一个不断与更广阔的外部环境进行物质、能量与信息相互作用的开放生成的系统。处在这种自身不断生成变化发展的开放性活动过程中的人，随之而显现出其自身不断生成变化发展的生存状态。作为系统的组成部分的重要成员，人自身的现实的社会活动就是他进行自我塑造、自我完善的现实基础或现实根据。人就是通过自身的社会活动来不断生成自己、塑造自己和发展自己的。人的生成与发展，不仅因为他作为本体性存在，必然要丰富与发展其存在本质及其特性，也因为他作为对象性存在，必然要协调其与物质环境和精神环境的关系，实现和谐共存。作为生成性的人，人的这种真正意义上的全面生成与发展准则是由人自身的社会活动所内在规定了的。人的生存是一种以实践为基础的推动社会发展的活动。人以自己的生产劳动为基础而不断地改造着客观事物和社会实践，在推动所有因素整体协调发展的同时不断发展和完善自身。

人的创造活动的必然性

人的自然属性的缺陷决定了人进行创造性活动的必要性。与动物相比，在弱肉强食的自然生存环境中，人是生存本能较弱的存在物。这种自然本能的缺陷，决定了人只能自我选择、自我突破来对抗环境的压力与限制。“人的器官没有片面地为某种行为而被定向，在远古就未被特定化（人的食物也是如此，人的牙齿既非草食动物的牙齿，也非食肉动物的牙齿）。所以，人在本能上也是匮乏的；自然没有对人规定他应做什么或不应做什么。”[1]

人的“非特定化”使得人从自身生存发展本质要求出发，通过自己现实的实践活动方式，将自己生存的目的、要求、意志和愿望等内在的特性及其本质力量对象化到对象中去，以此来改造自己的自然对象和社会对象，将之塑造成更加适合自己生存发展的生活世界。通过这种对外在环境不断进行突破的过程，人不断将自在的自然改造为人化的自然，并在改造自然的同时也改造了社会，丰富和发展了自己的社会关系，使自然和社会成为凝结和展示自己的存在本质及其特性的生活世界。通过这种创造性的对象化活动，人不断生成和发展着自己的生活世界，不断地拓展自己的生存领域，实现超越自我、发展自身特性的价值追求。

人的未完成性蕴含着可塑性和创造性。在生命历程中，人总是不断挣脱现实束缚，自我塑造和创造，探寻生存的意义，追寻创造带来的自由，从而实现人生的意义与价值。

三、创造与创新

在《辞海》中，“创造”被解释为“做出前所未有的事”，它是人类智慧和经验的结晶，是产生新事物的劳动过程，为人类所特有。从马克思主义人学的角度看，创造与创新是人的本质属性的最高体现。

确证人的自由与主体本质

马克思主义认为，人相对于非生命体或其他生物来说，创造性具有更重要的

[1] [德]M.兰德曼.哲学人类学[M].贵阳：贵州人民出版社，2006，164.

意义。"我们要考察的是专属于人的那种形式的劳动。蜘蛛的活动与织工的活动相似，蜜蜂建筑蜂房的本领使人间的许多建筑师感到惭愧。但是，最蹩脚的建筑师从一开始就比最灵巧的蜜蜂高明的地方，是他在用蜂蜡建筑蜂房以前，已经在自己的头脑中把它建成了。劳动过程结束时得到的结果，在这个过程开始时就已经在劳动者的表象中存在着，即已经观念地存在着。"[1]马克思认为，人的"劳动是积极的、创造性的活动"[2]，人的自由本性和自主选择的能力决定了创造和创新对于人的本质生成的本体论意义。创造和创新体现着人的主体地位，展示着人的自主自由选择的能力。人的自由度越高，说明其可塑性和创造性可能越强。作为主体的人，其根本特性在于创造性。创造性是衡量个人主体性的尺度。作为现实存在的人，正是在创造或创新中体现着其本质，推动着其所依存的环境的发展，并通过推动社会的发展进一步为自我的创造能力提供物质条件和精神素养。一个社会发展与否，在很大程度上取决于有没有提供满足主体创造性需求的条件和机遇。

创造或创新确证着人的自由与主体本质。在马克思人学思想中，人的主体性是在全面批判旧哲学的片面性的过程中建立的，在马克思的人学体系中占有核心地位。人的主体性通过人的存在方式、存在状态等体现出来。人的生命本质与实践活动具有同一性，在这个意义上，正是"劳动创造了人本身"。马克思认为，"动物是按照它所属的那个种的尺度和需要来建造，而人懂得按照任何一个种的尺度来进行生产"[3]，因而，"动物的生产是片面的，而人的生产是全面的"[4]。人的主体性是通过人与客体相互作用体现的，最终目的是实现人的自由。人的主体性包括能动性、自主性和自为性。能动性是人的主体性的最基本的内涵，是人的创造或创新的基础。自主性是人的主体性的一个重要内容，是作为主体的人的权利的充分反映。自为性是自主性的逻辑延伸，是主体的目的性的表现。马克思主义人学对人的主体性的认识，摒弃了旧唯物主义把人看作工具和手段的蔑视人的观念，强调人始终是自身的主体。

作为主体的人，正是在创造性劳动中体现着自己的本质，创造着实现自由

[1] [德]马克思、恩格斯.马克思恩格斯文集（第5卷）[M].北京：人民出版社，2010，208.
[2] [德]马克思、恩格斯.马克思恩格斯全集（第46卷下册）[M].北京:人民出版社，1980，116.
[3] [德]马克思.1844年经济学哲学手稿[M].北京：人民出版社，2000，53.
[4] [德]马克思.1844年经济学哲学手稿[M].北京：人民出版社，2000，58.

的社会条件，并在创造外在世界的过程中实现自我生成。人的主体性通过创造得到最高的体现。马克思主义人学认为，人的自由既表现在其自主性，也表现在其创造性。创造性当然是人的自由的最高体现。从本质上来讲，人的创造性活动是一种自由的实践活动。实践活动是人类所特有的丰富、完善和发展自己的生存方式。人之所以要进行创造性活动，根本原因在于人的自然本能的缺陷，人是生存本能较弱的存在物。这种自然本能的缺陷决定了人只能自我选择与自我突破。马克思主义人学认为，正是由于人的出自生存和发展需要的物质生产活动，人才不断地在改变周围世界的同时，改造着社会关系和人自身。人从原始的全面性到异化再到实现自由全面的个性，这一历史进程中既是人的本质力量的表征，更是人不断走向解放的实现过程。

确证人类社会的发展

创造与创新确证着人类社会的发展。人正是凭借自己独特的创造性活动，推动了人类社会从低级阶段向高级阶段发展。创造性是主体能动性的最高表现。如果说能动性的实质是人对现实的选择，那么创造性的实质则是人对现实的超越。因为创造意味着突破和进步。[1]正是由于人的“非特定化”和生成性，作为客观存在的自然界不会主动地满足人类存在的需求。在这种情况下，人需要通过创造性的活动来获得其生存所必需的各种条件。也就是说，人需要通过创造性的活动来使得自然界成为人化自然。因此，人总是通过自己的实践活动再生产和再创造自己新的存在环境、存在状态、特性与本质。[2]约翰·密尔（J.S.Mill）指出，“任何人也不会否认，首创性乃是人类事务中一个有价值的因素。永远需要有些人不但发现新的真理，不但指出过去的真理在什么时候已不是真理，而且还在人类生活中开创一些新的做法，并做出更开明的行为和更好的趣味与感会的例子”[3]。如果没有新的事物要做，人类岂不就不需要智慧了吗？而现有的一切美好的新事物都是首创性所结的果实。[4]

❶ 武步成、李坤、李月玲.思想政治教育价值主体性再探——以科学实践观为视域[J].山西大同大学学报（社会科学版），2012（6）.

❷ 母小勇.创新人才培养的条件：交往实践与“自由劳动”[J].教育研究，2017（10）.

❸ [英]约翰·密尔.论自由[M].北京：商务印书馆，2012，75.

❹ 郭湛.主体性哲学——人的存在及其意义[M].北京：中国人民大学出版社，2011，162.

在马克思主义人学视野中，人在本质上是一种不断创造需要和满足需要的存在物。动物在生产时只生产其自身，而人除了生产其自身之外还再生产整个自然界。动物生产的产品直接属于它的肉体，而人则自由地面对自己的产品，再生产整个自然界和人类社会。人不会满足于某种既有的现实生活和既有的现实存在状况，而是不断地实现着自身的超越，获得新的本质和规定性。人不是在某一规定性上再生产自己，而是处在变易的绝对运动之中。[1]其实，人并没有绝对标准的所谓人的存在状况和规定性。人是一个能够向世界无限开放的X，“是一个自己限制自己的X”[2]。这个向世界无限开放的“X”，正是通过创造或创新，实现自身、超越自己，在发展中不断社会化。创造是人自身的本质力量的对象化和外部世界及其与人的关系的观念化，人就在这种不断的创造中丰富和增强人的主体性。在卡西尔看来，社会文化就是人自身创造的符号构成的系统。人能创造和运用符号，动物只能对“信号”做出条件反射，所以，“我们应当把人定义为符号的动物……只有这样，我们才能指明人的独特之处，也才能理解对人开放的新路——通向文化之路。”[3]

从根本上来说，我们是创造性的存在物，每一个人都体现了创造性的力量。创造性是人的主体性的最高表现，是人自身存在的体现。[4]正是在创造或创新的过程中，在乌托邦精神驱策下，人展开对人与社会存在的意义、理想的求索。当然，人的创造性不是不顾现实条件的蛮干，人的主体性不能脱离具体的历史制约，只能在历史制约的前提下表现自身的主体性。罗素认为，最好的生活是创造性冲动居于最高地位，而占有性居于次要地位；最好的制度能够最大限度地产生创造性，而不是仅仅考虑适合于保全自己的占有性。[5]

[1] [德]马克思、恩格斯.马克思恩格斯全集（第46卷上册）[M].北京：人民出版社，1979，486.

[2] [德]马克斯·舍勒.人在宇宙中的地位[M].贵阳：贵州人民出版社，1989，30.

[3] [德]恩斯特·卡西尔.符号形式的哲学（第一卷）[M].上海：上海译文出版社，2004，79.

[4] 大卫·格里芬.后现代精神[M].北京：中央编译出版社，1998，223.

[5] 王飞.论中国特色现代大学制度完善之路的三维理性指向[J].曲靖师范学院学报，2012（1）.

四、创造与创新何以可能

异化的必然性

异化一词的德文与英文均来源于拉丁文。最早出现在神学和经院哲学对人的精神与上帝的关系的探讨中。到了近代，异化成为经济学和政治学探讨的现象。作为一种社会现象，异化早已存在，而从理论的角度进行探析异化是从近代开始的。霍布斯基于社会契约论，率先使用了异化一词，说明人们为了自己的安全和权利，通过订立契约将部分权利交给某一个人或多人组成的集体，实现协调关系以维持正常的社会生活的现象。

卢梭（J.Rousseau）不赞成霍布斯关于“专制主可以为他的臣民确保国内太平”的说法，主张“如果这个集体成了压迫人们的力量，人们就有权推翻它”❶。他指出，“自然支配一切动物，禽兽总是服从；人居然也受到同样的支配，却认为自己有反抗和服从的自由”❷。其实，人具有自我完善化的能力，“这种能力，借助于环境的影响，继续不断地促进所有其他能力的发展，而且这种能力既存在于个人身上，也存在于整个种类之中”❸。卢梭在《社会契约论》一书中指出，“每个结合者及其自身的一切权利全部转让给整个集体”，“这种转让所具有的唯一特点就是：集体在接受个人财富时远不是剥夺个人的财富，而只是保证他们自己对财富的合法享有，使占有变成一种真正的权利，使享用变成为所有权”❹。他认为，人们创造财富却使自己陷入不幸异化。因此，所谓异化，是权利的放弃和转让，反而使得国家利用权力来压迫人民。总的来说，在这一时期，异化是作为一个政治学的概念而存在的。

到了19世纪德国古典哲学那里，异化开始作为分析主客体关系的一个哲学范畴来使用。法兰克福学派针对西方社会的种种异化现象，对人的异化和人的解放问题进行了深入的探讨和深刻的剖析，其核心内容就是批判当代社会对人发展的压抑以及资本主义社会中物对人的奴役。他们认为，现代西方社会尽管有经济的繁荣，但使人发生了严重的异化，人变成了商品，变成了机器的附庸，失去了

❶ [法]卢梭.社会契约论[M].北京：商务印书馆，1980，5.
❷ [法]卢梭.卢梭文集——论人类不平等的起源与基础[M].北京：红旗出版社，1997，72.
❸ [法]卢梭.卢梭文集——论人类不平等的起源与基础[M].北京：红旗出版社，1997，72.
❹ 靳辉明.谈谈异化和人道主义问题[M].北京：北京出版社，1984，43-44.

自我，失去了自由。❶人创造了种种方法以征服自然，却成为自身所创造的事物的奴隶。"人类具有关于事物的全部知识，但对自身存在的价值、意义以及如何释放自己的创造性及实现创造的价值却茫然无知。人们或许会把一种技术哲学称为专制的哲学，它把技术总体描述为一个用机器来获取权力的场所。机器只是一种手段，目的是通过根本的奴役来征服自然、驯化自然。机器是一个可用来使他人成为奴隶的奴隶，这样一种专横的、奴役的趋向可以与寻求人的自由携手并进。但是，人们很难通过对奴隶状态转嫁给其他存在物、人、动物或机器而自我解放；对属于整个世界的机器总体进行统治仍然还是意味着统治；一切统治都暗含着对征服图式的接受。"❷弗洛姆认为，异化使得人成为病态的人，病态的人本身成为没有个性的机器和商品，人与人之间的关系也成为异化的机器之间的关系。人丧失了作为人的本质。他哀叹道："19世纪的问题是上帝死了，20世纪的问题是人死了。"❸马尔库塞认为，当代社会物质财富的巨大发展所造成的高消费，使得人们被自己所创造的物质富裕所操控，人们追求物质富裕的过程成为单调的、无聊的、仅仅只是满足劳动之外的所有外在需要的手段，人在这一过程中逐渐成为"单面人"，看上去处于个人自由意志的互动，实质上却是被操纵的产物。因此，人在本应自主自由体现自身本质的劳动中，越来越丧失了自主性和创造性。

总之，从对异化这一问题探析的历史演变来看，西方世界对于异化的认识呈现出逐渐加深和丰富的过程。异化从最初的表示财产转让和疏远，逐渐转向表示主体在一定的发展阶段，它的活动以及产物，变成了外在的异己力量，反过来压迫支配主体自身。但总的来说，这些探索异化现象的哲学家在社会历史观上的唯心主义倾向，使得他们对于人和人性的解释都是片面和抽象的。建立在这种基础上的对于异化的理解，一定程度上也呈现出唯心主义的倾向，无法从科学和现实的角度对人的异化进行深层次探讨和揭示。正是通过对上述异化理论进行吸收和批判，马克思从人的本质出发，对异化现象进行了全面的探析。

❶ 刘玉白.法兰克福学派对马克思主义理论的继承与发展为自己的人[J].丽水学院学报，2012（8）.
❷ [美]赫伯特·马尔库塞.单向度的人[M].上海：上海译文出版社，2008，127.
❸ [美]E.弗洛姆.健全的社会[M].北京：中国文联出版社，1988，370.

人的异化

马克思主义认为，异化首先表现为人的劳动的异化，进而表现为对人的本质的异化，异化使得人失去了自己作为现实的存在的本质。

劳动或实践是人的本质力量的重要体现。人在劳动的过程中确证自身的存在，促进自我的生成，实现自由的发展。但在资本主义制度下，劳动者与自身的劳动产生了异化。这种异化一方面体现在劳动成果中。劳动的产品，作为一种异己的存在物，作为不依赖于生产者的力量，同劳动相对立。工人生产的越多，他本人所能够消费的就越少；他创造的价值越多，他自己的价值越是被贬低，越是失去价值；他的产品越是完美，他自己越是畸形；他创造的物品越是文明，他自己越是野蛮；劳动越有力量，工人越是无力；劳动越是技巧，工人就越愚钝，越成为自然界的奴隶。❶人成了物的附属品和牺牲品，物则成了人的命运主宰。另一方面，异化体现劳动过程中。劳动产品的异化不过是劳动活动本身异化的结果。劳动是外在的东西，不属于人的本质，因此，人在自己的劳动中不是肯定自己，不是感到幸福，不是自由地发挥自己的体力和智力，而是使自己受折磨和遭摧残。❷因为这种劳动不是人自愿的，而是被迫的强制性劳动。这种劳动不是使劳动者成为人，而是使劳动者降低成为动物，劳动者成了一种被强迫和被奴役的对象，因此，只要没有强制，劳动者就会逃避劳动。可见，劳动变成了一种被迫的、异己的、外在的活动。也就是说，劳动者的劳动产品与自己相对立，劳动者与劳动产品之间的关系就不再是合目的性的关系，而是一种异己的对象性关系。劳动者所付出的劳动越多，生产的劳动产品越多，那么，劳动者的对象性活动生产的对象世界的力量就越大，而劳动者自身及其内在结构就会由于这种劳动而更加贫乏，属于劳动者自己的东西就会越少。在这种异化的劳动过程中，劳动者得到的只是肉体的折磨和精神的摧残，根本无法使自己的体力、智力得到自由地发挥。

马克思主义人学认为，劳动的对象化是人的类生活的对象化，人不仅在意识中理智地复现自己，而且能动地、现实地复现自己，从而在他所创造的世界中直观自身。❸也就是说，人的生产活动是一种有意识的、自由的和能动的改造世

❶ [德]马克思.1844年经济学哲学手稿[M].北京：人民出版社，2000，52.
❷ [德]马克思、恩格斯.马克思恩格斯选集（第1卷）[M].北京：人民出版社，1995，43.
❸ [德]马克思、恩格斯.马克思恩格斯全集（第42卷）[M].北京：人民出版社，1979，122.

界的活动，正是在改造对象世界的过程中，人才真正地证明自己的类本质。但是，由于异化劳动从人那里夺去了他生产的对象，使得从事生产的人就不能再进行发展自身、肯定自身的劳动，人就失去了自己的类生活与类本质。劳动从作为人类发展的自由的活动，变成仅仅维持个人生存的手段，每个人都为私利谋生而活动。人类在这种追逐短期利益的过程中丧失了确证自身存在、完善自己的目的。❶异化的劳动使人的身体同人的精神对立，从而造成了人的类特征的异化；异化的劳动使人的本质同自然界对立，从而使人的生存环境异化。这种异化的劳动进一步造成了人与自己活动的对立，从而使得其类本质从人那里异化出去了。人既不是由于服从，也不是由于工作难度，而是由于人成为一种单纯的工具，才沦为物。❷人的异化使得人丧失了主体性，“人自身的异化以及这个异化的人的社会是一副描绘他的现实的社会联系，描绘他的真正的类生活的讽刺画；他的活动由此而表现为苦难，他个人的创造物表现为异己的力量，他的财富表现为他的贫穷，把他同别人结合起来的本质的联系表现为非本质的联系，相反，他同别人的分离表现为他的真正的存在；他的生命表现为他的生命的牺牲，他的本质的现实化表现为他的生命的失去现实性，他的生产表现为他的非存在的生产，他支配物的权力表现为物支配他的权力，而他本身，即他的创造物的主人，则表现为这个创造物的奴隶。”❸

人是一切社会关系的总和。人的本质，只有通过人同其他人的关系才得到实现和表现。劳动和人自身的异化必然造成人同自身的任何关系的异化，造成人的社会关系的异化。当人的劳动成为一种异化的活动，当人的劳动活动、劳动对象和劳动产品不属于自己而属于别人的时候，人与人的关系必然是一种压迫和被压迫、支配和被支配的统治关系。❹马克思主义人学认为，通过异化的、外化的劳动，劳动者生产出一个跟劳动格格不入的、站在劳动之外的人。人不仅生产出他同作为异己的、敌对的力量的生产对象和生产行为的关系，而且生产出他人同他的生产和他的产品的关系以及他同这些人的关系。❺人与人之间所本应具有的交往实践关系成为一种物与物的关系。人与人的交往关系被物的外壳所掩盖。这是

❶ [德]马克思、恩格斯.马克思恩格斯全集（第42卷）[M].北京：人民出版社，1979，93.
❷ [美]赫伯特·马尔库塞.单向度的人[M].上海：上海译文出版社，2008，28.
❸ [德]马克思、恩格斯.马克思恩格斯全集（第42卷）[M].北京：人民出版社，1979，25.
❹ [德]马克思.1844年经济学哲学手稿[M].北京：人民出版社，2000，59.
❺ [德]马克思.1844年经济学哲学手稿[M].北京：人民出版社，2000，61.

一种特定历史条件下的社会现象，即所谓“人的物化”。“人的物化”一方面是指人的属性变成了物的属性，另一方面是指生产者在劳动中结成的社会关系变成为存在于生产者之外的物与物之间的社会关系。[1]人的社会关系是物化的社会关系，资本获得了独立性和个性，而活动着的个人却没有独立性和个性。[2]进入现代社会后，随着科学技术的发展，建立在人与人相互依赖基础上的交往的主要形式逐渐衰落，人类生活中物占有越来越重要的位置。在现代人的生活中，交往的纯粹感情已消失殆尽。异化劳动把人的自由、自主特征抹杀，劳动降格为谋生的工具。劳动的异化不但使劳动者个体发生偏离类本质的异化，而且异化的个体之间的关系同样也会发生异化。人既与自身对立也与他人对立。这种人与人关系的异化使人变成了一个孤独的存在。

实现人的创造本性

在马克思主义人学的视野中，人的本质是自由自觉的活动。人通过实践创造对象世界，改造无机界，人证明自己是有意识的类存在物。[3]这种强调活动在人的本质生成中的作用的观点一方面否定和扬弃了自然和人自身的给定性，另一方面创造与再创造了对象世界和人自身，人的这种能动地创造活动是人的能动的类生活。但在现代世界，人性之乌托邦精神被遮蔽了，现代化对人的力量的强调反而造成了人的主体性文化的缺失，使得人的存在进入了一个总体的、全面的异化状态。在这种总体异化状态中，异化已经深入到人们的心理和精神世界，造成了人类根本的危机，扼杀了人的创造性，导致人们精神的全面退化。[4]

马克思把人的本真劳动看作是与原始的乌托邦完满性直接相通的纯然创造性，认为这是人之为人的关键所在，而现实的异化的劳动却遮蔽了人的乌托邦精神，抹杀了人创造本性。马尔库塞也认为，“异化劳动是对满足的反动，对快乐原则的否定。……在‘正常的’发展中，个体‘自由地’经受着压抑，把压抑作为自己的生活，因为他所欲求的东西乃是假定他要欲求的东西”[5]。他认为，技

[1] [德]马克思、恩格斯.马克思恩格斯选集（第2卷）[M].北京：人民出版社，1995，138.
[2] [德]马克思、恩格斯.马克思恩格斯文集（第2卷）[M].北京：人民出版社，2009，46.
[3] [德]马克思.1844年经济学哲学手稿[M].北京：人民出版社，2000，53.
[4] 丁立群.发展：在哲学人类学的视野内[M].哈尔滨：黑龙江教育出版社，1999，31.
[5] [美]赫伯特·马尔库塞.爱欲与文明，上海:上海译文出版社，1987，29.

术的进步造成了社会财富的增长，而这种外在与人、与人的劳动和人自身剥离的物质财富，没有为人的自主和自由提供养分，反而造成了对人的奴役的扩展。也就是说，在现代社会中，由于私有制和科学技术的发展，人所创造的社会发展和物质财富在为人类带来巨大的物质享受的同时，也变成了一种操纵和统治的力量，使人处于人役和物役之下。人在实践中构成了人类社会的基本关系，它们的展开就是社会生活的现实。本来这些关系的展开和具体化使人的本质具有全面而丰富的规定性，但异化使人被理解为一个“单面人”而不是总体的存在物，破坏了总体人的统一整体性。因此，要想恢复人的创造本性，实现人的本质的生成和完善，对于异化的扬弃就成为关乎人的创造本性发挥的重要哲学命题。

马克思主义人学认为，必须推翻那些使人成为受屈辱、被奴役、被遗弃和被蔑视的东西的一切关系，把人的世界和人的关系回归于人本身，实现人的创造本性。马尔库塞认为，必须“把人从非人的生存状态中解放出来……消遣冲动则是这种解放的工具。这种冲动的目的不是‘借助’某物来消遣；而是生命本身的消遣，它超越了欲望和外部强制，是无忧无虑的生存的表现，因而是自由本身的表现。人只是在摆脱了内外、身心的一切压制时，只是在不受任何规律和需要压制时，才是自由的”[1]，“快乐与现实原则的和解并不以大家富有为条件。唯一适当的问题是，是否可以合理地想象这样一种文明状态，人类需要在其中得到满足的方式和程度使得额外压抑可以被消除。”[2]在非压抑状态，人的创造性就能够自由展现。

[1] [美]赫伯特·马尔库塞.爱欲与文明，上海:上海译文出版社，1987，137.
[2] [美]赫伯特·马尔库塞.爱欲与文明，上海:上海译文出版社，1987，109.

第七章
大学：创新人才的摇篮

从大学的内在规定性看，大学是纯学术创新人才、学术成果转化型创新人才、企业创新型人才和创新型创业人才的摇篮，大学的应然样态是人才的聚集地、学术的共同体、社会服务的中间站和文化的场域。大学是按照大学师生的主观意愿——用高深学问培养人才——而创办的，大学师生在这一“智慧的府第”以特有的幸福快乐的共在交往方式与意义领会活动，实现健全人的个性化发展。这是大学人才培养活动的内在规定性，个性化发展的人就是可能的创新人才。由于人才培养本身就是以高深学问为手段和内容的，高深学问探究也是大学中的重要活动。大学的高深学问探究和学术成果的应用转化活动则为个性化发展的人实现学术创新和基于创新的创业提供了新思想、新知识、新成果、新产品、新模式和新工艺。[1]大学能够不断完成文化创新和创新人才培养的原因是大学能够保持文化的包容性与思想的自由性，其创新职能是引领文化科技创新和培养创新人才。大学应该成为引领思想创新、科技创新和文化创新的先驱，应该成为大学师生自由发展与快乐表演的“舞台”。

一、大学的应然样态

大学的含义和目的可以说是因时而异、因地而异，它依靠改变自己的形式和职能以适应当时当地的社会政治环境，同时通过保持自身的连贯性及使自己名实相符来保持自己的活力。[2]究其发展的历史，大学具有与社会保持一定距离以维护其学术研究和教学自由的历史传统。这一状况使人们称誉大学为“象牙塔”，

❶ 母小勇.“大学的哲学”论纲——人学视野中的大学[J].教师教育研究，2016（3）.
❷ 胡建华、陈列、周川、龚放.高等教育学新论[M].南京：江苏教育出版，2006，24.

独立于社会的边缘。随着社会的发展、高等教育的大众化，大学融入现代社会的中心框架，成为现代社会的“轴心机构”。但无论时代如何变迁，大学总是一个发展人、探索高深学问的场所，保持它应然的样态，完成大学的应做之事，即以高深学问为桥梁，通过智慧启迪、知识探究等师生交往实践活动，实现大学生全面而有个性的自由发展。大学应该成为大学生自由发展的保障平台——实现人的自由发展的场所。[1]

人才的聚集地

大学不论是“象牙塔”还是“轴心机构”，都是通过它最基本的职能——聚集和培养人才，发挥其功用的。大学自中世纪产生，源于不同学术领域和学科的教师和学生自治团体的形成，以及以传授和研究当时高级学问为职业并构成大学主体的知识分子阶层的出现。中世纪的大学是学者的社团，学者因为知识走到一起，形成了学者共同体。大学一切的活动围绕着人获得知识而展开，形成了“为知识而知识”的宗旨，赋予了大学“象牙塔”的特性。大学精神的基础在于知识的创造和传承，在于人的联合，在于大师的存在。正如涂尔干（E.Durkheim）在《教育思想的演进》中写道：“巴黎大学创建伊始，就是一群人的集合，而不是一组讲授科目的集合，它起初所表现出来的教师之间的连带关系，要远远高于他们所教授科目之间的关系，后者只是最终从前者中派生出来的。”[2]“每个社会中……都有一些人对于神圣的事物具有非比寻常的敏感，对于他们宇宙的本质，对于掌握他们社会的规范具有非凡的反省力。在每个社会中都有少数人比周遭的寻常伙伴更探寻、更企求不限于日常生活当下的具体情境，希望经常接触到更广阔、在时空上更具久远意义的象征。”[3]这些人就是知识分子。大学里有真正伟大的思想家，他们是理论生活存在的活的证明，他们的动机不会流于低俗，虽然人们以为低俗的动机是无所不在的。他们有权威，但不是来自权力、金钱或家庭，而是来自能够赢得尊敬的天赋。他们相互之间、他们与学生之间的关系使人们看到一个真正的共同利益为宗旨的团体。大学是一个以理智为基石的国家的“神殿”，是奉献给纯粹理性的。它在人们心中唤起崇敬之情，只有那些将自身

[1] 毋小勇.“大学的哲学”论纲——人学视野中的大学[J].教师教育研究，2016（3）
[2] [法]爱弥尔·涂尔干.教育思想的演进[M].上海：上海人民出版社，2006，102.
[3] [美]爱德华·W.萨义德.知识分子论[M].北京：生活·读书·新知三联书店，2002，35.

与平等自由观念融汇为一体的人才会产生这种感觉。[1]

大学是在中世纪这种分权的、有社团思想的时代精神影响下发展起来的。这时的大学是培养专门人才的职业学校，只是在有限意义上可以说它是为学习本身的概念而存在的，大学在满足专业、教会和政府对各种人才的需要的过程中不断发展。[2]纽曼（J.H.Newman）认为大学的目的是传授学问，是“教学的机构”，是培育人才的机构。大学的真正使命是“培养良好的社会公民”，促使社会和谐发展。他认为“没有任何一门知识可以因为它太大或太小，太遥远或太细致，太散漫或太具体而不去关注它”[3]。这个理念是古典大学遗留给今日大学教育最重要的遗产。

雅斯贝尔斯（K.T.Jaspers）认为，大学乃是师生聚合以追求真理为目的小型社会，是为对知识有热情之人而设。大学教育之目的是培养完整的人。弗莱克斯纳（A.Flexner）认为，保存知识和观念是大学一项重要职能[4]，不管大学如何变化，在大学里大学生应该是经受住考验并获得了道德和智慧的力量，对自己、所学学科、自己的学习方式负责的人，他们经历了一段时期的学徒期后便获得独立的地位。大学的教师要对其学问和从事的学科负有责任，善于激励学生，和学生保持一种亲密、富有个性和合作性的关系。大学要把学生培养成为思维严密、知识丰富、具有批判精神的思想家、实验家、发明家、教师等，让他们在不承担行动责任的情况下，对社会生活的现象进行探究，从而努力理解这些现象。[5]

学术的共同体

在拉丁语中，“universitas”这一词语的真正含义是指为了共同目标聚集起来的一群人。大学是知识的创造者和贮存地，学术追求是大学又一重要的职能，大学以知识为业，重在生产和发展知识。“如果要用一个词来形容大学所进行的教学、研究和服务等多种任务的独特方法，那么这个词就是‘共同体’。不建立学

[1] [美]艾伦·布鲁姆.走向封闭的美国精神[M].北京：中国社会科学出版社，1994，264.

[2] 刘芳.大学与社会需求关系的历史演变及当代转型[J].保定学院学报，2013（9）.

[3] J.Newman.*The Idea of a University:Defined and Illustrated*[M].Chicago:Loyola University Press, 1987.436.

[4] 崔晓明.弗莱克斯纳现代大学理念述评[J].哈尔滨学院学报，2013（10）.

[5] [美]亚伯拉罕·弗莱克斯纳.现代大学论——美英德大学研究[M].杭州：浙江教育出版社，2001，7.

术共同体，知识就会变成孤僻的东西：在孤立中进行研究的孤独学者，其狭窄的研究范围、独断主义和未经考验的假设都是脆弱的，站不住脚的；其知识无法得到扩展和传播，无法与相反的意见进行争论，无法接受不同经验的影响，也无法用另外的视角对其加以磨炼。不建立学术共同体，个人的发现就是有限的，这不是因为个体研究者的创造力和开拓性不及研究群体，而是因为他或她的结论没有接受质疑，也无法得到更多的检验；这样，个人的知识就是不完整的。大学以学术共同体的形式存在，就可以消解和改变单个学者的孤立状态。他们深信知识的增长只是部分地取决于个人的洞察力和个人研究的成果，知识的验证、精制、联合和适用性则更多地取决于共同的质疑、讨论和争辩。”❶

大学学术教育或基于学科的专业教育始于19世纪的柏林大学，柏林大学基本上是以自由哲学思想为背景建立起来的。洪堡认为，“高等学术机构是学术机构的顶峰……其全体成员（只要可能的话），就必须服膺于纯科学的观念。因此，在这一圈子中，孤独和自由便成为支配性原则”❷。大学教育的目的是培养学者，学术教育不但成了大学教育的内容和方法，也成了大学教育的目的。“大学包括了所有的科学，并通过研究和了解的工作，而抓住一切的事实和结构，让各种学术研讨得以多方面的发展，大学的内在精神是以通过每个研究者及学者所表现出来的哲思活动为标志。”❸“高等教育与中等、初等教育的主要差别在于教材的不同：高等教育研究高深的学问。在某种意义上，所谓‘高深’只是程度不同。但是在另一种意义上，所谓‘高深’是如此突出，以致使它成为一种不同的性质。”❹大学的学术教育就是传播高深学问，分析批判现存的知识。大学学术教育的重心在高深学问，“除了大学，在哪里能够产生理论，在哪里能够分析社会问题和经济问题，在哪里能够产生理论，在哪里能够传授真理而不顾是否受到欢迎，在哪里能够培养探究和讲授真理的人，在哪里根据我们的意愿改造世界的任务可以尽可能地赋予有意识、有目的和不考虑自身后果的思想者呢？人类的智

❶ [美]弗兰克·H.T.罗德斯.创造未来：美国大学的作用[M].北京：清华大学出版社，2007，55.

❷ [德]威廉·冯·洪堡.论柏林高等学术机构的内部和外部组织[J].高等教育论坛，1987（1）.

❸ 杨东平.大学二十讲[M].天津：天津人民出版社，2009，151.

❹ [美]约翰·S.布鲁贝克.高等教育哲学[M].杭州：:浙江教育出版社，2002，3.

慧至今尚未设计出任何可与大学相比的机构。”[1]大学是学者的乐园，探索高深学问的场所。

社会服务的中转站

大学早已担负起高深学问探究与知识生成的社会责任。“科学如果不明白自己的社会意义，就会沦为要它背离社会进步的方向的力量手中的工具而无法自拔，而且在这一过程中毁坏了它的精神。”[2]克拉克·克尔（C.Kerr）曾经说，与周围社会环境的和谐相处是现代美国多元化大学存在和取得成功的一个重要原因，它在服务先进文明社会的众多领域方面所作的贡献与其在维护、传播和研究永恒真理方面的作用，在探索新知识方面的能力一样，都是无与伦比的。[3]现代社会，在教育民主化、平民化与社会化的理念的冲击与压力下，大学的“象牙塔”形象已成为批评讥讽的对象，大学的大门已经不能不向社会敞开，大学已自动地对社会不断提供需要使用的知识，以证明其存在之合法性。可见，现在的大学不再是“象牙塔”，而是社会服务的中转站了。

阿特巴赫（P.G.Altbach）认为，美国高等教育的发展有两个来源和三种成分：一种是来自英国的文雅绅士教育，一种是来自德国大学的科学研究，除了这两个来源带来的两种成分外，还有一种是美国本土的为社会服务理念。[4]大学社会服务功能主要通过培养人才间接地发挥出来，只有这样，才能真正体现大学的本质和价值。随着社会的发展，大学的服务形式已经趋于多样化，服务领域更为广泛，服务方式更为直接。大学的社会服务职能在历史的发展进程中经过了隐形的、间接的阶段，到现在的凸显的、直接的阶段。大学不仅对社会上任何感到有需要的职业面面兼顾、竭力满足，还同时直接承接国家的项目，为国家、社会与企业等提供咨询报告，服务于国家的经济。

大学智囊团或智库提供咨询报告或建言献策，会促进社会和谐、人民幸福；大学提供技术转让，会促进社会生产力的发展。20世纪50年代初，斯坦福大学率

[1] [美]亚伯拉罕·弗莱克斯纳.现代大学论——美英德大学研究[M].杭州：浙江教育出版社，2001，10.

[2] [英]J.D.贝尔纳.科学的社会功能[M].商务印书馆，1995，544-545.

[3] [美]克拉克·克尔.大学的功用[M].南昌：江西教育出版社，1993，29.

[4] 冯增俊.现代高等教育模式[M].广州：广东高等教育出版社，1993，34.

先划出7.5%的校园土地出租给从事高科技生产的企业，并逐步形成了以斯坦福大学、加州大学伯克利分校为中心的硅谷，使大学的研究成果在这里源源不断地得到转化。产业界与大学的合作极大地推动了地方科技和经济的迅猛发展，同时，地方科技与经济的发展又反过来推动了大学科学技术研究的快速发展。大学可以承担政府的课题与项目，也可以与企业合作，但其根本的立足点应该是在人的培养上。

文化的场域

大学是一种独特的社会文化组织，既使学生和教师成为社会人，也进行文化创造。布尔迪厄（P.Bourdieu）认为，在教育与政治、经济之间并不存在直接的关系，教育主要传递文化；大学只有以文化为媒介，才能在社会再生产中成为重要的社会力量。[1]也就是说，大学组织的独特性主要体现在其文化属性上。作为文化组织，大学的使命是保存、传播和丰富人类的文化。大学文化组织的本质属性是松散性和自组织性。大学是培养人才、探究高深学问和服务社会的地方，是创新文化的场所。大学作为一种文化组织，在传承和创新文化中实现人才培育，是其内在的本质逻辑。

大学从诞生以来，便聚集了大量的科技与文化的精英。它通过知识的传播、创新影响着社会文化，这也是大学能不断适应不同时期社会环境变化、通过自身的作用获得生存与发展的原因所在。可见，大学与生俱来就具有文化传承创新之功能。[2]哈斯金斯（C.H.Haskins）在《大学的兴起》中认为，中世纪大学带给我们的遗产不是建筑物，延续性也不在于学位礼节和仪式，而是孕育现代精神。中世纪大学的荣耀是“知识的献祭”。[3]中世纪的大学，无论是学生型大学社团组织（如意大利的博洛尼亚大学），还是教师型大学社团组织（如法国的巴黎大学），从大学创办之初的目的来看，大学最基本的功能是教学与培养当时社会所需要的人才，这是不能离开文化的传承创新的。“当大学走进社会的中心，我们无法排除大学还有一定的政治属性、经济属性，但就整体而言，大学体内流淌着的还是文化的血液。文化属性是大学永恒的特征不变量。离开文化，大学就不再

[1] 何云坤.科学进步与高等教育变革史论[M].长沙：岳麓书社，2000，10.
[2] 毋小勇.“大学的哲学”论纲——人学视野中的大学[J].教师教育研究，2016（3）.
[3] [美]查尔斯·霍默·哈斯金斯.大学的兴起[M].上海：上海人民出版社，2007，26.

有教育的发生；离开文化，大学就不再有学术的产生；于是，离开文化，大学就不再是庄重、尊严、神圣、自律并让人憧憬、崇敬、向往的地方。因此，大学最重要的使命是：先进文化的研究者、创造者和传播者。它必须代表一个国家、一个民族先进文化发展的方向和文化的希望”❶。

大学及其文化组织或学术组织的内部构成要素存在着很强的利益冲突性以及运行独立性，但同时大学组织中的任何一个子系统都受到其他子系统的影响和制约，彼此之间具有相互依存和相互联结的特性，存在着相互合作、相互妥协、相互协商的必要性和可能性。这种既关联又相互独立的松散联结特性，是大学作为文化组织不同于其他组织的独特性质。大学包括大学内的学术组织的松散性在一定程度上是由于大学组织目标的模糊性、教师身份的特殊性以及大学组织的知识性和专业性。

二、大学的特征与职能演变

大学的特征

“在所有的中世纪机构中，时至今日，显然只有一种机构留存下来，尽管它的确有些变化，但依然与当时的面貌极为相近，这种机构就是大学。”❷大学模仿行会组织实行自治，形成自治性组织——知识分子的行会，成为西方近现代大学学术自由的发端。大学自产生之日起一直坚守自己的价值取向。正是因为有所坚守，大学不论是身为象牙塔还是走进社会成为轴心机构，总能保持它自由自治的传统，并彰显出不同于其他组织机构的特色——培养全面发展的人。

大学的自治

大学自治是西方大学的核心特征。美国学者爱德华·希尔斯（E.Shils）指出：“所谓大学自治，是指大学作为一个法人团体，享有不受国家、教会及任何其他官方或非官方法人团体和个人，如统治者、政治家、政府官员、教派官员、宣传人员或企业主干预的自由。”❸艾里克·阿什比（E.Ashby）曾在一份具有

❶ 睦依凡.大学者，有大学文化之谓也——兼谈大学新区的文化建设[J].教育发展研究，2004（4）.

❷ [法]爱弥尔·涂尔干.教育思想的演进[M].上海：上海人民出版社，2006，96.

❸ 陈学飞.当代美国高等教育思想研究[M].沈阳：辽宁师大出版社，1996，76.

广泛影响的分析报告中指出大学自治的6个要素：（1）排除非学术干扰的自由；（2）按大学认为适合的方式分配经费的自由；（3）聘用教师并决定其工作条件的自由；（4）选择学生的自由；（5）设置课程的自由；（6）制定评价标准并决定评价方法的自由。[1]“失去了自治，高等教育就失去了精华。”[2]大学自治是学术自由的保障，二者具有高度的一致性，都是建立在“传播和创造高深学问”这一大学内在逻辑的基础上的。大学自治是指大学作为一个学术组织为避免外界干扰而提出的属于大学整体需要的自我决策、自我管理的权利诉求。在一个自由和宽容的社会，大学享有较多的自治权利，大学的成员同时享有较多的学术自由。其实，1919年德国《魏玛宪法》第142条规定：“艺术、学术及其教学是自由的，国家应予保护并奖励之。”当时的学者舒米特（C.Schmitt）认为，此项条款包含一种制度保障，因为大学的学术自由唯有置于大学自治这项制度的保障之下，才可能实现。[3]而1998年联合国教科文组织发表的《21世纪的高等教育：展望和行动世界宣言》，提出应将院校自治作为应对在迅速变革的世界中高等教育所面临的主要挑战的原则之一，指出在院校自治原则基础上建立与国家和社会的良好关系，是高等教育的运作和管理获得成功的前提之一，并且坚信坚持院校自治原则是学校正常运转和改革成功的先决条件。[4]

西方大学自治作为一种古老的传统源自中世纪大学。中世纪的大学是一种行会组织、学者社团，具有法人性质和自己的章程。在这种行会性的组织结构中，其成员在大学内部事务的处理上享有各自的权利，使得大学的管理从其发端就有着民主的色彩和自治的性质。在哈斯金斯眼中，“制度才是大学传统最直接的表现。首先是大学之名，即教师和学生组成的社团，他们过着共同的知识生活。这类团体是中世纪的典型特色，在个人主义盛行的现代世界找不出任何东西来取代它”[5]。在学者的社团中，大学自治的权利主要包括确认自身合理性的权利，确认知识合理性或合法性的权利，自主处理与外界关系的权利以及自主管理大学内部事务的权利，评价自主活动结果的权利。[6]既然大学身处社会之中，它不可能

[1] 潘艺林.从超越到世俗：西方高等教育的当代转型[M].济南：山东教育出版社，2011，3.
[2] [美]约翰·S.布鲁贝克.高等教育哲学[M].杭州：:浙江教育出版社，2002，31.
[3] 马凤岐.大学自治与学术自由[J].高教探索，2004（4）.
[4] 陈学飞.现代大学制度的“四项基本原则”——基于西方大学的经验[J].探索与争鸣，2013（7）.
[5] [美]查尔斯·霍默·哈斯金斯.大学的兴起[M].上海：上海人民出版社，2007，21.
[6] 宋文红.欧洲中世纪大学的演进[M].北京：商务印书馆，2010，156-167.

超然脱俗，必然与外部社会有着复杂的联系。到中世纪后期，大学逐步被教会垄断，上述特权还是大多被延续下来。也就是因为拥有一定的自治权利，大学才始终能够在各利益集团间维持相对的独立。而这种相对的独立，也使得大学不可能完全沦为社会任何其他部门的附庸。[1]

“大学是学术行会，历史会使我们想起，由于行会自行其是，因此很容易带有某些弊端，如散漫、偏执、保守、排斥改革。因此，在19世纪，英国和美国都不得不通过国家立法来打开自治的高等学府的铁门，让新的学科进入课程，其中许多学科与人类利益休戚相关，而学阀们却顽固地将其拒之门外。高等教育越卷入社会的事物中就越有必要用政治的观点里看待它。就像战争意义太重大，不能完全交给教授们决定一样，高等教育也相当重要，不能完全留给教授们决定。”[2]在柏林大学开启的现代德国大学中，大学自治从维护自身利益的行会观念中超越出来，出于捍卫“纯粹科学”的目的，坚持学术自由。但是，“洪堡提倡学术自由，并强烈反对国家对大学的干涉，但他却使柏林大学和普鲁士邦紧密而牢不可破地结合在一起，相信办大学是国家的职责。其实这并不足为奇，在民族主义复兴、国家权力日益扩大的时代，完全独立于国家的大学是不可能生存的，况且大学还需仰仗国家的财力和资金”[3]。因此，大学不再是完全自治的机构，大学的世俗化正是在这一时期逐步完成的。

美国高等教育从1637年哈佛学院的建立开始，继承了博洛尼亚大学、牛津大学和巴黎大学的大学自治和法人传统，几乎同时以外行董事会为学术法人的最高权威的代表，形成了以学术法人为基础的外行董事会的自治模式。[4]可见，“保护高等教育自治，防止政府过分束缚的一个堡垒是私立大学”[5]。1816年，新罕布什尔州政府试图违反达特茅斯学院董事会的意愿修改原来的特许状，遭到董事会成员的强烈抵制，美国最高法院支持董事会，反对州政府。该法案的裁决对美国私立高等学校的发展具有极其特殊的历史意义，它作为一个经典案例载入史

[1] 蒋洪池.欧美大学与政府权能关系的演变及其对中国的启示[J].清华大学教育研究，2004（8）.
[2] [美]约翰·S.布鲁贝克.高等教育哲学[M].杭州：浙江教育出版社，2002，32.
[3] 贺国庆.德国和美国大学发达史[M].北京：人民教育出版社，1998，46.
[4] 熊庆年.关于现代大学制度顶层架构的思考[J].大学（学术版），2013（7）.
[5] [美]约翰·S.布鲁贝克.高等教育哲学[M].杭州：浙江教育出版社，2002，35.

册，成为私立社团维护自身利益和自主、自治权利的依据。[1]

二战后高等教育大众化的进程开始并加速，大学纷纷走出“象牙塔”，承担起社会责任，传统意义上的大学自治遭到严重冲击与挑战。战后，西方国家的高等教育从社会的边缘走向社会的中心。随着高等教育在国家政治、经济、军事、科技竞争中地位的加强，国家对高等教育的调控也日益加强。政府通过立法，规定高等教育的政治方向及其服务于本国国防建设、经济发展、社会公平的目标，通过大量投资，确定高等教育发展的战略重点，运用市场手段、引进竞争，使学校面向社会需求办学、对董事会的组成做出规定或政府直接参与董事会决策。这样就形成了高校、政府、市场和社会相互依存、相互促进并相互制约的运行机制。大学将变得更加开放、灵活、主动、高效，能较好地适应快速多变的科技、经济与社会的发展，大学自治也相应地具备新的内涵。

大学的学术自由

西方学术自由思想最早可以追溯到古希腊的一些哲学家的思想和活动。柏拉图在其创办的阿加德米学园中寻求通过教学来进行教育，在教学中运用问答法来自由探讨高深学问。亚里士多德在其创办的吕克昂学校中，除了进行教学还采用研究的方法来进行教育，倡导自由研究和自由讨论。

按照哈斯金斯的说法，到了中世纪，“如果如某些改革家所言，教师的社会地位和自我尊重包括他们对大学事务的管理，中世纪俨然是教师管理大学的伟大时代”[2]。“中世纪的大学是最初的‘学者的社团’。这种学者社团具有国际性：大学的教师和学生来自许多国家；它教授没有国界的科学；因此眼界开阔，主张‘普遍教学的自由’。”[3]中世纪的大学开始仿效行会组织争取“自治”的权利，从教皇和国王手里争取到办学自主权等多项权利，逐渐形成自成体系的较为独立的组织机构。因为没有社会控制体制，大学既自我尊重又自我管理。因此“没有一位中世纪的教师被谴责为宣扬自由贸易或自由财产或社会主义或不抵抗主义”[4]。“当中世纪的教师磨炼人类才智并延续知识传统的时候，他其实常常

[1] 王慧敏、张斌贤、方娟娟.对“达特茅斯学院案”的重新考察与评价[J].教育研究，2014（10）.

[2] [美]查尔斯·霍默·哈斯金斯.大学的兴起[M].上海：上海人民出版社，2007，42.

[3] [法]雅克·勒戈夫.中世纪的知识分子[M].北京：商务印书馆，1996，65.

[4] [法]雅克·勒戈夫.中世纪的知识分子[M].北京：商务印书馆，1996，44.

是在他的时代里以他自己的方式处理着人类永恒福祉问题。”[1]

随着文艺复兴和启蒙运动的影响，各种自由主义思潮为学术自由概念的产生提供了必要的理论支持。随着欧洲经济社会的发展和各种自由主义理论的成熟，学术自由最终在19世纪的德国得以实现。启蒙运动在德国的教育成果之一就是哈勒大学的创办，它奉行思想自由和教育自由的原则。而1737年创办的哥廷根大学则充分给予教授自由，鼓励教授进行原创性研究。在这两所大学的影响下，德国很多大学都进行了改革，研究自由和教学自由已成为公认的原则，被政府认可为大学的基本法权。在施莱尔马赫（F.D.E.Schleiermacher）、费希特（J.G.Fichte）、洪堡（A.Humboldt）的共同努力下柏林大学诞生了。尊重自由的学术研究成为柏林大学的精神主旨。费希特作为柏林大学第一任校长对柏林大学学术自由的内涵做了具体阐述：“教师在专业上享有自由探讨、发现、出版、教授在各自专业领域内所发现的真理，并且这种自由不受任何限制，也不听从任何权威的指挥，任何政治的、党派的和社会的舆论不得加以干涉。……这就叫教的自由。……学生在教授的正确方法指导下，在专业学习上拥有探讨、怀疑、不赞同和向权威指出批评的自由，有选择教师和学习什么的权利，在教育管理上参与评议的权利……这就叫学的自由。”[2]

美国在向德国学习的过程中，逐渐将德国大学的办学理念等“移植”过来。1876年创办的约翰斯·霍普金斯大学就是借鉴德国现代大学理念的产物，学术自由思想体现于该校的研究生教育中，包括教学自由和学习自由。哈佛大学的课程选修制则将学生的学习自由体现得更为淋漓尽致。但由于学术原因，一些大学教师被迫辞职、免职或被起诉，大学学术自由遭到外界的不断侵犯。为维护大学教师自身的权利和学术自由精神，美国大学教授协会在1915年成立，在争取学术自由的道路上实现了联合。美国大学教授协会在所发表的原则声明中提出了学术自由原则。学术自由包括：允许学者有追求学术研究而不管研究将导向何处的自由；与研究生一起探索深奥的和有争议的思想观点的自由；在校外本专业的范围内发表意见的自由；就一般的社会和政治问题以体面的适于教授身份的方式发表意见的自由。[3]同时，为保障大学教授的经济安全和职业稳定，将终身聘任制作

[1] [法]雅克·勒戈夫.中世纪的知识分子[M].北京：商务印书馆，1996，48.
[2] 陈列、俞天红.西方学术自由评析[J].高等教育研究，1994（2）.
[3] 程红、陈芳.美国大学教师的学术自由权利组织保障[J].教书育人（校长参考），2009（3）.

为对学术自由的一项重要制度屏障。1940年，美国大学教授协会发表了学术自由与终身聘任制的原则声明，第一次对授予教师终身教职做出了明确的说明，规定所有教师包括试用期内的教师，经过最长不超过7年的试用期合格之后，必须授予终身教职，除非“财政危机”“教师不称职”以及“道德败坏”等原因，不得无故解聘教师。1958年，美国大学教授协会与美国学院联合会联合发表了关于解聘教师正当程序的声明。学术自由逐步实现了制度化，从理念到制度的历史性转变。[1]

大学的人才培养观

中世纪大学在其产生的根源上就是教师和学生的行会，随着经济的发展，社会需要大量受过训练的管理者、律师、文书、医生和牧师，他们需要获得高深的训练。中世纪大学的“七艺”虽然源起于理性时代的希腊和罗马，但经过奥古斯丁等教父的改造，蒙上了浓厚的宗教神学色彩。中世纪的大学也注重人的素质提升，力图使人具备基本的能力、品性和素养，使人的心灵得到净化、解放和自由。教师和学生的行会形成一定的制度，培养社会需要的人才。

文艺复兴运动提倡人文主义文化，解除了封建主义和经院哲学对人的禁锢。人文主义者主张拓宽学校课程内容和学科范围，强调人性的自由发展在教育中的核心地位。

19世纪的洪堡在其《论柏林高等学术机构的内部和外部组织》中说道：“高等学术机构的作用，由内而观之，在于沟通客观的学术和个人的修养。”[2]他主张给予教师“教的自由”，给予学生“学的自由”，从根本上确保大学促进教师和学生的全面而自由的发展。

20世纪的赫钦斯（R.M.hutchins）主张援引博雅教育和通才教育的理念对大学课程进行改革，推行“名著课程”计划，强化通识教育。[3]赫钦斯的通识教育捍卫大学的自由求知的独立精神、营造育人的自由探究环境，旨在培养具有人文精神与情怀、自由与开放的胸怀的追求真、善、美的“完人”。

可见，大学活动从一开始就为培养人才而产生。大学的高等教育活动本质上是培养人的实践，其目的当然是培养全面而有个性的发展的人才。大学生首先应该成为身心健康、人格健全、富有社会责任的“人”，同时，还应该成为有独特

[1] 夏建芬.美国大学教师终身聘任制及其启示[J].大学教育科学，2004（1）.
[2] 陈洪捷．德国古典大学观及其对中国的影响[M]．北京：北京大学出版社，2006，198.
[3] 冯建民.人文与科学教育关系影响下的高等教育发展[J].高校教育管理，2011（1）.

知识结构、个性化世界图景、专门化技能与能力的“人才”。为了实现这样的培养目标，大学应该为大学生提供自由发展的平台、感知世界的交往实践机会，让他们在探究高深学问的过程中实现个性化发展。因此，大学的高等教育本质是实现健全“人”的个性化发展。

大学职能的演变

大学职能是大学在社会发展中的作用，表现出大学活动的意义。从大学起源到知识经济的社会，大学活动在社会发展中随着社会的步伐，不断增加活动的内容，增值活动的意义，使大学的职能从最初单一的人才培养职能发展为兼具科学研究、服务社会和文化传承与创新的职能。“谁都在谈大学，但是大学作为学者进行教学、科研和从事社会服务的场所，我们只有在不同时代、不同地点的具体环境里才能弄懂大学的这些任务究竟是什么。”[1]

培养人才

人才培养是大学自产生之日始就具备的最基本的职能之一。从中世纪大学的发端和办学模式可以清楚地看到，巴黎大学和博洛尼亚大学创造了现代大学的传统。[2]“许多医学教师和罗马法教师在中世纪跟现代一样拥有卓越的社会地位。许多神学家和教会法教师在教会里占据要职，如主教和红衣主教的职位。在神学家和哲学家中级别最高的通常是大学教师。”[3]巴黎大学是在云集了欧洲各地的学者和学生，附属于巴黎圣母院的学校的基础上发展而来的，它以神学著名，设有文学、法律、医学和神学四个系，神学系居各系之首，文学系的课程主要是“七艺”，属于预科阶段的课程，为将来学习法律、医学特别是神学做准备。[4]11世纪意大利南部城市的工商业活动和发展需要高级的专业法律人才，罗马法变得日益重要，并得到重视。博洛尼亚大学在内部组织就只有法律系和医学文学系，在课程设置和教学内容方面强调实用性。这时的大学主要是培养专业人才的职业学校，只是在有限的意义上可以说它是学习本身的概念而存在的。大学

❶ 胡建华、陈列、周川、龚放.高等教育学新论[M].南京：江苏教育出版，2006，24.
❷ [美]查尔斯·霍默·哈斯金斯.大学的兴起[M].上海：上海人民出版社，2007，3.
❸ [美]查尔斯·霍默·哈斯金斯.大学的兴起[M].上海：上海人民出版社，2007，42.
❹ 王一军.知识演进中的大学课程秩序[J].高教发展与评估，2013（5）.

在满足专业、教会和政府对各种人才需要的过程中不断发展。[1]培养人才至此就作为最基本的职能融入大学的血液之中。

怎样培养人才呢？洪堡认为，大学是一个“学者的社团”，这个社团内的教师和学生都是学者，是“独立的研究者”（教授）和“受到指导的研究者”（学生）。他认为，大学的目标不仅仅是传播与输出知识，更是帮助大学生探索知识和完善人格修养。纽曼也认为，“大学从单纯的概念来说，在我们把它当作教会的工具之前，它应有这样的目标和这样的使命。它所考虑的既不是道德熏陶，也不是机械灌输。它所承认的理智运用既不是技艺方面的，也不是职责方面的。它的功能是理智培育”[2]。赫钦斯明确指出，“教育的功能是帮助学生理解他的经验并加以思索与反省，从而获得更高的智慧”[3]。

科学研究

自中世纪之后，大学一直沿袭原有的模式。18世纪末，在启蒙主义思想的背景下，大学被视为僵化保守的机构，不能满足国家对具有专业和实用知识的人才的需求。19世纪初，在启蒙思想和法国大革命的影响下，德国统治者对行政制度、社会和军事进行了卓有成效的改革，洪堡的教育改革正是诸多社会改革中的一环。洪堡的办学理念和柏林大学的成功创建对后世的大学产生了深远的影响。洪堡主张大学的教学必须与科研结合起来，反对传统大学将传授知识作为主要职能的做法，认为大学的主要任务是追求真理，科学研究是第一位的。他指出：“就总体而言，国家决不能要求大学直接地和完全地为国家服务；而应当坚信，只要大学达到了自己的最终目标，它也就实现了，而且是在更高的层次上实现了国家的目标。”[4]

为了实现其办学目标，洪堡提出了通过哲学统合具体和个别学科的原则，确立了哲学院的中心地位，改变了文学院（哲学院）作为医学院、法学院和神学院预备阶段的状况。这意味着新人文主义教育和一些近代科学的内容在新大学中开始居于支配地位。大学的发展离不开科学研究。洪堡和费希特认为，大学是高等学术机构，“这所大学的产生将以建立在近代科学和数学基础上的近代哲学取

[1] [美]伯顿·R.克拉克．探究的场所——现代大学的科研和研究生教育．浙江教育出版社，2001，1．

[2] [英]纽曼.大学的理想（节译本）[M].杭州：浙江教育出版社，2001，45.

[3] R.M.Hutchins.*The Learning Society*[M].New York:The New American Library,1968,113.

[4] [德]威廉·冯·洪堡.论柏林高等学术机构的内部和外部组织[J].高等教育论坛，1987（1）.

代统治了欧洲大学许多世纪的亚里士多德的那种权威学说，这所大学以‘不听信不足够的理由’为其学术自由的思想，这所大学的教学和科研以追求真理为主旨，——这所大学是以国家和民族的长远利益，以人类进步和人的完善发展，以自由探索真理为办学的主旨”❶。后来，德国的这种大学模式在美国得以模仿，但市场在美国有很大的作用，因此美国的大学体制和德国的大学体制有很大不同。

学术成果的应用转化

美国的赠地学院运动和威斯康星大学模式的产生是大学具备利用学术成果的应用转化直接为社会服务这一新职能的标志。当代大学无疑已步入社会的中心，服务社会作为大学的基本职能早已是共识。1862年美国《莫里尔法案》的颁布标志着大学面对社会发展的一次大的转型。康乃尔大学和威斯康星大学更是把这种转型体现到了实处。1868年创办的康奈尔大学，是美国著名教育家怀特（A.D.White）利用联邦政府提供的赠地和实业家康奈尔（E.Cornell）提供的50万美金创办的一所大学。基于对造就全面发展的人的教育目的的坚守，在推行教育民主化的同时，康奈尔大学主动承担起职业培训的任务。在范海斯（C.R.Van Hise）担任校长期间，威斯康星大学确立了“大学为州服务”的思想。范海斯认为，威斯康星大学的首要任务是为州的发展服务，必须从事各种类型的学术研究工作，“必须向各州公民及其子女提供学习语言、文学、历史、政治经济学、纯科学、农业学、工程学、建筑学、雕塑、绘画或音乐的机会。大学必须凭借其在人文学科、自然学科、社会学科及实用艺术方面所推行的富有成效的教学及培训活动，把一大批具有献身精神及创业热情，且致力于社会发展与进步事业的优秀公民输送到社会中去”❷。

如果说《莫里尔法案》的颁布与实施代表着大学与州之间关系日趋紧密的话，二战期间联邦政府与大学的科技合作为国家带来的巨大利益，以及二战之后美国社会的高等适龄人口的激增和战后退伍军人安置等社会问题，也使得政府加大了对高等教育的投资，从而强化了大学直接服务国家的职能。

❶ 张宝昆.人的因素对大学发展的影响[J].外国教育动态，1988（1）.
❷ 王保星.威斯康星观念的诞生及对美国高等教育的影响[J].河北师范大学学报（教育科学版），2000（1）.

三、大学的创新职能

大学应该“培养什么样的人才”和“怎样培养人才”，是确定大学的教育目的和教育方式时必须回答的问题。大学应该超越成“人”与成“才”的对立，实现以健全“人”的个性化发展为目标的大学的高等教育职能。大学自创办以来就履行高等教育的任务——为社会培养高级人才。无论时代如何变迁，大学总是一个发展“人”、探索“高深学问”和培养创新人才的场所。创新既是知识的本质特征，也是知识社会的一个重要标志。

引领文化创新

在国家创新体系中，在实际的创新过程中，毫无疑问具有创新能力的人是最基本、最关键的要素。❶创新型人才的特点首先是具有强烈的创新意识。科学研究始于对问题的发现，发现问题则以具有问题意识为前提。就创造新东西（精神产品、物质产品）这一点而言，创新与科学研究并没有什么本质区别。因此创新过程同样始于问题的发现（引起创新过程的问题与科学研究的问题当然有所不同），发现问题则有赖于强烈的创新意识。其次是具有高度的创新能力。这种创新能力建立在扎实、宽广的科学技术知识基础之上，包括以创新思维为核心的良好的个性心理品质。❷大学的独特品质是，既能够通过“高深学问”培养纯学术创新人才、学术成果转化型创新人才、企业创新型人才和创新型创业人才，也能够完成思想创新、科技创新和文化创新。

大学经过长期的历史积淀，形成了科学、民主、创新的大学精神与大学理念，形成了开放、平等、自由的学术氛围，成为有历史传统与文化底蕴的独特社会组织，它不断为社会创造新思想，引领人类社会的发展。从大学的演变看，自从出现了大学，大学就通过思想引领社会、促进社会进步。我们知道，不论是欧洲的文艺复兴还是中国的新文化运动，文化革命运动都始于大学。大学最根本的特征在于它是思想创新、高深学问探究、先进文化传播、以文育人、以文化人的机构。

大学是科技创新体系中最重要的组成部分，也是知识转化为生产力的“孵

❶ 胡建华、陈列、周川、龚放.高等教育学新论[M].南京：江苏教育出版，2006，252.
❷ 胡建华、陈列、周川、龚放.高等教育学新论[M].南京：江苏教育出版，2006，252.

化器”和“辐射源”。重大科学理论的提出和科学技术上的重大突破，大都产生于大学。迄今为止影响人类生活方式的重大科技成果有70%源于大学。[1]大学师生通过凝练学科、生产知识和科技创新，提高了人类解决社会发展重大问题的能力。大学的人才优势、学术优势和信息优势以及由此带来的层出不穷的成果，为社会发展提供了强有力的支持。大学拥有大批各级各类高级专业人员，他们不仅在本学科开展前沿和深入的研究，还能够贯彻落实“自主创新、重点跨越、支撑发展、引领未来”的新时期科技工作方针，瞄准科学技术发展前沿，为国家和社会贡献科学技术的创新成果。

文化创新是大学自身发展的需要。文化创新是大学发展的引擎和动力源泉，因为大学是社会文化和思想精英们的聚集之所，是社会文明和精神的源泉和宝库。大学在聚集文化精英的同时，也聚集了人类历史中的思想精华。大学不仅有弘扬、传播思想精华和先进文化的责任，更担负着创造新思想、新文化并以之辐射社会、推动社会进步的使命。[2]大学的产生与发展本身就是与社会的进步和发展联系在一起的。大学是开展科学研究、培养高级专门人才的主要基地，大学通过文化创新，营造适宜科技创新和创新人才成长的文化氛围，创造更多的科技成果，造就出千百万创新型人才。大学具有文化传承和文化创新的职能，其中尤为重要的是文化创新和引领职能。

培养创新人才

大学的文化创新引领职能最主要体现在纯学术创新人才、学术成果转化型创新人才、企业创新型人才和创新型创业人才培养上。在思想创新、科技创新的基础上，坚持以文化人，培养创新人才，是大学教育的必然要求。创新人才的基础是人的全面发展，创新人才是全面发展的人，是在全面发展的基础上具有创新意识、创新精神、创新思维和创新能力的人。

大学培养的创新人才是新知识的创造者、新技术的发明者，是科技新突破、社会发展新途径的引领者和开拓者。大学以科学技术、知识的创新为基础，将创新性科学文化和技术知识直接应用于人才培养，使学生享受大学得天独厚、学术

[1] 王旭东、李玉珠.大学社会服务职能分析[J].国家教育行政学院学报，2014（11）.
[2] 赵良梅.高职教育基于文化发展的新思路[J].高等职业教育（天津职业大学学报），2012（12）.

自由的创新环境。得益于大学创新的人才培养模式，个体独立性得以发展，学生激发了创新意愿，养成创新精神，形成创新思维和创新能力。[1]

大学的学术自由是创新人才成长的必备的环境条件。大学作为多文化、多学科、多专业的组织群落，大师云集，学术活动频繁，自由探究与学习的氛围给大学生实现自我超越提供了可能性。大学的创新人才培养模式为培养学生成长为创新人才提供途径。大学教学和科学研究的结合为培养学生终身受用的素质和建立不断更新自身知识的机制创造条件。科学知识创新的过程通过大学科研和教学的结合，使学生感受创新的过程和结果，受到科研文化的熏陶，掌握科研的方法，提高科研能力和探索精神，培养创新的意识和理念；而教学过程则给予学生创新的知识，陶冶学生的情感和人格，培养合作精神和技巧。在合作教育实践中，培养学生的自学能力、自我解决问题的能力、科研能力、管理能力、创新能力等；在科技实践活动中，通过科研实践，挖掘学生的创造力，培养学生的创造思维和创新精神。

大学培养的个体独立性是创新人才的基本素质。从人类社会分工来看，多样化人才构成了形形色色的社会成员。如果一个社会的所有社会成员都从事同一种社会实践，都具有同样的知识结构、同样的技能，这个社会将无法维持，人类文化也难以赓续。因此，让每一位社会成员各得其所地个性化发展，并实现自我超越，显然是社会发展与超越的需要。大学具备培养人的职能，应该满足社会、政治和市场对人的需求，让每一个大学生都个性化地发展，完成各自独特的自我超越，社会需要的各种类型、各种规格的人才就能既不会短缺也不会过剩，实现社会人才的供需平衡。“大学作为大学教师导演的大型‘话剧’，没有‘主角’与‘配角’之分，每一位大学生都有精彩的表演；这一师生共在的‘话剧’没有约束的‘舞台’，每一位大学生都融入感性的、现实的自然与社会场域或‘舞台’，与自然与社会‘对话’、跟他人交流协商，充满自信地演绎超越自我的独特的角色；这一‘话剧’没有‘剧终’，每一位大学生都带着自己独特的角色品质，走向更大的人生‘舞台’，各自去上演‘大戏’”[2]。

[1] 王旭东、李玉珠.大学社会服务职能分析[J].国家教育行政学院学报，2014（11）.
[2] 毋小勇.大学的哲学——人学视野中的大学[M].南京：江苏凤凰教育出版社，2017，85.

四、大学文化创新的可能性

"'文化'概念的含义和本质，简言之就是'人化'和'化人'，即人类改造客观世界，将自然状态'人化'，同时又用其经验和成果来'化（哺育、教化）人'，提升人自己。"[1]基于文化传承和创新的使命，大学组织通过"人化"和"化人"的过程，担负起知识探究与传承的责任，从而从根本上成为文化组织。大学就其本质而言是一种由"知识分子"构成的文化机构。大学的出现，源于继承文化、传播文化和创造文化。文化作为大学区别于其他社会组织的身份特征，是大学的灵魂。

作为文化组织的大学

文化的发展在大学的诞生中扮演着不可忽视的角色。哈斯金斯指出，只要知识一直局限于中世纪早期的"自由七艺"，就不会出现大学，因为除了当作学校课程之用的文法、修辞、逻辑这几个基本的文化元素和更为基本的算术、天文、几何、音乐概念之外，再没有其他知识可以传授了。[2]

大学的诞生应对的是当时文化的呼应。大学是基督教神学文化和希腊文化交融互动发展到一定阶段的产物。纵观中世纪大学的整个诞生过程，文化的成熟以及基于传承文化的内在需要，贯穿于其孕育诞生的整个历程。正如英国教育家阿什比所言，"大学是继承西方文化的机构。它保存、传播和丰富了人类的文化。它像动物和植物一样地向前进化"[3]。所以，任何类型的大学都是遗传与环境的产物。

14世纪，发端于意大利的文艺复兴运动冲击了旧的大学文化，给欧洲大学注入了新的活力。基于对西方古希腊、罗马文化的重新审视，人们根据被复活的古代文化，对自己"上帝的罪人"的角色有了新的意识。人，不仅是"上帝的代表者"，还是"几乎同天的创造者一样的天才"[4]。受文艺复兴的影响，大学教育的目标也从中世纪的培养信奉上帝的宗教人转为培养和谐发展的新人。这种新

[1] 李德顺.关于文化、先进文化及其前进方向[J].思想政治工作研究，2004（4）.
[2] 宋文红.欧洲中世纪：历史描述与分析[D].华中科技大学博士论文，2005.
[3] [英]阿什比.科技发展时代的高等教育[M].北京：人民教育出版社，1983，7.
[4] [美]塔纳斯.西方思想史[M].上海：上海社会科学出版社，2007，242.

人能够依靠自己的力量达到人性的完美和道德的完善。人文学科在大学获得了与神学学科相同的地位，科学知识在大学中也取得了一定的地位，可见，文化的变迁推动了大学的转型和发展。德国因其理性主义文化传统，强调大学和世俗社会的距离。大学追求纯粹的学术研究，远离世俗社会，漠视实用技术。美国在引进“科学研究”的观念时，结合自身的实用主义以及多元的文化传统，在强调大学学术研究的同时，又始终重视让大学同社会与公众的需求保持紧密的联系。不仅把教学和科研结合起来，而且把纯学术研究和应用研究结合起来，使大学的培养人才、探究“高深学问”和应用转化学术成果的职能融为一体，克服了德国大学人为设置学术研究和应用研究之间界限的弊端，拓展了科学研究的职能，呼应了本国文化，适应了社会发展。[1]美国高度民主、多元并存的、以宽容为特征的社会文化，孕育了美国大学文化的开放性和多元化。美国大学的多元文化既是美国宽容文化的体现，又不断向外界辐射自己的能量，推进了美国社会的宽容文化，大学文化和社会文化交相辉映，两者互为因果。

大学文化传承的功能

文化传承是人类社会存在和发展的必要条件。人类总是在前人经验的基础上继续创造新文化，而大学则将人类几千年积淀的文化精华通过书本和讲坛传授给学生并培养可以继续传承的下一代人。文化始终是大学不变的追求。大学尊崇的是自由、科学和民主，从事的是知识的传递和科学的研究，其发展的逻辑起点是高深知识的教与学，所有这些都是与文化紧密相连的。经过历史的积淀，大学已成为人们心目中文化的象征。[2]大学并不是为了传递文化而传递文化，其传递文化的根本目的首先在于使大学师生能把个体和群体在长期的历史发展中所逐步积累起来的劳动生产知识、生活的经验和技能，有意识和有目的地随时随地地传递，使大学师生能够在前人历史积累的基础上前进；大学对文化的传承使得大学师生能够成为了解自身的历史，了解人类的过去，具有文化身份认同的真正的人。归根结底，大学的本质规定性就在于通过文化传承和文化启蒙，对人的能

[1] 谢冉.文化视野中的高等教育强国建设[C].文化传承创新与建设高等教育强国——2012年高等教育国际论坛论文集，2012（8）.

[2] 张乐农.大学文化建设困局探究[J].文化学刊，2012（5）.

力、素质、精神境界进行全方位的提升。[1]把个体从自在自发的生存状态提升到自由自觉的生存状态。[2]我们在传承历史文化的过程中成为“人”。文化被运用于形容某一位受过教育的人的实际成就。纵观文化的演变进程，不可否认的是，文化往往在一定程度上就是教育的同义词。

斯普朗格（E.Spranger）认为:“教育绝非单纯的文化传递。教育之所以为教育，正因它是一个人格心灵的‘唤醒’，这是教育的核心所在。”[3]也就是说，教育的根本宗旨就是借助于文化使人成其为“人”。雅斯贝尔斯认为，人不只是经由生物遗传，更主要的是通过历史的传承而成其为人，传承过程中离不开教育，教育是人之为人的“第二天性”。[4]在他看来，教育的作用首先是使受教育者意识到自身的潜能，“所谓教育，不过是人对人的主体间灵肉交流活动（尤其是老一代对年轻一代），包括知识内容的传授、生命内涵的领悟、意志行为的规范，并通过文化传递功能，将文化遗产教给年轻一代，使他们自由地生成，并启迪其自由天性”[5]。“把大学‘启蒙’的基本功能归还给大学具有重要的历史意义。大学的任务在于向人类传授时代文化的全部内容，向人类清楚真实地展示当今个人生活必须得到阐明的巨大世界。我应该把文化系确立为大学乃至高等教育的核心。我已勾勒出文化系学科的基本框架，其中任何一个学科都会有两个名称，我们会记住这些名称的，如‘世界的自然体系（物理学）’。这种双重称谓的目的是使人想到一门和生活休戚相关的文化学科与文化赖以产生的一门相关学科之间的区别”[6]。文化的传承具有一定的选择性，大学通过研究使得文化的优劣得以辨识，并选择组织优秀文化进行传承。中世纪的“七艺”虽然有着浓厚的宗教神学色彩，但却具有丰富的知识内涵，对人类知识进行了系统和综合的概括，注重人的素质训练和人文精神，力图通过这种训练使人的心灵得到净化、解放和自由，具备能力、品性和素养。

[1] 蒙云龙.大学的引领文化功能[J].三峡大学学报（人文社会科学版），2013（9）.
[2] 衣俊卿.回归大学的文化本质凸显人学的文化功能[J].中国高等教育，2007（2）.
[3] 单中惠.西方教育思想史[M].太原：山西人民出版社，1996，652.
[4] 邓飞.乌托邦时代的教育承诺及其理论想象力[J].湖南师范大学教育科学学报，2012（5）.
[5] [德]雅斯贝尔斯.什么是教育[M].北京：生活·读书·新知三联书店，1991，3.
[6] [西班牙]奥尔特加·加塞特.大学的使命[M].杭州：浙江教育出版社，2001，89.

大学文化创新的可能性

文化创新的根本目的是推动社会实践的发展，促进人的全面发展，也是社会实践发展的必然要求，是文化自身发展的内在动力。文化的创新来自丰富多彩的生活世界和最平常的人类活动，文化获得的过程也就是教化和教育培养的过程，其中主要就是通过教育提高人的教养程度，完善人的内心世界。“现代社会，高等教育机构明确履行着三种职能。首先，它们是文化再生产的机构，这一点至少包含三层意义：如同利维斯（F.R.Leavis）倡导的那样，大学传承了文化传统；正如埃利奥特（C.W.Eliot）相信的那样，大学是高雅文化发展的前提，因此大学与社会结构分层的再生产也有联系；大学还提供了一种可以通过探究和创新来挑战、修正和更新观念文化的环境。”❶

大学具有创新文化的基因

“大学”这一社会文化机构的最初样态，孔子的私学和柏拉图的学园几乎同时起源于2500年前的中国和古希腊。作为文化的引领者，大学从创立之初就倡导科学、民主、创新的办学理念和开放、平等、自由的学术氛围，有着数百年的文化积淀。它包含着众多学科领域，集人才培养、学术研究、科学发现于一体，是文化创新的孵化器。大学不仅传承优秀文化而且它能激励新思想、新学术的产生。自中世纪以来，许多伟大的学者和改革家如但丁（Dante Alighieri）、马丁·路德、伊拉斯谟（D.Erasmus）、加尔文（J.Calvin）等都是在大学成长起来的，他们给予文化知识的贡献也是在大学中完成的，为后来的文艺复兴和文化繁荣奠定了坚实的基础。“总的来说，中世纪大学培养的毕业生既能胜任专门化的职业工作，又是社会有用的成员：他们构成了中世纪社会劳动力的精英。他们是舆论的制造者，是引导社会力量的必不可少的支柱。中世纪大学毕业生提供了受过训练的头脑，他们将影响政治观点和形成教会的政策，大学培养的有才干的人才所具有的创新才能有了施展的机会。”❷大学在其历史根源处就已经具备了文化创新基因。大学是知识的殿堂，之后在知识经济时代大学生产知识，发展科学，既是对高深学问的传承更是对其的创新。

❶ [英]安东尼·史密斯、弗兰克·韦伯斯.后现代大学来临？[M].北京：北京大学出版社2010，90.

❷ [英]阿利斯科·E.麦克格拉思.科学与宗教引论[M].上海：上海人民出版社，2000，1.

大学具有创新文化的制度

“制度是大学传统最直接的表现。首先是大学之名，即教师和学生组成的社团，他们过着共同的知识生活。这类团体是中世纪的典型特色，在个人主义盛行的现代世界找不出任何东西来取代它。其次是学习课程概念，明确自定学习的时间和科目，借助考试测验成绩，然后方可获得学位。然后是系科。大学组织的这些要素清楚明了，而且持续不断地延续下来。”❶因为具有学术自由的宽容环境和学术氛围、科学民主的大学制度，大学文化的创新得以保障。因为大学汇聚了各个学科领域的专家、学者，他们和年轻的学生们一起在宽松的学术环境中进行科学研究，“研究和研究生教育创造了一种新型共同体，在那里取而代之的是另外一种更广大的共同目标感——即探究和发现——影响到每件事情，使本科教育经验更加丰富、更加独特。在探究共同体中，不再有教师和学生之分，在那里每个人都是学者，本科生被一种个人探索的氛围所笼罩，成为终身学习态度的基础”❷。直接创造、形成新文化的各种元素和种子在大学共同体的科学研究中一颗颗迸发，再由共同体种植在大学的自由环境中，发芽、生长、成熟，创新了新的文化。大学是国际文化和学术交流的中心，不同文化之间的交流和融合是创造新文化的重要机制，大学是多元文化共生共存之地，是传统文化与外来文化交流与冲突的中心。

大学具有创新文化的资源

当大学走出象牙塔，成为知识经济社会的“灯塔”“现代社会的轴心机构”“新经济发展的动力源”“社会服务站”和“精神加工厂”的时候，社会对大学寄予各种期望，但更多地是希望大学引领社会文化的发展。国家、政府和社会对大学的资助呈现出多元化的特点，给予大学多方的资源支持，不依赖单一权力部门，这使得大学拥有了活力，形成了独立和实用性的品格，大学可以整合利用的资源越来越丰富，并形成系统健全的创新文化的组织优势，成为社会创新文化的引领者。大学以其具有的独特地位和与生俱来的优越条件，发挥着创造、培养新文化的职能。具有这样品性的教师和学生在大学源源不断地出现，他们经过大学文化的熏陶，大学知识研究的历练，成为思想活跃、富有极强创新精神的共同体，对大学文化创新职能的实现起着非常重要的推动作用。大学所具备的这些独特优势都使其能不断地创造、培养新文化。

❶ [美]查尔斯·霍默·哈斯金斯.大学的兴起[M].上海：上海人民出版社，2007，32.
❷ [美]弗兰克·H.T.罗德斯.创造未来：美国大学的作用[M].北京：清华大学出版社，2007，27.

第八章
大学文化：创新人才培养的土壤

大学之为大学，不仅体现在其本身的物质的、客体的存在，还体现在其非物质的、主体的存在——特殊的文化共同体。大学非物质的、主体的存在的标志是大学师生具有了特定的文化符号，“自组织”地形成了特殊的文化共同体，具有文化传承和文化启蒙功能，扮演着引领文化走向的社会角色。大学文化能够把这一特殊的具有多重属性的文化共同体中的个体，从自在自发的生存状态提升到自由自觉的生存状态，进而以个体自觉的文化创新去推动社会文化进步。[1]大学文化共同体的形成是基于大学师生内在的文化认同与价值认同，通过大学师生的交往实践活动实现文化的传承与创新。大学文化是创新人才培养的土壤，大学文化的精髓是学术自由，文化共同体是大学纯学术创新人才、学术成果转化型创新人才、企业创新型人才和创新型创业人才培养的平台，大学的开放是学生自由发展的条件，大学的扬弃是实现人的创造潜能迸发的基础。

一、大学文化的精髓

大学文化的内涵

文化从来都是一个内涵丰富、解释多样的概念。古往今来，学者们从各自不同的研究领域、学术立场和观察角度出发对文化开展讨论。学者们对文化的界定可以说是众说纷纭、莫衷一是，一直无法形成一个统一的界定。

我国历史上就有不少关于文化的阐述。早期的“文”与“化”是单独使用

[1] 衣俊卿.回归大学的文化本质凸显人学的文化功能[J].中国高等教育，2007（2）.

的，前者原指各色交错的纹理，后者意为改易、生成、造化。之后，《周易》的《贲卦·彖传》中出现了“观乎天文以察时变，观乎人文以化成天下”。此时的“文”与“化”虽然尚未合体，但在用法和意义上慢慢向“文化”接近。之后，西汉的刘向在其《说苑·指武》中写道：“凡武之兴，为不服也，文化不改，然后加诛。”这被认为是我国历史上首次出现“文化”一词。晋代典籍《补亡诗》里也出现过“文化内辑，武功外悠”。由此可见，“文化”的本义为“以文教化”，文化即是人化。在文化视野中，“人”不是自然属性的“本我”，而是社会化属性的“自我”。我国现代意义上使用的“文化”概念是从日语转译而来。因国人后来对文化的使用越来越宽泛，并且界定一直处于不统一的争论状态，因此，“文化”虽是一个常用词，但内涵依然不够清晰，往往是使用者各取所需。这一点从《辞海》的定义上可见一斑。《辞海》中将文化分为广义的和狭义的文化来进行界定。广义的文化指人类在社会历史实践中所创造的所有物质财富和精神财富的总和。狭义的文化指社会的意识形态以及与之相适应的制度和组织机构。[1]作为意识形态的文化，既是一定社会政治制度、经济状况和人类生活等社会形态的反映，又反作用于一定社会的政治制度、经济状态和人类生活等社会形态。也就是说，每一种社会形态都有与其相适应的社会文化，每一种社会文化都随着社会物质生产的发展而发展。[2]文化还有一种注解，即人所特有的文字能力与社会观念。这样界定更适用于人们的日常生活，表明人所拥有的必需的社会教化，并以此来开展社会生活。我国学者梁漱溟在《中国文化要义》中将文化界定为是人类“生活所依靠之一切”[3]，它涵盖了政治、经济、生活等一切人类实践活动。蔡元培也说过：“文化是人生发展的状况。”[4]这一定义将文化与人的紧密社会关系进一步凸显出来。总之，我们可以从广义、狭义两个角度来理解和运用“文化”概念。广义的文化包括物质、精神、制度、生活等多种因素，是人的社会生活实践及其产物的同义语；狭义的文化主要指人类社会活动的精神的、意识形态的产品。

在西方，“文化”一词源于拉丁文，主要是耕种、居住、练习之意。之后这一词又延伸出文雅、修养、高尚等含义。国外学者对文化含义的讨论也从未停

[1] 辞海编辑委员会.辞海（缩印本）[M].上海：上海辞书出版社，1979，1533.
[2] 耿海天.从俄语教学看外来文化影响问题[J].牡丹江大学学报，2013（7）.
[3] 梁漱溟.中国文化要义[M].上海：上海人民出版社，2005，6.
[4] 高叔平.蔡元培教育论著选[M].北京：人民教育出版社，1991，278.

止过，对文化的不同界定多达一百六十多种。西方对文化的解释和阐述往往基于不同的学科视角，分别从人类文化学、文化哲学、生物学、地理学、心理学等相关学科展开讨论。例如，文化学的创始人泰勒（E.B.Tylor）在1871年出版的《原始文化》一书中写道："文化，或文明，就其广泛的民族学意义来说，是包括全部的知识、信仰、艺术、道德、法律、风俗以及作为社会成员的人所掌握和接受的任何其他的才能和习惯的复合体。"❶这一概念将文化的内涵具体化，但却没有明确指出文化的特性所在。1952年，美国学者克罗伯（A.L.Kroeber）和克拉克洪（C.Kluckhohn）有比较全面的概括："文化是指借助符号获得有关交流的各种明确的和模糊的行为模式，它构成了人类群体的各项成果，包括物化的成就；文化的基本核心是传统（即经过历史的演变和选择而保留下来的）观念，尤其是附属于观念的价值；文化系统一方面是行为产品，另一方面又是构成过期行为的必要条件。"❷德国哲学家卡西尔认为，"作为一个整体的人类文化，可以被称之为人不断自我解放的历程。语言、艺术、宗教、科学是这一历程中的不同阶段"❸。可见，人类文化包括语言、科学、艺术、神话和宗教等。他还指出，"科学是人的智力发展的最后一步，并且可以被看成是人类文化最高最独特的成就"❹。

对文化的词源考察，既有利于我们更好地理解文化的内涵，也更有助于我们对"大学文化"内涵的解读。大学文化是大学发展过程中经过漫长历史所积淀的精神财富，其中蕴含了大学的灵魂和精髓，成为一所大学生存、延续、发展、创新和超越的主要支柱和凝聚力，体现着大学的精神面貌和综合实力。大学的起源正是基于对文化的传承与发展。英国教育家阿什比说："大学是继承西方文化的机构。它保存、传播和丰富了人类的文化。它像动物和植物一样的向前进化。所以任何类型的大学都是遗传与环境的产物"❺。哈斯金斯也认为，大学的诞生是基督教神学文化和希腊文化交融互动而发展到一定阶段的产物。❻大学传递文化的根本目的在于，把个体和群体在长期的历史发展中所逐步积累起来的对自然和

❶ [英]爱德华·泰勒.原始文化[M].上海：上海文艺出版社，1992，1.
❷ 范国睿.教育生态学[M].北京：人民教育出版社，2000，34-35.
❸ [德]恩斯特·卡西尔.人论[M].上海：上海译文出版社，2004，313.
❹ [德]恩斯特·卡西尔.人论[M].上海：上海译文出版社，2004，286.
❺ [英]阿什比.科技发展时代的高等教育[M].北京：人民教育出版社，1983，7.
❻ [美]查尔斯·霍默·哈斯金斯.大学的兴起[M].北京：生活·读书·新知三联书店，2007，4.

社会的观念、对人自身的理解、关于社会实践和社会生活的经验和技能，有目的地、系统地传递给新生一代，使新生一代能够在前人历史积累的基础上生存与发展。由于文化本身内涵的不确定性和多样化，大学文化的内容也存在着诸多的理解和观点。

有学者将大学文化定义为：以大学为载体，通过历届师生的传承和创造，为大学所积累的物质成果和精神成果的总和。[1]他们强调了“大学”是大学文化形成的平台，“师生”在大学文化中具有主体作用，大学文化的形成是一个历史积淀的过程。14世纪，意大利的“文艺复兴”首先发端于大学并冲击了旧的大学文化，给欧洲大学注入了新的活力，也引发了社会文化的革命。“文艺复兴”是“回归”人本应该有的、早已蕴含于古希腊的文化之中的完美的人性、地位和权利。事实上，“每一次较高的文化都能创造出与之相应的较高的教育形式和较高的学校形式”[2]。还有学者认为，大学文化是大学在长期办学实践的基础上，经过历史的积淀、自身的努力和外部环境的影响，逐步形成的一种独特的社会文化形态。[3]他突出了大学文化形成过程中的实践特征。

其实，大学文化作为一种具体的文化形态，是大学文化共同体构建和认同的一种亚文化。大学文化也分成物质文化、制度文化、精神文化、行为文化等若干层次。除了物质形态的大学文化，大学文化主要反映其独特的价值观念、行为方式、话语习惯、制度体系、知识符号等意识形态因素。大学文化的这些意识形态因素具有内隐性、功能性、独立性和丰富性。严格讲，“大学文化”含有“文化”概念应有的内涵，但它又是对社会文化反复选择、加以吸收并融入了大学的个性特征。[4]

大学文化的人才培养功能

如前所述，文化是人类在改造自然、社会和人本身的历史过程中，创造的物质和精神产品的总和。文化是在以人化形式所开展的人的特殊行为活动过程中产生的。因此，文化即“人化”，它反映的是历史发展过程中人类的物质和精神

[1] 赵存生、方惠坚、郑惠坚.大学文化研究与建设[J].中国图书评论，2002（11）.
[2] [德]P.克拉森.12世纪的高等学校与社会[J].文化史档案，1966（48）.
[3] 王翼生.大学文化的科学内涵[J].高等教育研究，2005（10）.
[4] 眭依凡.论大学校长之文化治校[J].清华大学教育研究，2012（12）.

力量所达到的程度和方式。作为“人化”的文化，具有“化人”的作用。“化人”就是教化人、塑造人和熏陶人。人既是文化的创造者，也是文化的创造物。自苏格拉底将哲学从对自然的追问转向对人本身的追求，“人是什么”就成为困扰人类的亘古不变的难题。❶曾几何时，人是理性的动物。“在人类知识的任何其他时代中，人从未像我们现在那样对人自身越来越充满疑问。我们有一个科学的人类学、一个哲学的人类学和一个神学的人类学，它们彼此之间都毫不通气。因此我们不再具有任何清晰而连贯的关于人的观念。从事研究人的各种特殊科学的不断增长的复杂性，与其说是阐明我们关于人的概念，不如说是使这种概念更加混乱不堪。”❷“人已经成了前所未有的疑难问题，人不再知道他是什么……人对自己的道路缺乏信心，道路对他来说成了问题，因此他以无比的关心思考自己的意义和现实，他从何处来，他要到何处去……人的问题是决定我们命运的问题。”❸为了“拯救”人类迷失的命运，兰德曼将其发展成为文化哲学人类学，“人”就成了“文化的存在”。人是文化的存在包含两个意思：一方面，人是文化的创造者；另一方面，人是文化的产物。人的这两个方面不可分割地统一在一起，“文化是由人类自己自由的首创精神创造的，……，然而，在文化的创造中，人类也创造了其自身。”❹

我们知道，大学的出现，是为了继承文化、传播文化、创造文化，促进受教育者的文明化、社会化和个性化，从而塑造健全的人和完善的人，并通过这样的人创造新的文化。大学文化是以大学为载体，由大学师生所创造，是体现了大学精神与灵魂的文化。狭义的大学文化是指大学的精神文化，即观念形态的文化。而从广义上说，大学文化则包括物质文化、制度文化、行为文化和精神文化等不同方面。大学文化是大学理念和大学精神在实践层面的充分展现，是“大学精神”的现实表现形式和具体化。❺从哲学的发展源头看，人们的永恒需要正是对“人是什么”的永恒叩问和对“怎样成为人”的终极追求。大学回应的正是人之为人的永恒需求。“大学归根结底的本质规定性就在于通过文化传承和文化启蒙，把个体从自在自发的生存状态提升到自由自觉的生存状态，同时以自觉的文

❶ 谢冉.回到通识教育的原点[J].高等理科教育，2012（6）.
❷ [德]恩斯特·卡西尔.人论[M].上海：上海译文出版社，2004，31.
❸ [德]M.兰德曼.哲学人类学[M].贵阳：贵州人民出版社，2006，3.
❹ [德]M.兰德曼.哲学人类学[M].贵阳：贵州人民出版社，2006，8.
❺ 程光泉.哲学视野下的大学理念、大学精神、大学文化[J].北京师范大学学报（社会科学版），2010（1）.

化创新去推动社会的文化进步。"[1]哈佛大学校长洛韦尔（P.Lowell）说："大学的存在时间超越了任何形式的政府，任何传统、法律的变革和科学思想，因为它们满足了人们的永恒需要。在人类的种种创造中，没有任何东西比大学更经受得住漫长的吞没一切的时间历程的考验。"[2]

大学师生是历史与现实的存在。人类的发展总是建立在以往由人类创造的"客观精神"——文化传统上。也就是说，我们全部是由我们在其中成长的和存在的共同群体的传统和当下的文化所塑造的。我们是这种文化的承担者，这种文化为我们的未来规定了路线。任何时候，人的决定的主权都要受到过去生活的砝码的限制。[3]如果我们可能做出的决定，既继承了传统的"遗产"，也符合当下的文化发展走向，那么，这些决定才更深刻的是为了我们自己的。实际上，每一种文化都对生活于其中的我们提出要求，成为人绝不仅仅是自然而然的事情，我们只能够在传承文化与发展文化的过程中成为"人"。"有文化"常常被运用于形容某一个人受过教育。因此，纵观文化的演变进程，不可否认的是，文化往往在一定程度上就是教育的同义词。[4]斯普朗格认为："教育绝非单纯的文化传递。教育之所以为教育，正因它是一个人格心灵的'唤醒'，这是教育的核心所在。"[5]也就是说，大学文化的重要功能是培养人才。大学教育的根本宗旨就是借助于文化使大学生成为"人"及"人才"。雅斯贝尔斯认为，"所谓教育，不过是人对人的主体间灵肉交流活动（尤其是老一代对年轻一代），包括知识内容的传授、生命内涵的领悟、意志行为的规范，并通过文化传递功能，将文化遗产教给年轻一代，使他们自由地生成，并启迪其自由天性"[6]。

大学通过对文化的继承，使大学师生成为历史与现实的存在。大学并不是为了传递文化而传递文化，其传递文化的根本目的首先在于，使大学师生能把个体和群体在长期的历史发展中所逐步积累起来的劳动生产知识、生活的经验和技能，有意识和有目的地传递，使大学师生能够在前人历史积累的基础上前进；大学对文化的传承使得大学师生能够成为知晓自身的历史与现在，了解人类的过去、现在与未来，具有文化身份认同的真正的人。其实，大学归根结底的本质规

[1] 衣俊卿.回归大学的文化本质凸显人学的文化功能[J].中国高等教育，2007（2）.
[2] [美]约翰·S.布鲁贝克.高等教育哲学[M].杭州：浙江教育出版社，2001，30.
[3] [德]M.兰德曼.哲学人类学[M].贵阳：贵州人民出版社，2006，199.
[4] 谢冉.回到通识教育的原点[J].高等理科教育，2012（6）.
[5] 单中惠.西方教育思想史[M].太原：山西人民出版社，1996，652.
[6] [德]卡尔·雅斯贝尔斯.什么是教育[M].北京：生活·读书·新知三联书店，1991，3.

定性就在于通过文化传承和文化启蒙，对人的能力、素质、精神境界进行全方位的提升，把个体从自在自发的生存状态提升到自由自觉的生存状态。❶

大学组织要通过文化的传承和创造使学生和教师成为社会人。巴格比（PhilipBugbee）认为，文化乃是一个社会向善论的概念，意味着人的完善，或者在发展他自己的过程中取得的工艺技术和学识。❷加赛特（O.Y.Gasset）认为，大学首先应该把普通人培养成有“文化修养”的人。他所说的“文化修养”是指人的精神。学校教育过程实质上是文化通过“遗传”和“再生”促进人的发展的过程。因此，应当说，教育的本质是通过文化使个体社会化的活动。❸个体社会化的过程也就是培养社会人的过程。这里的社会人有两层含义，一是具有社会认同感的人。大学是传授普遍知识的场所，而构成普遍知识的主要包括一个民族历久弥新的、体现着一个民族的共享的价值观和文化。二是指培养能有一定的社会交往的人。大学师生要生存下去，就必须在与其拥有同样的价值观的其他人的交往过程中成为“人”；一个社会要生存下去，就必须在集体社会伦理上达成共识，因为没有共识的个体是无法与自然界抗衡的，而共识是通过人与人之间共享的文化而形成的。❹

“学术自由”的大学文化

如前所述，大学是所有社会存在中的一种“社会主体”，在漫长的发展历程中形成了各自内在的价值取向和追求，而这种追求是大学内部所有“大学人”共同的“行动指南”。这一“行动指南”在理想追求、思维方式和行为习惯等方面都区别于其他社会主体，体现出特定“大学人”所特有的生活状态和独特的文化心态和风貌。作为一个文化人的群落的大学，既与传统的人文价值密不可分，传承优秀的传统文化，又在不断变化的环境中发生着妙不可言的、基于文化的、基于学术的“百家争鸣”，彰显出大学文化创新的属性，为社会文明进步提供了创新的思维、动力与精神。显然，大学既承袭过去，又探索未来，架构起传统与未来的桥梁。形成独特的、有象征意义的大学文化是大学发展过程中不可回避的主

❶ 衣俊卿.回归大学的文化本质凸显人学的文化功能[J].中国高等教育，2007（2）.
❷ [美]菲利普·巴格比.文化：历史上的投影[M].上海：上海人民出版社，1987，87-88.
❸ 王冀生.现代大学文化学[M].北京：北京大学出版社，2002，1.
❹ 谢冉、毋小勇.文化哲学人类学视野下的大学课程构建[J].山东高等教育，2016（1）.

题，也是大学进一步前进的动力。

作为具有一定价值指引意义的大学文化，其形成既体现了其组织内部的文化适应和选择的过程，同时也彰显着特定历史阶段的精神与文明状况，无疑在不同程度上都会烙上时代文化的印迹。我国当前大学文化依然肩负着选择、传承与创新人类文化的职责，但也存在着种种功能缺失。其实，大学文化与教育在功能方面的选择性、传承性与创新性是同出一辙的。积极的大学文化能够在大学中“以文化人”，教育、陶冶、影响和锻炼不同的个体，促进个体的个性化发展；消极的、异化的大学文化则会压抑或遏制人的个性化发展。严格考察当前大学文化的状况，不难发现大学文化的异化现象，甚至出现了一些与大学原初的文化预期不相符合的倾向。例如，当前大学文化出现的庸俗化、趋同化及简单化的趋势。❶

在物质文化方面，大学的物质文化主要体现为大学景观、设施和校园的教育教学特色，既有浓厚的历史印迹和时代气息，又有普遍属性与区域特色，它能够“内隐”地引导或陶冶“大学人”。当前我国大学物质文化也出现异化现象，往往表现为现代性多于历史性、形式大于内涵、同一性多过特殊性。作为大学文化基础的大学物质文化的异化，必然导致其他文化要素的异化。

在行为文化方面，大学行为文化是通过大学内不同个体的行为活动而展现出来的文化形态。它具体体现在不同大学及其师生实现理想和目标的活动中，往往通过各种行为活动，反映出大学内不同个体所共同具有的理想、信念和行为习惯。当前的大学行为文化也发生了异化，主要表现在“教与学”“学与研”“管与治”等方面存在着浮于表面、榜样力量薄弱等问题。

在制度文化方面，大学制度文化是依据大学意志选择的、以规范和约束为目标的文化制度。“大学制度文化是使得大学教育得以顺利进行的基本保证，制度文化虽有强制性，但其一旦经校园主体认同成为内心接受，就会形成师生自觉遵守和维护的无需强制便能发生教育影响的精神要求。”❷虽然我国大学的制度文化建设在教学制度、科研制度、人事制度、学生管理制度等方面都进行了大规模的改革，促进了大学文化的不断完善，但仍然存在着一些异化现象。例如，当前大学文化制度的官本位倾向、功利化倾向和人本主义的缺失等。❸

❶ 睦依凡.关于大学文化建设的理性思考[J].清华大学教育研究，2004（1）.
❷ 睦依凡.关于大学文化建设的理性思考[J].清华大学教育研究，2004（1）.
❸ 赵观石.我国大学制度文化建设：问题与发展趋势[J].煤炭高等教育，2007（3）.

在精神文化方面，大学的精神文化一直被看作是大学文化的核心所在。它既是大学文化的一个重要内容，有时也是一般意义上的精神文化的具体化和个性化。大学通过其理念、校训、校风、教风、学风等外显形式，彰显出一个大学的精神文化特质。例如，哈佛大学的校训“与柏拉图为友，与亚里士多德为友，更要与真理为友”，霍普金斯大学的校训“真理使你成为自由人”，清华大学的校训“自强不息，厚德载物”等，都反映了其精神文化——追求“真”“善”“美”的取向与内容。这些校训无疑是在某种程度上表达了各校办学的某种价值诉求，彰显着自己的办学主张。这些由内到外地提炼和凝聚的大学精神文化的取向与内容，必然由外到内的渗透与影响着大学里所有的“大学人”。但是，当前大学精神文化也出现只重视“形式”与口号而忽视“内容”与行动的异化现象，导致大学生精神的空虚与理想的缺失。

通过对大学文化内涵的剖析以及对当前大学文化异化的反思，结合大学文化本身的属性，我们不难发现，当前大学文化未能发挥原初的、预期的功能与作用。其根本原因在于异化的社会文化已经全面控制和异化了大学，大学缺乏了特立独行的个性与学术自由的坚守。大学一直追求学术自由，期望通过师生自由的学术探究，实现师生的自我超越，完成人类文化的发展与创新。甚至可以说，没有一个地方对自由的向往和推崇能超过大学。15世纪的文艺复兴以及随后的宗教改革与启蒙运动，结束了基督教一统西方世界文化与思想的局面，古希腊的独立精神得到逐步恢复。[1]弗兰克·梯利（F.Thilly）认为，近代的历史是精神觉醒的时代，人们反抗权威和传统，反对专制和集权主义，追求思想、感情和行动的自由，视人类理性为最高的权威。[2]学术自由的精神一度是德国大学的“命脉”。在普鲁士政府的支持下，洪堡、费希特等一批进步学者、哲学家进行了德国大学的改造。19世纪的德国大学成为学术自由的精神王国，推动了整个人类知识、文明的长远进步，为人类大学发展中追求学术自由树立了榜样。费希特对学术自由的内涵作了具体阐述，强调教师在专业上享有自由探讨、发现、出版、教授在各自专业领域内所发现的真理的自由；学生有选择教师和学习什么的权利，有在教育管理上参与评议的权利。[3]美国早期引进的学术自由只强调了学生的学习自由，要求大学改革课程内容，提供学生更多选课的自由。美国哥伦比亚大学

[1] 母小勇、杨志卿.大学的“扬弃”：回到“人”及其发展[J].教师教育研究，2017（3）.
[2] [美]弗兰克·梯利.西方哲学史[M].北京：商务印书馆，2004，261.
[3] 陈列、俞天红.西方学术自由评析[J].高等教育研究，1994（2）.

历史学家埃里克·方纳（E.Fone）曾指出，“无论作为个人还是一个民族，在美国人的自我感觉和意识中，没有任何其他的概念比自由更为至关重要”❶。甚至有学者认为，美国大学的学术自由史，正是信仰自由的美国学者和大学不断为争取自由而斗争的发展史，更将“崇尚自由”视为美国大学学术自由发端的动力。❷“大学必须保护和培养思想家、实验家、发明家、教师、学生让他们在不承担行动的责任的情况下，对社会生活的现象进行探究，从而努力理解这些现象。”❸大学对学术自由的追求，渗透到了大学发展的各个阶段和大学运行的各个方面。从大学的创办、大学的管理模式以及大学的课程教学，无不体现着对学术自由的“呼唤”。

大学是一种学术机构，以高深学问为根基，还以探究学术与实现学术成果的应用转化为人类服务。正如怀特海（A.N.Whitehead）所说：“大学存在的理由是，它使青年人和老年人融为一体，对学术进行充满想象力的探索，从而在知识和追求生命的热情之间架起桥梁。大学确实传授知识，但它以充满想象力的方式传授知识。至少这是它对社会所应起的作用。一所大学若不能发挥这种作用，它便失去了存在的价值。”❹学术自由是学者与学生追求真理的先决条件，学术的自由带来学术研究与教学的繁荣，学者与学子在这种文化气息的熏陶和鼓励下，自由地传授与自由地学习人类文明的各种知识，自由地进行理性思考和探讨，在这种开放的环境中积极地进行创造。如果没有这种自由，大学仍然依附于某一种力量，它就不可能进行独立的思考，也就不可能对社会、政治、经济、文化等领域展开全面而深刻的审视，开展有意义的创新活动。❺一方面，大学不否认规律和规范的存在，并遵循着一定的规律和规范，在必要的规律和规范下“自由”地发展和思考，不受制于他人利益的驱动，追求着自己的“自由”；另一方面，由于大学与社会发展的关系越来越密切，那种通过远离社会生活所形成的独立态度，显然无法适应今日大学所承担的越来越复杂的社会使命。因此，越来越多的人把大学理解为传承社会文化、提升社会价值、研究高深学问、弘扬科学精神的

❶ [美]埃里克·方纳.美国自由的故事[M].北京：商务印书馆，2002，8.
❷ 胡钦晓.美国大学学术自由演绎的文化视角[J].比较教育研究，2005（9）.
❸ A.Flexner.*Universities:American,English,German*[M].New York:Oxford University Press,1930,10.
❹ [英]阿尔弗雷得·诺思·怀特海.教育的目的[M].北京：生活·读书·新知三联书店，2002，137.
❺ 刘鸿.大学文化精神及其涵蕴[J].湘潭工学院学报（社会科学版），2001（4）.

场地，但是，大学只有坚守住自己的“自由阵地”，才会绵延不绝，历久常新，生机焕发。

二、文化共同体

文化共同体的内涵

“共同体”的观念最早源于古希腊，原本属于社会学的范畴。“共同体”的英文是“community”，常译为“社区”“团体”“社会”等。西方的思想传统中，历来重视共同体的描述和意义。在亚里士多德看来，个人的“善”不能与共同体的“善”分离开来看待，人们是在一个共同体中，对共同“善”的共同追求使人们获得了相应的利益或“善”。[1]德国著名社会学家斐迪南·滕尼斯（F.Tönnies）在其著作《共同体与社会》中对“共同体”的内涵进行了深入的阐述，并将“共同体”与“社会”区分开来。他认为，共同体是建立在有关人员本能习惯制约的思想的共同记忆之上的，是对内外同时发生作用的现实的联合体。人类社会正是由不同的共同体组合而成，存在着血缘共同体、地缘共同体、宗教共同体或精神共同体等多种形式。[2]原始意义上的共同体注重血缘或地缘共同体，成员依靠血缘或地缘来维系，这些共同体范围小、比较封闭与狭窄。随着人类社会的进步，人与人之间的交往与联系开始摆脱血缘和地域的束缚，人们开始注重精神、信仰、理想上的追求，具有相同追求和共同理想的共同体的构建越来越受到关注。“通过这种积极的关系而形成族群，只要被理解为统一地对内对外发挥作用的人或物，它就叫作是一种结合。关系本身即结合，或者被理解为现实的和有机的生命——这就是共同体的本质，或者被理解为思想的和机械的形态——这就是社会的概念。”[3]

共同体是建立在自然情感基础之上的、联系紧密的“一种生机勃勃的有机体”。有心理学家从心理学的角度将共同体意识界定为“一种成员所拥有的归属

[1] 龚群.自由主义的自我观与社群主义的共同体观念[J].世界哲学，2007（5）.
[2] [德]斐迪南·滕尼斯.共同体与社会——纯粹社会学的基本概念[M].北京：商务印书馆，1999，52.
[3] [德]斐迪南·滕尼斯.共同体与社会——纯粹社会学的基本概念[M].北京：商务印书馆，1999，52.

感，一种成员彼此间及与整个群体休戚相关的感情，以及对成员的需求将通过他们对共同生活的认同而得到满足的共同信念”[1]。有学者认为，共同体是思想上遵照普遍接受的道德标准聚合在一起的团体。[2]马克思主义认为，人的发展离不开共同体，只有在共同体中，个人才能获得全面的发展，人的真正本质在于人的共同体。[3]如果共同体中的成员完全感受不到归属感和安全感，以及自身存在的价值，无法获得真正的发展，那么共同体也就不复存在了。换句话来说，只有个人的意志和潜能有所保障，能充分获得发展自身才能的权利以及感受到自己对于其他人的重要性，这样才是真正的共同体。现代社会的快速发展克服了最初共同体的局限，共同体的广度和深度被不断拓展，共同体被社会学家赋予了“为了特定目的而聚合在一起生活的群体、组织或团队”[4]的含义。不难发现，共同体已经不再是个体之间简单的聚合和集中，而是彼此之间相互交织并不断加固、高度认同的有机组织，是物质上共生、精神上共存的统一体。

马克思认为，“人们在生产中不仅仅同自然界发生关系。他们如果不以一定方式结合起来共同活动和相互交换其活动，便不能进行生产。为了进行生产，人们便发生一定的联系和关系；只有在这些社会联系和社会关系的范围内，才会有他们对自然界的关系，才会有生产”[5]。这是共同体形成的根本原因。

共同体本质上是文化共同体。建立在共同文化基础上的共同体，发挥着文化的功能，寻求文化内部个体之间、个体与组织、组织之间的相互文化契合点；通过文化交互活动寻求相互之间的联结点，构建一个物质与规范并存、精神与情感联结的文化统一体；整合个体与群体组织的资源和优势，推动个体与组织的可持续发展。[6]什么样的个体相互联结才能形成一个共同体呢？这主要取决于他们的血缘、地域、信仰、信念、利益等方面相互依存的需要。因此，人类产生了血缘共同体、地缘共同体、宗教共同体、经济共同体、政治共同体等。这些共同体构成了文化共同体。共同体的成员“同甘共苦，以共同文化为坚韧纽带，筑建起一

[1] D.W.Mc Millan&D.M.Chavis.*Sense of community:A Definition and Theory*[J].*Journal of Community Psychology*,1986（1）.

[2] 冯锐、金嫤.学习共同体的思想形成与发展[J].电化教育研究，2007（3）.

[3] 鲁明川.文化共同体视域下的高等职业教育内涵发展[J].现代教育管理，2012（6）.

[4] 周濂.政治社会、多元共同体与幸福生活[J].华东师范大学学报（哲学社会科学），2009（5）.

[5] [德]马克思、恩格斯.马克思恩格斯选集（第1卷）[M].北京：人民出版社，1972，362.

[6] 鲁明川.文化共同体视域下的高等职业教育内涵发展[J].现代教育管理，2012（6）.

个民主场所”❶。

文化共同体的高级形态是精神共同体。马克思、恩格斯指出：“思想、观念、意识的产生最初是直接与人们的物质活动，与人们的物质交往，与现实生活的语言交织在一起的。观念、思维、人的精神交往在这里还是人们物质关系的直接产物。”❷精神交往是物质交往的产物，但是，精神交往的直接产物是精神共同体。一般来说，“血缘共同体作为行为的统一体发展为地缘共同体，地缘共同体直接表现为居住在一起，而地缘共同体又发展为精神共同体，作为在相同的方向上和相同的意志上的纯粹的相互作用和支配”❸。地缘共同体其实就是动物生活中动物之间形成的共存关系，精神共同体则是人的生活中由于心灵相通、信仰一致而形成的人与人之间的信赖关系。血缘共同体、地缘共同体和精神共同体的发展过程中，精神共同体被视为“真正的人的和最高形式的共同体”❹。安德森（B.R.O’G.Anderson）认为，“伟大而具有古典传统的共同体，借助于某种和超越尘世的权力秩序相联结的神圣语言为中介，把自己设想为了宇宙的中心”❺。这就是宗教共同体形成的原因。此外，人们因为共同的政治利益，也会形成政治共同体。宗教共同体和政治共同体当然也属于精神共同体。精神共同体就是文化共同体。文化认同、心灵相通、身份意识和相互信赖，铸就了精神共同体。精神共同体强调群体具有共同的价值观念和心理定势，以特定的文化价值取向，引导和规范个体的行为；在共同的价值观念和心理定势下，精神共同体的成员也会自觉按照大家认同的文化价值取向，规范自己的行为。

大学文化共同体的育人功能

大学归根结底的本质规定性就在于通过文化传承和文化启蒙，把个体从自在自发的生存状态提升到自由自觉的生存状态，同时以自觉的文化创新去推动社

❶ [英]威廉斯.文化与社会[M].长春：吉林出版集团，2011，338.
❷ [德]马克思、恩格斯.马克思恩格斯选集（第1卷）[M].北京：人民出版社，1995，72.
❸ [德]斐迪南·滕尼斯.共同体与社会——纯粹社会学的基本概念[M].北京：商务印书馆，1999，65.
❹ [德]斐迪南·滕尼斯.共同体与社会——纯粹社会学的基本概念[M].北京：商务印书馆，1999，65.
❺ [美]本尼迪克特·安德森.想象的共同体[M].上海：上海人民出版社，2005，14.

会的文化进步。❶大学文化作为社会文化的子集，是以特定大学为载体并依附于大学而存在的一种社会文化，它既与传统的人文价值密不可分，传承优秀传统文化，又在不断变化的环境中发生着相互作用，彰显出创新性，为社会进步提供创新的思维、动力与精神。

文化共同体的高级形态是精神共同体，它是一个规范、精神与情感构成的统一体。文化共同体中个体与个体、个体与组织、组织与组织之间，通过文化活动、精神活动进行交往实践，实现个体与组织的发展。大学文化共同体主要以大学为场所，参与者是大学内的各个“大学人”以及“大学人”以不同方式组成的群体或组织，大学文化共同体的个体与组织都认同大学文化、心灵相通和相互信赖，都具有“大学人”的身份意识。大学文化共同体交往实践的基点是“高深学问”、学科和专业；大学文化共同体中的成员具有共同的价值观念，无论是教师还是学生，他们的行为都体现和反映着这个团体所共同追求的意义和理想，具有共同认同的价值观与规范。在大学化共同体中，大学生认同规范、塑造精神、陶冶情感。在这个过程中，大学化共同体发挥着文化育人的功能。

大学文化共同体的目的是基于内在的价值认同的文化传承与创新，从而促进师生的发展与社会文明进步。大学文化共同体有统一的认同的文化和一致的价值取向。大学通过大学文化团结师生，聚集具有共同语言、知识背景、思维习惯和行为目标的师生，开展平等、安全、开放的交流，通过共享和遵循共同体内部的意义和规范，使成员之间能够达成共识。尽管个体在价值观等方面存在差异，但是都会积极认同、参与、投入大学文化共同体的文化活动，特别是开展精神或情感的交往。“在这个共同体中，我们可以放松起来——因为我们是安全的”“在这个共同体中，我们相互了解，也可能会有所争吵，但都是友善的。”❷对于大学而言，大学文化共同体能够团结并促进其的发展，实现人类文化的传承与创新。

大学文化共同体的主体是大学师生。任何共同体的形成都离不开人的参与。通过历史积淀而形成的大学的文化财富，也只有通过师生的参与才能得到继承和发扬。“大学的理想要靠每一位教师和学生来实践。”❸一方面，大学教师是这一共同体中的主导力量，通过各自的教育实践将其观念、价值取向和追求传输给

❶ 衣俊卿.回归大学的文化本质凸显人学的文化功能[J].中国高等教育，2007（2）.
❷ [英]齐格蒙特·鲍曼.共同体[M].南京：江苏人民出版社，2003，33.
❸ [德]卡尔·雅斯贝尔斯.什么是教育[M].北京：生活·读书·新知三联书店，1991，139.

学生。一般来说，大学教师本身是一种带有“文化符号”的存在，他们具有严谨的治学态度、高尚的人格、渊博的学识和充沛的科研创新能力，他们是社会发展、文化传承、人才培养、科研创新的积极推动者和主导者。另一方面，大学生人数在大学中占绝大多数，他们的行为和理念经常处于被引导和被影响的状态。大学生们通过大学教师的引导和影响，结合各自所处的时代背景、区域环境或家庭影响等多方面因素，促成自己行为习惯、价值取向和理想信念的形成。在同一大学文化共同体中，大学生个体因为各方面的差异，展现出不同的特征，发挥出各自的潜能。但是，由于共同认同的价值观念和行为规范，学生会表现出带有某一大学的文化烙印。许多时候，大学的文化烙印并不需要教师或者学校精心设计和刻意安排，而是通过日常的师生交往活动潜移默化地形成。

大学文化共同体追求高深学问或科学知识。纽曼在《大学的理想》的序言中指出，“它（大学）是一个传授普遍知识的地方。这意味着，一方面，大学的目的是理性的而非道德的；另一方面它以传播和推广知识而非增扩知识为目的”，“知识本身即是目的，知识的所有分支是相互联系的，构成知识的各门科学之间有着千丝万缕的联系，它们内部统一协调，并且允许甚至是需要比较和调整，过分突出一门科学，这对其余的科学是不公平的。”[1]20世纪的赫钦斯（Hutchins）也认为，“高等教育的目的是智慧的培养，因为智慧乃是原理和原因的知识，形而上学研究的是最高的原理和原因，因此是最高的智慧”[2]。“教育的功能是帮助学生理解他的经验并加以思索与反省，从而获得更高的智慧。”[3]实现智慧的培养只有通过自由教育，自由教育的内容包括永恒知识的研究和理性遗产的学习。[4]自由教育的永恒知识内容指“应该将事物的基本概念重新解释。这些概念应该是关于普遍及恒久的事物”[5]。尽管纽曼的“（大学）是一个传授普遍知识的地方”引发了无数的讨论和思考，但无论时代如何变迁，大学总是一个发展人和探索高深学问的场所。大学文化共同体的形成过程也是追求高深学问或科学知识的过程。

[1] [英]纽曼.大学的理想（节译本）[M].杭州：浙江教育出版社，2001，20.
[2] R.M.Hutchins.*The Higher Learning in America*[M].New Haven:Yale University Press,1936,98.
[3] R.M.Hutchins.*The Learning Society*[M].New York:The New American Library,1968,113.
[4] R.M.Hutchins.*The Higher Learning in America*[M].New Haven:Yale University Press,1936,70.
[5] R.M.Hutchins.*The Learning Society*[M].New York:The New American Library,1968,99.

大学文化共同体具有自治性与同质性。有学者归纳了大学文化共同体自治性的四种表现形式：实体自制、制度自治、方法自治和知识自治。[1]大学文化共同体拥有一定的自治权，是其存续及发展的前提。实体自治和制度自治保证了大学依据自身特色拥有独立的存在空间和方式，能根据教育教学实践规律展开教学和管理；方法自治和知识自治保证了“大学人”的思维方式和研究过程的相对独立性，更保证了其追求高深学问、科学知识以及学术自由时应有的立场。同质性是大学文化共同体形成的基石。基于特定的历史发展积累，大学逐步形成了特有的共同体内的师生行为习惯和理想信念。对已有习惯和信念的延续，使得大学师生逐渐认同和融合大学文化内在价值，从而实现以大学文化的整体理性克服内部个体的感性和任性。当然，同质性并不意味着大学文化共同体内各成员的思维、思想的单一性，各成员在追求共同理想的过程中也表现出各种思想的自由表达和相互包容。近年来，随着全球经济、商业、信息技术的日益发展，通讯和交通不再成为个体之间、组织之间联系和交往的障碍，共同体的构建方式日益呈现出多元化趋势。因此，大学文化共同体的发展也面临着来自各方面的挑战。例如，大学师生缺乏内在价值和信念的总体取向，缺乏文化共同体管理和运行的科学制度，教师和学生个体潜能发挥不足，在面对外在影响时缺乏抵抗力和判断力等。

共同体的追求是人类的境况本然的一部分，但就像所有人类对理想社会的追求一样，这条道路上也遍布着荆棘和引人失足的陷阱。[2]我们必须尽最大的努力，在情感与理想之间、同情与戒慎之间、行动与认识之间寻求平衡，在这“一切都被允许”的虚无主义年代里，虽然人类的理性能力受到许多质疑，但是，理性毕竟是卑微、善变、激情的人类最后的凭借。[3]

三、开放的大学

大学自由精神的守护

大学存在的意义是以高深学问为桥梁，通过智慧启迪、知识探究等师生交往

❶ 包万平、储朝晖.大学文化共同体及其品格特质[J].黑龙江高教研究，2008（8）.

❷ 宋静思.回不去的“故乡”——基于不对称性视角的《故乡》解读[J].鲁迅研究月刊，2014（7）.

❸ [美]本尼迪克特·安德森.想象的共同体[M].上海：上海人民出版社，2005，17.

活动，实现大学生全面而个性化的发展。因此，大学是大学生自由发展的保障平台，大学应该守护其自由精神。

马克思特别强调伊壁鸠鲁（Epicurus）的教育自由的观点。他在《1844年经济学哲学手稿》中，以异化劳动理论为基础，论述了人的全面发展与劳动之间的关系，从劳动出发，考察了人的本质。他既剖析了人的片面发展的根本原因，也对人的全面发展的实现条件进行了初步探索。马克思深刻揭示了人的全面而个性化发展的科学内涵、历史必然性和实现途径。他认为，只有在自由劳动条件下，才能实现全体社会成员的全面发展，“实践实际上是人们的积极存在，它不仅是人的生命尺度，而且是人的发展空间”❶。大学是大学生个性化发展的开放平台，在这个开放的平台上，学生与自然环境和现实社会发生相互作用，从而理解自然、认识社会、理解他人和认知自己。因此，大学师生之间必须进行开放的、自由的对话与交流，回到开放的、一般的人类活动，从世界观、方法论和价值观等层面提升大学生的本质力量。

随着现代社会不断进步和人类认识不断深入，大学已经成为开放的大学。由于大学为社会培养人的本质不变，大学必须在推动未来人才不断完善自我、实现自我、超越自我方面努力，从而为社会的进步提供最坚实的人才与智力基础。因此，开放的大学也必然通过智慧启迪、知识探究，成为实现人的自由发展的场所，以及人类社会的“智慧之地”。开放的大学必须追求学术自由，这是大学的灵魂和学生自由发展的前提。诚如洪堡和费希特所认为的那样，大学是高等学术机构，“这所大学的产生将以建立在近代科学和数学基础上的近代哲学取代统治了欧洲大学许多世纪的亚里士多德的那种权威学说，这所大学以‘不听信不足够的理由’为其学术自由的思想，这所大学的教学和科研以追求真理为主旨，这所大学是以国家和民族的长远利益，以人类进步和人的完善发展，以自由探索真理为办学的主旨”❷。学术自由是大学最基本的特征，大学发展过程中的学科和课程建设、人才培养和教师队伍建设等活动，都与学术有着或多或少、直接或间接的联系。❸因此，大学的学术自由保证了大学对新文化、新科学、新技术的开放。

❶ [德]马克思、恩格斯.马克思恩格斯全集（第47卷）[M].北京：人民出版社，1979，532.
❷ 赫尔曼·罗尔斯.经典的大学观念，洪堡构想的大学观念的起源及其意义[J].外国高等教育资料，1990（2）.
❸ 茹宁.人的自由与学术自由[J].教育评论，2007（1）.

自由精神的保障是学术自由。学术自由主要适用于大学的学术活动。对教师而言，拥有学术自由意味着，教师可以探讨开放的文化与开放的社会中任何引起他们求知兴趣的课题，可向他们的学生、同事和他人发表他们的各种新的发现和新的见解，可用他们认为恰当的符合业务要求的独特方式进行教学。对学生而言，拥有学术自由意味着，可以自由地学习开放的文化与开放的社会中自己所感兴趣的任何知识与方法，可以形成他们自己的论断和发表他们自己的意见，可以根据自己的人生理想选择自己独特的发展方向。[1]

大学开放的特征

大学文化创新强调对各种文化的开放性，突出营造思想自由与思想包容的学术氛围，强调不同文化、不同学科之间交流互补的必要性。从古至今，“开放”一直是大学的基本特征之一。纵观中外大学的发展历程，我国古代从稷下学宫到书院，西方有古希腊时期的智者论辩和学园、古罗马时期波伦亚大学的师生契约等，这些大学教育在学生的招生、教师的选拔、思想的传递以及教学方式等方面呈现出开放性。大学一直围绕怎样关怀人的发展问题不懈地探索，期望把大学打造成为人类的精神家园，无论是博雅教育、自由教育，还是通过永恒学科和名著课程打造的通识教育，都旨在捍卫大学的自由求知的独立精神、营造育人的探究环境和维护学术自由的氛围，目的就是在开放的环境和氛围下培养具有人文精神与情怀、自由与开放的胸怀、求真务实的、追求真善美的“完人”。现代大学的历史就是一部在复杂多变的社会条件下的不断的自我调节和自我更新的历史，凸显着大学作为一个独立组织的特性。按照系统论的观点，一个与外界有着物质、能量和信息交换的系统属于开放系统，反之则是封闭系统。大学无疑是一种开放系统。但是，这并不意味着大学在其漫长的发展历程中，其开发的属性和程度是维持不变的，更不意味着每一所大学都具有同等的开放程度。

大学的开放性是大学作为一种生产、保存、传递知识和文化的组织，在与外界进行信息、物质、能量交换过程中，以不断更新自身的方式回应变化的社会环境，增强其生存和发展能力的禀性。[2]在大学文化创新过程中强调文化的开放

[1] 徐超富、蒋娟、苏慧雯.历史与逻辑的统一：学术自由的历史考察[J].当代教育论坛，2013（5）.

[2] 冯向东.大学职能的演变与大学的开放性[J].中国高等教育，2007（10）.

性，意在说明人类正在同一个“地球村”相互守望，不同文化之间的差异、不同文化之间的碰撞与整合才是文化创新的源泉；意在说明文化创新是超越国家、民族、区域、社群或个人界限的活动，大学要为各种文化之间的对话与碰撞提供意义建构的平台。[1]大学开放性主要体现在，大学作为一个系统与外界环境，包括经济、政治、文化和教育等因素，有着频繁的物质和能量的交换关系。从中世纪行会到象牙塔，再到如今的社会的中心，大学的使命也经历了从教学到教学、科研结合，到如今的培养人才、探究高深学问和学术成果的应用转化三大职能齐头并进，大学无论在组织形态还是职责功能上都变得越来越复杂和多元化。[2]正是因为大学具有如此的开放性，与外界环境保持着如此多的物质和能量的交换状态，大学才能够走到今天。从构成大学的系科划分来看，由知识分化而产生的系科本身就属于大学文化共同体的一部分，大学中任何一门学科的学术群体也都是这一共同体中的亚群体，因此，学科群体之间也有着天然的联系和开放性。

在大学文化创新过程中强调文化的开放性，还意在鼓励大学师生“面向事情本身”，走进自然与社会，使基础研究与应用研究、人文社会科学研究与科学技术研究、科学研究与技术开发等相得益彰。[3]随着20世纪60年代跨学科组织的出现，系科组织与系科组织之间开放交流状态也逐渐深入。这种学科组织之间的开放，使得一些学科在交叉点得到了发展，促进了新学科的生长，从而最终促进了大学组织的成长和发展。因此，无论从整体角度还是从具体视角来看，大学的开放性是理所当然，也是必不可少的。当然，在强调大学开放性的同时，我们也必须明确大学的开放性是一种有限度的开放。正如自组织理论所说的，“开放既反映系统与环境的关系，也反映系统内在的要求。强调充分开放，实际上就是适度开放。如果系统的开放程度为零，就成了封闭系统，它意味着混乱无序、意味着死亡。如果系统百分之百的开放，与环境融为一体，系统也就不复存在了。现实世界中，所有的系统都是某种程度的开放系统。系统之所以成为活系统，有其相对独立性，那也只因为系统是对环境适度开放的”[4]。

[1] 毋小勇.意义建构视野中的大学文化创新与知识探究[J].苏州大学学报（教育科学版），2017（2）.
[2] 毋小勇.“大学的哲学”论纲——人学视野中的大学[J].教师教育研究，2016（3）.
[3] 毋小勇.意义建构视野中的大学文化创新与知识探究[J].苏州大学学报（教育科学版），2017（2）.
[4] 曾国屏.自组织的自然观[M].北京：北京大学出版社，1996，186.

大学的特征决定了大学的开放性，也决定了其开放性必须从内部开始，首先实现大学精神、思想的开放，为维护大学的开放性特征努力摆脱有碍大学发展的不利因素和种种束缚，使大学真正成为布鲁贝克笔下“研究高深学问”的场所。正直的人是那种对所有的真理保持一种开放心态的人；迷失的心灵是那种拒绝真理之精神的心灵。[1]通过对真理的探讨，大学教师可以向学生逐步传递这种科学精神。通过和大学教师共同参与真理探究的过程，学生们逐渐获得了这些优良的品质并成为道德高尚的人。

四、大学的“扬弃”

在大学发展的各个阶段，大学师生及大学不可避免地会发生各种异化。这些异化虽然主要产生消极作用，却给人提供了进一步丰富与提升本质力量的空间。克服异化不是简单地逃避社会的新的实践活动和新的实践方式，更不是简单地回到人类原初的状态和原初的本质力量水平。大学通过自身扬弃，实现大学师生本质力量的丰富与提升。在大学师生感性的、流变的实践交往活动中，他们自我完善和实现文化创新，这是大学存在的基点。大学师生在实践活动中，总是通过扬弃来实现对自己的本质的重新“领有”或自我超越，这一超越取决于他们个人的价值观念、意识和能力，而个人价值观念和能力之间则可能历史地存在着冲突，正是这些冲突构成人的现实生存困境，也正是这些冲突蕴含着大学师生实现扬弃或自我超越的原动力。[2]

马克思认为，人是实践的存在物，人是在社会实践中自我生成、自我发展的，实践是人的质的规定性和人之为人的根本。现实的生活成为了解人的本质的基础，实践成为生命自我否定、自我突破、自我完善的动力。在以人的实践活动为基础和纽带联结而成的现实的人类世界中，人的实践具有创造性、开放性和无限可能性，它能够改变现存事物、超越自我、改造世界。“历史不过是追求着自己目的的人的活动而已。”[3]从人的感性活动来理解人，只有当人们开始从事实践活动、成为实践着的人的时候，人才最终从动物界分离开来，才开始有自己的历史。在一定程度上，“人是什么样的”取决于人的实践活动：人的实践活动方

❶ [美]茱丽·A.罗宾.现代大学的形成[M].贵阳：贵州出版集团，2006，158.
❷ 毋小勇、杨志卿.大学的“扬弃”：回到“人”及其发展[J].教师教育研究，2017（3）.
❸ [德]马克思、恩格斯.马克思恩格斯全集（第2卷）[M].北京：人民出版社，1957，118.

式与性质决定与确证着自身存在的形态与性质。“个人怎样表现自己的生活，他们自己就是怎样。因此，他们是什么样的，这同他们的生产是一致的——既和他们生产什么一致，又和他们怎样生产一致。”❶马克思深刻地揭示了人与自然、人与社会、人与人之间的动态关系和人的生存的原初意义，突出了人不得不通过自身的感性的且理性的实践与自然、与社会、与他人和谐共存。实践不仅使人从动物的受限的存在成为生成的存在，而且使人的生命意义和生存价值得以显现和确证。人作为实践主体不断与其所处的生活世界相互作用，人性正是人在他所处的生活世界中做出选择的结果，人的本质必定处在动态的生成之中。大学师生在交往与对话过程中，各自建构与完善独特的文化视界，提升与丰富各自作为人的本质力量，进行着文化创新和学术成果的应用转化，创造出了物质形态的社会产品，提出了能够促进社会和谐发展的方略，通过这些成果改善了人类的生存与发展环境。❷

大学的产生本身就意味着一种新的实践方式、认知方式和价值取向的萌生和发展。在大学中，大学生是一种未完成的存在，他的发展不是沿着某种固定不变的轨道行进，而是一个充满多种可能性的复杂过程。对专业、课程的选择，未来要从事什么职业，要成为什么样的人等问题，大学生都需要抉择。在大学学习开始之初，可能很多学生都不知道自己为什么要上大学、应该如何度过自己的大学时代，也有很多学生，可能一开始就目标很明确；随着学到的知识越多、接触的人越多以及周围环境等因素的影响，越来越多的学生找到了自己的目标，有的学生则改变了自己最初的目标，而有的学生还在苦苦地追寻着。就是在这样一个不断地遭遇新情况，不断地面临多种可能性的过程中，大学生不断去思考、去追寻，然后做出选择。在这个过程中，“他总是不停地‘进入生活’，不停地变成一个人”❸，成为他自己所是的那样。大学教育应该考虑大学生的多种发展潜能，抛弃用单一模式培养社会成员的做法，为他们提供多元开放的环境，使他们通过自主、主动的体验与学习实现自己的潜能，成为一个具有生命意义的独特的人。在漫长的人生之路上，每个人都根据自己的意识选择其走下去的道路，选择与放弃不断发生，而每一次的选择与放弃都应该使我们“向前”跨出一步，将自己提升到更高的心灵状态。

❶ [德]马克思、恩格斯.马克思恩格斯全集（第1卷）[M].北京：人民出版社，1995，67-68.
❷ 毋小勇、杨志卿.大学的“扬弃”：回到“人”及其发展[J].教师教育研究，2017（3）.
❸ 联合国教科文组织国际教育发展委员会.学会生存[M].北京：教育科学出版社，1996，197.

“大学之所以为大学，就是它代表着社会之道德文明和人文精神的高度。这种高度使大学还应对自己有这样的要求：决不可一味地在继承中被动地适应社会的巨变，相反应率先引导社会改革和推动社会文明的进步。”❶对于大学教师来说，他们主要通过人才培养、高深学问探究和学术成果的应用转化三类活动来推动和实现创新，大学教师必须在这三类活动中进行选择，是以教学为主，还是以科研为主，还是以服务社会为主。在教学活动中，教师要根据需要选择教学内容、创新教学方法与教学形式；在高深学问探究活动中，教师更要大胆创新，突破传统的研究领域、研究课题与研究方法；在学术成果的应用转化活动中，教师更需要通过学术成果的应用与转化，成为推动社会进步的创新主力。无论是对教师还是学生而言，在多元开放的环境下，大学师生只有通过自主、主动的大学实践活动，才能实现自身潜能的迸发，展现出前所未有的创造力。伯顿·克拉克（B.R.Clark）指出，“只要高等教育仍然是正规的组织，它就是控制高深知识和方法的社会机构”，“知识材料，尤其是高深的知识材料，处于任何高等教育系统的目的的实质和核心”❷。事实上，高深知识蕴含着大学各种矛盾的胚芽，大学的各种职能都是以高深知识为内容，从而开展着多主体交往实践。这正是大学师生不断提升本质力量的条件。

❶ 眭依凡.对国家负责：大学必须牢记的使命[J].高等教育研究，2006（4）.
❷ [美]伯顿·R.克拉克.高等教育系统——学术组织的跨国研究[M].杭州：杭州大学出版社，1994，11-12.

第九章
交往实践：创新人才成长的机制

马克思主义的交往实践理论是建立在对人的本质的再认识及对原有交往理论的批判与反思的基础上的。在马克思主义视野中，主体际交往实践不仅仅是一种精神的交往，更是所依托的活生生的现实基础——现实、客观的交往实践。在马克思主义交往实践的关照下，交往只是从主体出发经过实践工具这一中介而到达客体对象的实践结构。任何交往实践都具有关系建构性，都是“主体—客体—主体”相互作用的过程，“双主体”的交往实践是通过平等的沟通和理解，最终实现各自的“自我满足、自我认识、自我完善”的个性化发展。大学师生以高深学问为中介开展的认知和实践活动，本质上是他们通过“师—生”“生—生”“师—师”之间的交往实践实现的。[1]大学中的交往实践的目的是大学师生创造性本质力量的生成，而大学师生创造性本质力量生成的保障是自由劳动。对于大学生来说，自由劳动意味着“学的自由”。为了培养创新人才，大学要尊重大学生的个体差异，建立“大学—大学生—社会”交往实践机制和“自由组合”课程机制，让不同的学生有更多的选择，实现个性化发展。

一、大学师生的交往实践

交往实践

人、历史、实践和社会是人生存的载体或具体样式，并不是高居于人的生存与发展活动之上并与人的生存与发展相疏离的抽象的存在范畴。人是感性地和

[1] 母小勇.“大学的哲学”论纲——人学视野中的大学[J].教师教育研究，2016（3）.

实践地确证和阐释自身存在的。人是“现实的个人”，“人的感性活动”是人存在的表现。个体的感性只有在“社会化的感觉中”，人的那些属人的本质才客观地、丰富地展开，才确证自己具有属人的本质力量。❶

个体对客观世界根本做不到纯粹的镜像式的反映，总是基于个体已有的经验获得一种主观的解释、理解、描述，即意义建构。个体的意义建构总是带有个性化色彩，它只能够局部地、单维度地甚至片面地描述客观事物和现象。为了获得关于世界和人自身的更加全面的、多维的意义建构，大学师生必须“面向事情本身”进行人际交往实践，通过“协商”“对话”和“共享”，各自丰富和完善自己对文化的理解与认知，形成独特的文化视界。马克思和恩格斯指出，“思想、观念、意识的产生最初是直接与人们的物质活动，与人们的物质交往，与现实生活的语言交织在一起的。观念、思维、人的精神交往在这里还是人们物质关系的直接产物”❷。在马克思看来，实践本质上就是交往的，实践本身“是以个人之间的交往为前提的”❸。一个人的全部特性“决定于世界交往的发展，决定于他和他所生活的地区在这种交往中所处的地位”❹。

马克思早就通过对资本存在形态的分析，总结了“主—客”与“主—主”双重交往实践的统一。在晚年，马克思通过描述东西方社会发展的进程，更强调人作为主体客体统一的存在，既是自然的存在，又超越自然成为社会的存在。作为自然的存在，人必须依靠自然所提供的环境与条件生存，因为自然满足了人的需要，也给人提出了挑战。作为社会的存在，“人从本质上说是一种社会和政治动物，因此必定比其他任何动物都更倾向于一种共同体中的生活”❺。正如亚里士多德所言，“人们即便不需要他人的帮助，照样要追求共同的生活，共同的利益也会把他们聚集起来，各自按自己应得的一份享受美好生活。对于一切共同体或个人来说，这是最大的目的”❻。在交往实践的视野中，自然界绝不是交往实践关系的终结点和栖息地，而是作为与另一主体相互连接的纽带和中介而存在，是与另一主体建立关系的起点，实现着沟通联结多极主体间交往实践关系的功能，

❶ 毋小勇、韦剑剑.论高等教育哲学的人学基础[J].教育研究，2012（12）.
❷ [德]马克思、恩格斯.马克思恩格斯选集（第1卷）[M].北京：人民出版社，1995，72.
❸ [德]马克思、恩格斯.马克思恩格斯选集（第1卷）[M].北京：人民出版社，1972，25.
❹ [德]马克思、恩格斯.马克思恩格斯全集（第3卷）[M].北京：人民出版社，1960，297.
❺ 欧阳英.走进西方政治哲学——历史、模式与解构[M].北京：中央编译出版社，2005，58.
❻ [古希腊]亚里士多德.亚里士多德选集（政治学卷）[M].北京：中国人民大学出版社，1999，86.

最终体现为“主体—客体—主体”的结构。交往的前提是交往各方的主体地位的相互确认。可见，大学生与大学教师的属人的存在本质，是通过他们感性的交往实践与自由而快乐的发展而确立的。大学师生的认知和实践活动，本质上是他们通过“师—生”“生—生”“师—师”之间的交往实践实现的。

在马克思看来，“交往”是一个系统的总体性范畴，它包括物质交往、精神交往和语言交往三个层次；其中，物质交往就是交往实践，即多极主体间物质交换过程。[1]近年来，任平关于“交往实践”“交往实践观”等方面的研究，在学术界引起较大的反响。在他看来，交往实践观“将成为中国与世界多元哲学交汇的中心视界或主要趋向”[2]。任平指出，所谓交往实践，是指多极主体间通过改造或变革相互联系的客体的中介而结成网络关系的物质活动。而交往实践观，即运用交往实践来反思和把握人类社会的观念，认为当代社会的本质是全球化的交往社会，这一社会由多层次的交往活动即物质交往、精神交往和话语交往等构成，人们的物质交往无疑是交往社会的基础。[3]任平认为，交往实践观“将成为21世纪融会中，西马哲学的新哲学视界”，是“马克思主义哲学在当代的理论范式”[4]。

交往实践观之所以是马克思哲学的未来发展走向，在于其对传统实践观及后现代实践观的超越。20世纪哲学的两次转向——“实践论转向”和“主体际转向”都没有克服哲学面临的难题。现代哲学虽然完成了实践哲学的转向，使得主体性成为哲学的阿基米德点，但其确立的主体终究是单一主体。学界在理解马克思的“实践结构”时，也没有超越“主—客”的两极模式，忽视了多极主体或主体际存在的事实，从而不可避免地狭隘理解马克思的“实践”含义。后现代哲学以主体际为主线展开其理论主张，虽然强调了主体的多元性和差异性，并试图用交往、对话、理解来弥合主体间的差异性，但由于要么用传统的“主—客”框架去规范和解释交往问题，要么将“主体际”和交往行动理解为一种“主观际”精神交往活动，从而终究没有克服哲学家们面临的“主体际困境”。因为按照主客相关率，与主体面对的必然是客体，作为主体审视对象的客体，不可能成为与主体相对的另一个主体。

[1] 韩军芳.主体间性思想政治教育必然性探讨[J].前沿，2012（7）.
[2] 任平.走向交往实践的唯物主义[J].中国社会科学，1999（1）.
[3] 任平.走向交往实践的唯物主义[J].中国社会科学，1999（1）.
[4] 本刊记者.走向21世纪的交往实践观研究——访任平教授[J].哲学动态，2000（5）.

交往实践观扬弃了现代哲学和交往理论，使传统“主—客”关系中的客体成为一个中介客体，并使之连接另一极主体。由此，中介客体使得主体际交往成为可能，因为存在着这一中介客体，从而使得主体经由客体的中介作用而能面对另一极主体。这样，就形成了与传统“主—客”两极不同的“主体—客体—主体”三极关系结构。其中，中介客体向多极主体开放，与多极主体同时构成‘主—客’关系；任何一方主体都有中介客体作为其面对的对象，并相互规定；异质主体的主体际关系，通过中介客体，各自确立主体地位，并因同时与中介客体相关和交往而相互关联。[1]海德格尔从现象或事物出发，理解“现实”的人和“现象或事情”中的人及其交往实践。[2]他解释为什么用“此在”描述人：“本质上由在世组建起来的那个存在者其本身向来就是它的‘此’。按照熟知的词义，‘此’可以解作‘这里’与‘那里’。一个‘我这里’的‘这里’总是从一个上到手头的‘那里’来领会自身的；这个‘那里’的意义则是有所去远、有所定向、有所操劳地向这个‘那里’存在。……‘那里’是世界之内来照面的东西的规定性。只有在‘此’之中，也就是说，唯当作为‘此’之在而展开了空间性的存在者存在，‘这里’和‘那里’才是可能的。”[3]海德格尔认为，虽然人与世界万物都可以称为“在者”，但是，只有人能够在他的“存在”或“在”中显示他不是一般的“在者”，他依据对其“存在”状况和境遇的领会、理解、“操心”、追问，对“在者”间的关系进行“筹划”，进而“筹划”他自己的生存方式。可见，海德格尔的“此在”指历史的生存着的人及其当下生存与交往的状况。海德格尔的“此在”接近于马克思的交往着的“现实的个人”，他所说的“此在”的生存，接近于马克思所说的“人的感性活动”与交往实践。因此，大学生与大学教师是高等教育活动中现实地、“操心”地进行“感性活动”与交往实践的人；大学生与大学教师的“筹划”及其“筹划”能力总与其环境、社会角色必需的才能以及他们的社会背景、交往实践密切相关。[4]

交往实践观显然成功克服了后现代主义所面临的困境。后现代主义以消解“主—客”关系结构，并以多极化主体取代单一主体性为其主要特征。但其试图以“主体—主体”的关系结构来达到对客体的取消，必然导致虚无主义。事实

❶ 杨红梅.论马克思主义交往视域中的德育[J].中国电力教育，2011（11）.
❷ 母小勇、韦剑剑.论高等教育哲学的人学基础[J].教育研究，2012（12）.
❸ [德]马丁·海德格尔.存在与时间[M].北京：生活·读书·新知三联书店，2006，154.
❹ 母小勇、韦剑剑.论高等教育哲学的人学基础[J].教育研究，2012（12）.

上，大学是一个由人和人的交往实践活动构成的社会建制。大学生与大学教师首先要解决他们作为“人”的交往实践与生存发展的问题。因此，马克思主义的实践生存论哲学是解决这一问题的根本依据，因为马克思主义的实践生存论哲学的核心范畴是人、历史、实践和社会。

师生的交往实践

大学是大学生人生发展的特殊阶段。他们怀揣梦想，进入大学这一新的交往实践的场域，独立解决学习、生活、交往和实践中的问题，借助教师的启迪，接受新知识、新观念、新环境的挑战，从而认识世界与自我、提升本质力量和激发文化创新的灵感。显然，大学生是依据社会需要及自身的经验与特点确立个人理想的。他们通过跟教师与其他“在者”的共在及交往实践活动，实现自己的成长和发展。大学生的个人理想是他们为自己设定的在职业、事业、生活和人格等方面的奋斗目标。大学生是在筹划、选择和实现某些可能性中成长起来的。大学生希望通过大学这一中介或桥梁，基于高深学问和丰富的交往实践体验，为自我未来的发展做好准备，以实现自我超越。因此，大学是大学生认识自我、发现生活意义、确立个人发展理想和实现自我的场所。

不可否认，许多大学生也把大学的教育当作是进入业界的“钥匙”，想要成为社会“不可替代的”专门人才。虽然这种做法有些功利，却是他们抛开生活环境的种种成见和偏见，以高深学问为抓手，自由地运用思想的力量、以各自的方式追求自己的生存与发展的真实写照。大学生向往着大学，但现实却冲击着大学生的个人理想。在整个社会日益专业化、职业化、分工化的时代，大学学习的动机与理想异化为为了谋生而掌握“独门绝技”，大学生不得不依据现实的社会角色标准通过交往实践来调整个人理想与现实社会角色之间的张力，逐步实现个人的社会化。皮亚杰（Piaget）认为，“社会化就是一个结构化的过程，个体对社会化所作出的贡献正如他从社会化所得到的同样多”❶。波普诺（D.Popenoe）则认为，“社会化就是一个人获得自己的人格和学会参与社会或群体的方法的互动过程”❷。也就是说，个体的社会化是个人交往实践的结果。

大学教师自我价值的追求是他们在学术从业活动中对自我存在的完整性的

❶ [瑞士]J.皮亚杰、B.英海尔德.儿童心理学[M].北京：商务印书馆，1980，117.
❷ [美]戴维·波普诺.社会学（第十版）[M].北京：中国人民大学出版社，1999，142.

诉求，多方面的因素影响了大学教师自我价值的实现。大学教师只有善于对学术生存和从业的境遇进行综合完整的“筹划”，才能实现本真性存在和自我价值实现。亚里士多德认为，“有实践智慧的人就是善于考虑对于他自身是善的和有益的事情。不过，这不是指在某个具体的方面善和有益……而是指对于一种好生活总体上有益。……有实践智慧的人是善于考虑总体的善的人”❶。由于大学教师从事着学术职业，他们的社会角色具有复杂性。学术职业要求大学教师以学术为中心，致力于为学术发展而开展学术研究和学术传播工作。博耶（E.L.Boyer）认为，大学“科学家的任务不仅仅是发现新的真理并在同行中交流新的发现，他们还应当教学，应当以最大的诚实和通俗易懂的方式来把新的知识交给愿意学习的所有人”❷，“教学支撑着学术，没有教学的支撑，学术的发展将难以为继”❸。自从文艺复兴之后，学术研究活动仍然是大学教师的主要学术活动之一，但知识的传授也一直是大学学术活动的重要组成部分。在洪堡的柏林大学，虽然将学术研究确立为大学的首要职能，但是，它所强调的学术研究也主要在于发挥学术培养人的才智的作用，学术研究是为人才培养服务的。“习明纳”突出了教师与学生之间的交往实践，通过学生参与研讨或研究来实施教学，以研究性教学来代替单纯的“教师讲授、学生记忆”的传统教学，使学生在追求真理、追求学术的过程中发展怀疑精神和批判精神。❹因此，大学教师的首要任务是通过教学这一特殊的交往实践来探究高深学问，从而培养人才。

“大学是个公开追求真理的场所，所有的研究机会都要为真理服务，在大学里追求真理是人们精神的基本要求，因此，给大学带来了勃勃生机，是大学进步的条件。”❺“精神交流使得大学成为这样一个地方，那些将自己毕生的精力都奉献给真理探索事业的人在此相聚。”❻大学之所以能够不断完成文化创新，关键在于社会给予其保持文化的包容性与思想的自由性的“特权”，大学“薪火相传”的正是其崇尚学术自由与大度包容的情怀，正是其强烈的批判精神与求真务实的探究态度。大学的文化创新需要各学科学者之间交往、对话与合作，知识的

❶ [古希腊]亚里士多德.尼各马可伦理学[M].北京：商务印书馆，2003，172.
❷ [美]厄内斯特·博耶.关于美国教育改革的演讲[M].北京：教育科学出版社，2002，78.
❸ E.L.Boyer.*Scholarship reconsidered:Priorities of the professorate*[M].New York: Willey,1991,24.
❹ 林浩亮.当前我国教师专业发展学校存在的问题及其对策[J].教育探索，2012（3）.
❺ [德]卡尔·雅斯贝尔斯.什么是教育[M].北京：生活·读书·新知三联书店，1991，166.
❻ [德]卡尔·雅斯贝尔斯.大学之理念[M].上海：上海人民出版社，2007，99.

“个人性”意味着知识探究、知识生成与知识创新具有个人参与性、交往实践性与境遇性。大学教师在知识探究与知识创新的过程中，除了需要阐释与解读，还需要沉思与体验，更需要多样文化之间交往实践与合作对话，大学教师的交往实践能够为人类知识的创新提供极大的动力。

大学师生必须实现和其他社会群体进行交往。大学师生必须“面向事情本身”，必须对社会承担相应的责任。这种责任不仅仅是为扮演社会角色而掌握专门技术、专门技巧，也不仅仅是把自己的学习与研究建立在带有严格的实用目的和意义的问题上，以迎合社会的种种非理性的需求。因此，大学必须“通过基础知识研究，深化人类对自然、人、人的作品和社会的认识。对社会而言，基础知识的生产既具有实践价值，也具有思想价值，社会不仅是一套用来解决实际问题的制度，它还是一个加深认识的场所，并且在某种意义上表达了对后者的渴望”❶。除此之外，大学师生还应关怀国家、社会乃至全世界一切有关公共利害之事，这种关怀是超越于个人私利之上的。大学师生怀揣着“士不可以不弘毅，任重而道远。仁以为己任，不亦重乎？死而后已，不亦远乎？”的信念，成为人类基本价值观（如理性、自由、公平等）的维护者。❷

马克思说：“甚至当我从事科学之类的活动，即从事一种我只是在很少情况下才能同别人直接交往的活动的时候，我也是社会的，因为我是作为人活动的。……我本身的存在就是社会的活动。”❸从1958年开始，中国科学院上海生物化学研究所、中国科学院上海有机化学研究所和北京大学生物系三个单位联合组成协作组，在前人对胰岛素结构和肽链合成方法研究的基础上，开始探索用化学方法合成胰岛素。大家不计得失，终于在1965年完成了结晶牛胰岛素的全合成。1921年玻尔（N.Bohr）倡议成立了哥本哈根大学理论物理研究所。玻尔卓越的科学素养和平易近人的人格，吸引了海森伯（W.Heisenberg）等多位来自不同国家、不同大学的物理学家“自发”加盟。他们学术争论中针锋相对，生活中亲如父子兄弟，产生了哥本哈根学派异彩纷呈的科学成果。1953年在英国的《自然》杂志同时发表了两篇关于DNA分子结构的研究快讯，一篇署名华特森

❶ [美]爱德华·希尔斯.教师的道与德[M]. 北京：北京大学出版社，2010，15.

❷ 刘红、毋小勇.如何以学术为业:大学教师专业发展的基本问题[J].教师教育研究，2015（3）.

❸ [德]马克思、恩格斯·马克思恩格斯全集（第42卷）[M].北京:人民出版社，1979，122.

（J.Watson）和克里克（F.Crick）[1]，另一篇署名威尔金斯（M.Wilkins）等。[2]前者得益于威尔金斯提供的实证证据，后者受到华特森和克里克的思想启发。其实，华特森、克里克和威尔金斯在研究过程中有密切的合作，诺贝尔奖评奖委员会考虑到此项科学研究中的合作与各自的学术贡献，将1962年度诺贝尔生理学或医学奖颁发给了华特森、克里克和威尔金斯三人。

可见，在大学场域中，大学师生的交往实践是依据大学功能而进行的各种交往，例如，教学交往、科研交往、社会服务交往等。以教学科研交往为例，其"主体—客体—主体"关系结构分别对应着教师（科研人员）、高深学问、学生（本科生或研究生）。在这"三极结构"中，学生（本科生或研究生）不再是教师（科研人员）面对的客体，而是因高深学问的存在而成为的另一极主体。教师（科研人员）、学生（本科生或研究生）这两极主体也不是相互孤立的，而是因高深学问这一中介客体相互关联和交往的。他们均因高深学问的"场依存性"而在相互关联和交往中相互建构。

二、大学中的实践与创造性本质力量生成

创造性本质力量的生成

在黑格尔看来，精神"先将自己予以异化，然后从这个异化返回自身"[3]。黑格尔指出，"本质最初是自身映现和自身中介；作为中介过程的总体，它的自身的统一便被设定为差别的自身扬弃，因而亦即是对中介过程自身扬弃，于是我们又回复到直接性，或回复到存在，不过这种直接性或存在是经过中介过程的扬弃才达到的，这样的存在便叫做实存（existenz）"[4]。大学师生感性的、流变的交往实践活动，是他们生命存在与发展的基本方式，也是他们自我完善的基点。大学师生感性的、流变的交往实践活动蕴含着他们生存与发展的动力。马克思认为，"已经得到满足的第一个需要本身、满足需要的活动和已经获得的为满

[1] J.D.Watson, F.H.C.Crick.*Molecular Structure of Nucleic Acids: A Structure for Deoxyribose Nucleic Acid*[J].*Nature*,1953（4）.

[2] M.H.F.Wilkins, A.R.Stokes,H.R.Wilson.*Molecular Structure of Nucleic Acids: Molecular Structure of Deoxypentose Nucleic Acids*[J].*Nature*,1953（4）.

[3] [德]黑格尔.精神现象学[M].北京：商务印书馆，1997，23.

[4] [德]黑格尔.小逻辑[M].北京：商务印书馆，1987，265.

足需要用的工具又引起新的需要”❶。因此，“正像一切自然物必须产生一样，人也有自己的产生活动即历史……它作为产生活动是一种有意识地扬弃自身的活动”❷。

尽管实践概念是马克思哲学的重要概念，但马克思没有对它做出一个定义式的说明。马克思的实践概念更多地阐述于他的各种论说中。

首先，实践是人的感性活动。有学者指出，马克思所说的“感性活动”基本上指的是物质生产与社会交往，这是社会历史的具体过程和现实的人的存在方式。❸可见，在马克思那里，人在社会生活各个领域（物质生活、政治生活、精神生活等）中的活动都是实践。因此，实践不仅包括物质性活动，也包括精神性活动，因为“人们是自己的观念、思想等等的生产者”，“表现在某一民族的政治、法律、道德、宗教、形而上学等的语言中的精神生产也是这样”。❹人类历史发展进程表明，正是各种交往实践使社会历史得以展开和推动。在马克思看来，人不是抽象的理论范畴的存在，而是客观现实的、真实的存在，他们的交往实践使得他们成为区别于其他存在者的存在。

其次，实践是人的对象化活动。在《关于费尔巴哈的提纲》中，马克思批评费尔巴哈仅仅从客体方面，而没有从主体方面去理解对象，从而将实践“只是从它的卑污的犹太人的表现形式去理解和确定”❺，由此，费尔巴哈所言的实践只是人们日常生活中满足自己需要的一种纯功利的重复性活动。费尔巴哈没有洞察实践的改造世界的创造性价值。马克思强调实践是现实的、感性的活动，是人的对象化活动。马克思清楚地看到实践这种人的对象化活动的“革命性”意义：“这种活动，这种连续不断的感性劳动和创造，这种生产，正是整个现存的感性世界的基础。”❻

从马克思有关阐述中可知，马克思的实践概念不仅具有认识论内涵，更具有本体论内涵。如俞吾金所考察的，马克思实践概念的认识论内涵长期以来被人们所认同，但其本体论内涵却被长久地遮蔽了。实际上，“马克思的实践观蕴含着一个认识论的维度，但其基础性的、根本性的维度则是本体论维度”。因为马

❶ [德]马克思、恩格斯.马克思恩格斯全集（第2卷）[M].北京：人民出版社，1960，32.
❷ [德]马克思、恩格斯.马克思恩格斯全集（第42卷）[M].北京：人民出版社，1979，169.
❸ 王仕民.简论马克思的实践范畴[J].哲学研究，2008（7）.
❹ [德]马克思、恩格斯.马克思恩格斯选集（第1卷）[M].北京：人民出版社，2012，72.
❺ [德]马克思、恩格斯.马克思恩格斯选集（第1卷）[M].北京：人民出版社，2012，58.
❻ [德]马克思、恩格斯.马克思恩格斯选集（第2卷）[M].北京：人民出版社，2012，32.

克思的“实践概念的认识论维度或理论关系是植根于生存论的本体论维度之上的”[1]。马克思认为，人是有生命的、现实的存在，是在一定的条件下活动的。人的活动是一种对象性活动。人及其对象性的存在物构成了人的复杂的关系，人正是在这种复杂的关系之中“通过活动来表现自己在关系中的存在”[2]，从而获得人之为人的特性、本质与本质力量。马克思指出：“凡是有某种关系存在的地方，这种关系都是为我而存在的。”[3]因此，人的对象性活动必然具有“为我性”。人总是按照自身的目的和需要，自由、自主、自为地活动；人对对象物的关系不是消极、被动的依赖，而是不断否定、扬弃、超越和创造，从而使它们为我所用。事实上，人正是在这种“为我性”的实践活动中确证并实现自身本质力量的。并且，人在对象性活动中的受动性激发了人确证与超越的欲求。[4]事实上，马克思的实践概念与马克思人学思想是一致的。如果人拒绝实践，就不能成为人。马克思的实践概念不仅体现着改变世界的价值关怀，更体现着生成人之本质力量的人文关怀。在马克思那里，世界的改造和人的自我改变（确证、实现、超越）是一致的，实践本来就是“人类改变世界、改变自身、实现人的解放和全面发展的历程”[5]。

促进师生创造性本质力量生成

按照马克思的哲学，人的交往实践是革命性的，其革命性表现为认识未知世界和创造文化的、人化的人类社会，同时，人在为我性的实践活动中，也会不断确证或超越自身的本质力量，为创造文化的、人化的人类社会提供可能性。马克思强调“环境的改变和人的活动或自我改变的一致，只能被看作是并合理地理解为革命的实践”[6]。与存在主义过于凸显人的非理性不同，马克思实践生存论还强调人的理性特征，即人既认识到自己的困境、了解自己的局限，也努力扬弃自身以实现对自己的本质的重新“领有”或自我超越。正是因于这种不断提升本质

[1] 俞吾金.对马克思实践观的当代反思——从抽象认识论到生存论本体论[J].哲学动态，2003（6）.
[2] 夏甄陶.人：关系活动发展[J].哲学研究，1997（10）.
[3] [德]马克思、恩格斯.马克思恩格斯选集（第1卷）[M].北京：人民出版社，2012，81.
[4] 毋小勇.创新人才培养的条件：交往实践与“自由劳动”[J].教育研究，2017（10）.
[5] 王仕民.简论马克思的实践范畴[J].哲学研究，2008（7）.
[6] [德]马克思、恩格斯.马克思恩格斯选集（第1卷）[M].北京：人民出版社，2012，55.

力量的理性诉求，大学师生必然要自觉地、主动地摆脱困境与局限，强烈地、个性化地追求自己独特本质的完善和超越。❶

如前所述，在马克思的交往实践观中，是一个“主体—客体—主体”的三极关系结构。在大学场域中，高深学问无疑是上述三极结构的客体，它是大学中的交往实践的内容与依据。也就是说，无论人才培养还是学术探究和学术成果转化，无不围绕着高深学问而得以开展。事实上，高深学问蕴含着大学各种矛盾的胚芽。大学的各种职能都是在以高深学问为内容而开展着的多主体交往实践中实现的。这种基于高深学问而进行的多主体的交往实践正是大学师生不断提升本质力量的条件。

德国教育史家包尔生（F.Paulsen）指出，从表面上看，大学体现出“专业学院的松散联合体”❷的特征，但大学的内部本性却促使其外部特征转化为一个“有机整体”，体现出“一体性”。涂尔干也指出，“universitas”所指称的大学应该更多地从“一体性”或“统一性”来理解，大学“是一个复杂的机体，包括了几个相互分离的部分，而这些部分又在一个单一的有机体内取得协调一致”❸。如果说包尔生从“相同的目标”和“共同的任务”来理解大学，涂尔干则从“同一种精神”来理解大学“一体性”之所以可能的根据。那么，一旦我们发现大学交往实践中的“主体—客体—主体”三极关系结构，就能深刻认识大学“一体性”缘起、形成和发展的内在原因。事实上，在大学的多主体交往实践中，各主体正是因着一个共同的客体——高深学问得以相互关联。

但是，现代大学却存在着人文教育和科学教育的矛盾，也就是说，存在着人文与科学交往实践的鸿沟。这种矛盾或鸿沟在一定程度上跟西方知识类型的划分有关。从西方知识的起源看，最初人们以神话的方式理解自然，这一时期人们更多地关注自然。从苏格拉底起，人们对于世界的探究从自然转向了人。到亚里士多德那里，更是把实践作为一个哲学概念引入到人类知识活动中，并根据人的不同活动形式，相应地把知识划分为理论知识、实践知识、创制知识。❹亚里士多德将实践概括为道德的或政治的活动，因此“实践知识包括伦理学和经济学，研

❶ 毋小勇、杨志卿.大学的“扬弃”：回到“人”及其发展[J].教师教育研究，2017（3）.
❷ [德]弗里德里希·包尔生.德国大学与大学学习[M].北京：人民教育出版社，2009，434.
❸ [法]爱弥尔·涂尔干.教育思想的演进[M].上海：上海人民出版社，2003，134.
❹ 毋小勇.论通识教育课程应然的价值取向[J].苏州大学学报（教育科学版），2013（3）.

究人的生活行为"❶。但是，"在亚里士多德看来，理论哲学的重要性要高于实践活动的重要性"❷，因为"理论沉思是最高层次的活动，以求真为目的，其讨论的终极目的是努斯；实践或制作都是实践智慧的体现，遵循内心的原则，以善为目的，并最终统一于理性"❸。亚里士多德关于理论与实践的区分"深刻地影响了此后西方哲学的发展"❹。但在欧洲中世纪的很长一段时期，理论的优越地位被压制于信仰之下。信仰对于理性的压抑，一方面抑制了科学的发展；另一方面却正由于这一作为基督教遗产的机构对于信仰的关照，大学从其诞生之日起即具有人文精神。有学者认为，中世纪大学的人文精神有着深沉的信仰渊源，中世纪大学的诞生"满足了以城市为中心的现代社会对精神信仰空间的重建需要"，并逐渐发展成为"现代社会终极意义的最高关怀机构"❺。

康德发展了亚里士多德的实践概念。康德认为，人类理性有认识功能和意志功能两种功能：前者为理论理性，后者为实践理性。在康德看来，实践理性是高于理论理性的，因而实践知识也是高于理论知识的。因此，在康德构想的大学中，哲学学科是处于最高的地位的。康德的大学思想被洪堡继承。洪堡最早将科学教育引进大学，但他主张的大学进行"纯科学"的探究和教育活动并不只是狭义的科学研究，而是包括哲学、人文、社会和科学等领域的学术研究，其目的是道德修养和人的精神力量的完善，即提升师生本质力量。洪堡对科学研究的强调，在美国人那里却获得了另一种理解。美国人将洪堡的科学探究和教育的主张与其实用主义传统相结合，从而使科学教育在大学中逐渐占据统治地位。自此，大学一直在科学教育和人文教育中摇摆。

俞吾金认为，我们对马克思实践概念的理解，存在"单纯认识论的路向"和"生存论本体论路向"，并且"如果说，前一个路向与自然科学、自然规律和技术的发展联系在一起，那么，后一个路向则与人文社会科学，尤其是政治学、经济学、伦理学、法学和宗教学等学科所阐述的、处理人与人之间关系的规范或规则联系在一起；假如说，前一个路向往往导致'技术决定论'，那么，后一个路

❶ 张晓红、李兆友.古希腊技术实践思想研究[J].自然辩证法研究，2011（1）.
❷ 王仕民.简论马克思的实践范畴[J].哲学研究，2008（7）.
❸ 张晓红、李兆友.古希腊技术实践思想研究[J].自然辩证法研究，2011（1）.
❹ 王仕民.简论马克思的实践范畴[J].哲学研究，2008（7）.
❺ 尤西林.大学人文精神的信仰渊源[J].高等教育研究，2002（2）.

向才可能引导人们走出这种决定论，并引起人们对人文精神的普遍重视”[1]。张楚廷则指出，人文教育具有引领大学教育的作用，因为人文教育是赋予人以人的精神的教育，是使人维护和发展自由的教育，是使人成为自由人的教育，是使人更智慧的教育，是使人更像人的教育，是使人获得解放的教育。[2]可见，大学中的实践应该也能够促进师生创造性本质力量生成。

三、“大学—大学生—社会”交往实践机制

大学中的交往实践

在交往实践的视野中，自然界绝不是交往实践关系的终结点和栖息地，而是作为人与人相互连接的纽带和中介而存在的。也就是说，自然界是人与人建立关系的起点，实现着沟通联结多极主体间交往实践关系的功能。马克思指出，“人们的存在就是他们的现实生活过程”[3]。马克思交往实践观不仅确立了人的主体在场性，还解决了困惑哲学家们的“主体际困境”。因此，人的交往实践最终体现为“主体—客体—主体”的结构，这种“主体—客体—主体”结构由多元的、差异性的主体构成，因此，人的交往实践的前提是交往各方的主体地位的相互确认。可以肯定，在大学文化创新或知识探究的过程中，教师、学生和其他“在者”成为利益相关者，师生必须通过师生之间、学生之间、教师之间、师生与其他人之间的交往实践，汲取物质、精神和信息的成果，各自完善自我的文化视界、世界图景和认知结构，不断丰富师生自我的意义建构，不断地完善师生自我和超越自我。因此，“情境”“协商”“对话”和“共享”是大学基于意义建构的文化创新或知识探究的必要环境或环节。

从师生的交往实践特征来看，大学生在培养博学之士的理想大学中，通过跟大学教师进行交往和交流，表达自己独特的心得话语，领悟学术真谛。因而，师生关系不仅仅是为了知识而建立的理性关系，还应该是具有更高层次的精神启迪意义的情感联系。交往实践活动是大学生主体意识培育及发展的基础和依托。大

❶ 俞吾金.对马克思实践观的当代反思——从抽象认识论到生存论本体论[J].哲学动态，2003（6）.

❷ 张楚廷.大学人文教育与人的解放[J].高等教育研究，2011（2）.

❸ [德]马克思、恩格斯.马克思恩格斯选集（第1卷）[M].北京：人民出版社，2012，72.

学生的交往实践可以分为日常交往实践和非日常交往实践。日常交往实践活动是大学师生之间与大学生之间因学习与探究活动而发生的主体间的以精神交往为主的交往活动，非日常交往实践活动是指大学师生除了血缘关系以及日常生活关系之外的主体发生的主体间的其他交往活动。两者共同构成了大学师生的交往实践活动。❶

从大学师生的交往实践看，他们总是带着一定主观选择的目的而进行交往的。他们通过主体间“师—生”“生—生”和“师—师”之间的交往实践活动，围绕他们感兴趣或符合他们发展志趣的问题开展学习和探究，借助类似于苏格拉底跟学生关于“正义”与“非正义”的对话方式，❷回到洪堡所倡导的“习明纳”之中，共同完成意义领会与意义建构，各自建构与丰富个人的独特的文化视界。“习明纳”是由学生组成研讨小组或研讨班，围绕共同感兴趣的问题在规定的时间内组织探究、交流、讨论。在这个过程中，教师首先要引导学生发现问题，提出猜想与假设，制订探究方案，搜集事实与证据，然后“证实”或“证伪”猜想与假设，通过学生的自我设计、自我决断、自我解决问题的过程，使学生的理性思维能力得到发展，让学生作为主体的地位得到尊重。可见，教师的作用不仅仅在于提供确定的答案或结论。大学师生具有自我筹划与自我超越的品质，他们在追求个人理想与自我价值实现的过程中，通过实践活动实现个体的社会化，履行社会责任，并在实践中完成自由发展与快乐的表演。大学师生往往带着主观的兴趣、动机与观念，理性地走进感性或客观的实践的场域，以求善、求真为神圣的天职，实现人类文化的薪火相传与创新发展。大学师生的交往实践具有能动性、社会性和创造性。他们通过有目的的学习、实习、教学、调查、阅读、实验、设计、制作等实践活动，不仅获得了高深学问、取得了令人惊叹的发现、提出了自洽的理论、制订了完美的方案和设计了精良的产品，更丰富了自我、实现了超越。❸

如果一组人形成了共同的生活圈子，那么必然与其他人有了一定的距离。当他们占据社会一个共同的角落，有了共同的问题，或许有了几个共同的敌人的时

❶ 母小勇.创新人才培养的条件：交往实践与“自由劳动”[J].教育研究，2017（10）.
❷ [古希腊]色诺芬.回忆苏格拉底[M].北京：商务印书馆，1986，144-147.
❸ 母小勇.“大学的哲学”论纲——人学视野中的大学[J].教师教育研究，2016（3）.

候，文化便产生了。[1]大学生成了一种包括思想观念、价值取向、思维方式、行为准则等内容的多元的交往实践环境。这个多元的交往实践环境崇尚学术自由，具有独特性、创新性、互动性，它可以让大学教师在这个环境坚守发自内心的学术信念。在这个交往实践环境中，大学教师可以充分地享受学术自由，他们可以视学术自由为正当的权利；大学教师可以坚持实事求是、严谨治学，自觉遵守学术规范，潜心研究。在这个交往实践环境中，大学教师坚守内心的独立，修身正己，自我约束，恪守学术道德，将学术规范和职业道德内化为自身的内心追求。在这个交往实践环境中，大学教师正确行使学术权利，尊重知识，尊重他人的创造性劳动，形成客观、公正、民主的学术氛围。[2]我们知道，“与学术自由互为补充和对应的是学术责任，但学术责任鲜为人用。在我们的社会里，这二者被视为是硬币的两面。在谈到个人自由和群体责任之间的对称与均衡关系时，自由和责任，权利和义务，它们是交易的关系”[3]。因此，在追求学术的过程中，大学教师要勇于承担学术责任和学术义务，大学中的交往实践能够促进教师创造性本质力量生成。

大学生的交往实践是他们走向成功的重要保证。在现代社会，各种知识与信息在不断地增长，人们拥有各种信息并试图合理利用的愿望和要求也在不断地增长。毫无疑问，交往实践是交流信息、获取知识的重要途径。因此，大学生的交往实践是一种获取和交流知识信息的社会活动。有效的信息沟通，既可以克服个体的认识的盲点和拓宽个体的知识视野，也可以成为个体成功道路上的润滑剂。有效的信息沟通，能够为个体将来取得事业的成功、人生的幸福做好准备。

苏格拉底式的对话是一种超越“主体”与“客体”的隔阂，而“我”与“你”建立精神上相遇并关联的知识探究与学习方式。苏格拉底式的对话也是师生间心灵相互回应的过程。也就是说，苏格拉底式的对话中，对话不仅仅是二者之间言语的交流，更是双方敞开心扉和彼此接纳、彼此提升的过程；对话是一种以开放性、探究性思维为主要特征，强调对真理与存在的参与性理解、建构的过程。个性品质的形成和后天交往实践密不可分。大学生的交往实践是他们个性发展和完善的路径。学习、生活和工作中的交往实践对于一个正在铸就自己世界

[1] [美]伯顿·R.克拉克.高等教育系统——学术组织的跨国研究[M].杭州：杭州大学出版社，1994，83.

[2] 母小勇.创新人才培养的条件：交往实践与“自由劳动”[J].教育研究，2017（10）.

[3] [美]唐纳德·肯尼迪.学术责任[M].北京：新华出版社，2002，4.

观、人生观、价值观的大学生来说至关重要。大学生和谐友善的同侪关系、师生关系会让其形成其乐观开朗、积极向上的个性品质，也能够在群体中充分表现自己的聪明才智。大学生只有全面认识他人，深刻反思自己，才能在人际交往中愉悦心灵与和谐关系，从而获得其个性品质的发展和完善。交往实践可以帮助大学生提高对自己和他人的认识，可以从对方的反应和评价中去认识自己，发现自身的不足之处。大学中的交往实践能够促进学生创造性本质力量的生成。

大学师生及大学的各种异化是不可避免的，克服异化不是简单地逃避社会的新的实践活动和新的实践方式，不是简单地回到人类原初的状态和原初的本质力量水平，而是自身扬弃。在马克思那里，人是有历史、有发展、没有完成而且不可能完成的存在。人需要在扬弃中不断自我超越、丰富和提升其本质力量。❶

“大学—大学生—社会”交往实践机制❷

劳动及其产品被理解为人的个性的物化、对象化，同时被看作是人的主体性、本质力量的物化、对象化。具有自主意识和自由意志的人就是具有个性的人。对人的主体性的提高和完善，也就是对人的个性的解放和弘扬。主体性作为具体个人的独特性，也是人优越于一般动物的一个根本特性。人是一种自为的生命存在、关系性的生命存在，就决定了“人始终是主体”。作为主体的人，是“在受动中求能动，在实然中求应然，在适应中求超越，在有限中求自由”❸的人。人的活动是一种主体性活动，“动物仅仅利用外部自然世界，简单地通过自身的存在于自然界中引起巨大变化；而人则通过他所作出的改变来使自然界为自己的目的服务，来支配自然界。这便是人同其他动物的最终的本质的差别，而造成这一差别的又是劳动”❹。作为现实的存在的人，一定是一个整体的人，是“一种理智的、有感情的、物质的、社会的精神的存在”。因此，大学创新人才培养应该将人看作一个整体的人，而不是一个片面的道德人、知识人、生物人和理性人。

通过对人类历史的发展进程的考察可以发现，人类正是凭借其独特的创造性

❶ 母小勇、杨志卿.大学的“扬弃”：回到“人”及其发展[J].教师教育研究，2017（3）.
❷ 母小勇.创新人才培养的条件：交往实践与“自由劳动”[J].教育研究，2017（10）.
❸ 王道俊、郭文安.主体教育论[M].北京：人民教育出版社，2005，28.
❹ [德]马克思、恩格斯.马克思恩格斯选集（第4卷）[M].北京：人民出版社，1995，383.

及交往实践活动，推动了社会不断向高级阶段发展。创造性是主体能动性的最高表现。如果说能动性的实质是对现实的选择，那么创造性的实质则是对现实的超越，因为创造意味着突破，标志着进步。❶马克思认为，正是由于人的“非特定化”和生成性，作为客观存在的自然界现存的事物往往满足不了人类的需求。在这种情况下，人需要通过创造性的活动来获得生存的必需。也只有通过人的创造性活动，自然界也才能完成人化自然的过程。人总是通过自己的活动再生产、再创造自己新的存在状况和新的特性与本质。

只有大学的创新教育沿着这样一条既是起点又是终点的逻辑环发展，人类才能不断地得到生长和发展，才能获得充足的逻辑保障，才能循环往复，在实现人类自身螺旋状上升的过程中推进社会的发展。在这样一个过程中，现实的人不断地完善和更新自己的本质。现实的人应该成为创新教育的出发点和归宿，弘扬、培植人的主体性，使人不断实现从生命的实然状态到应然境界的飞跃，真正成为自由自觉的生命活动主体——这理所当然地要成为创新教育追求的目标。总之，通过开放的社会实践活动和师生交往的课程活动，大学生领会了自然世界和人类社会原初的真、善、美，在幸福与快乐的“绵延”中产生创造“生命冲动”，超越个体生命，实现独特的社会角色和文化创新。

马克思理解的实践，是人自身通过对环境的改造和创造达到与环境统一的活动。❷因此，实践就其本质而言就是一种超越、一种创新。教育不应以各种现实的规定性去束缚人、限制人，而是要使人从现实性看到各种发展的可能性，并善于将可能性转化为现实性。“大学—大学生—社会”交往实践机制，是通过开放的社会实践活动和师生交往的课程活动，突破课堂与自然、社会的壁垒，通过大学生社团活动、科技创新团队活动、社会实践团队活动和大学生创业园活动，开展田野式调查与实践、创造发明、技术开发、民间采风和尝试创业等，使得学习内容跟人类社会生活与社会实践及所面临的问题发生关联成为可能，让大学生走进并体验充满生机和无限创造可能性的社会实践；通过学术讲座、创业经验报告、择业咨询报告、行业推介等，帮助大学生进一步领会专业、职业、创业、社会、文化、科学、技术等，明确自己的求学目的与动机，正确定位与筹划自己，让大学生既发现世界、认识世界，也发现自己、认识自己。马克思认为，能动地创造世界的主体必然是一个具有个性的现实的存在。一个现实的人，也是一个主

❶ 丛敏.和谐社会视阈下的中国特色儿童发展观[J].现代商业，2013（6）.
❷ 欧阳康.哲学研究方法论[M].武汉：武汉大学出版社，1998，399.

体性和个性充分发挥的人。一个人个性越强，其主体性也就越强，反之亦然。人的主体性与个性是联系在一起的，个性就是人的主体性的个体表现。

“大学—大学生—社会”交往实践机制如图1所示。大学生可以通过与大学教师、其他大学生、管理人员进行大学内的交往与对话，通过学科组织、专业组织和社团组织进行学术取向或职业取向的交往实践，自主发展创新能力；大学生可以通过大学与社会文化组织、社会学术组织、社会行业组织和企事业单位、其他社会组织和公众建立的桥梁，或直接与这些社会组织建立联系，开展社会实践，了解社会主流文化、传统文化，熟悉各种社会行业、社会职业甚至尝试创业，进入社会公众之中，参与社会管理机构组织、社会学术组织开展的创新实践活动，发现自己，提升社会交往能力、领导能力、创业能力和创新能力。

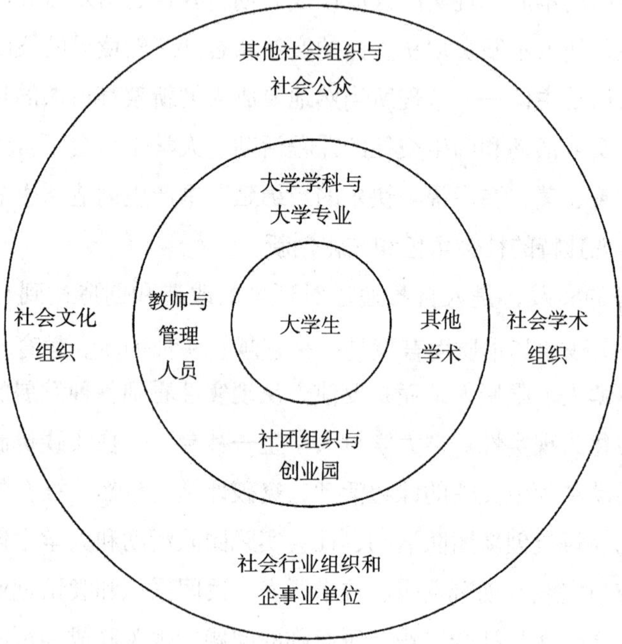

图 1 “大学—大学生—社会”交往实践机制

“大学—大学生—社会”交往实践机制的特点是：（1）突出大学生在各种交往实践中的自主性；（2）强调大学生交往实践对象、内容和方式的多元性；（3）注重大学生在大学内外部开展跨学科、跨专业和跨文化交往实践的开放性；（4）强化大学构建交往实践场域（包括课堂内外的学术交往环境与大学内部的创新创业园）、搭建多种交往桥梁等功能的多重性。

大学大力倡导创新创业，重点在于提升大学生创造性本质力量，而不在于鼓励所有学生都去开公司、办企业。大学应该把创新创业教育纳入培养计划和课程体系之中，通过训练与实践使学生获得创新体验和创业历练，具备一定的创新创业素养和能力。当然，大学可以实行“弹性学习年限”，允许部分专业甚至所有专业的部分大学生在学习中途暂时休学，进行创业或实践尝试，获得对社会、对文化、对自身的深刻认知。

四、自由组合课程机制

“自由劳动”与人的创造性生成[1]

马克思哲学是一种实践哲学。马克思哲学中的实践是生存论的和本体论的。[2]因为在社会历史中，人的实践最终都指向人的创造性本质力量的确证与实现，实践对于改造世界和人的自我改变是一致的。实际上，人的本质力量的确证与实现正是人类终极理想的生存状态。在人类历史发展进程中，无论是“以谋生手段为主体的物质生产领域”，还是“以人类主体的自我发展为主体的自由活动领域”[3]，都必须以人的创造性本质力量的实现为基础。马克思把这样的一种人类终极理想状态称为“自由王国”。社会化的人将合理地调节他们和自然之间的物质变换，在最适合于他们的人类本性的条件下来进行这种物质变换。但是，人还是始终处于必然王国。当作为目的本身的人类能力得到发展，才真正进入自由王国。的确，当人的本质力量充分生成之时，人就能按照自己的意图对外部世界做出合目的性的改造。然而，这不是人类实践的最终目的。人类实践终究是期盼自己从必然王国进入到自由王国，而“自由王国只有建立在必然王国的基础上，才能繁荣起来”[4]。在自由王国中，作为目的本身的人类能力得以全面而充分的发展，这才是人类终极理想的生存状态，才是真正的人的自由。正如俞吾金所考察的，马克思的自由观继承了康德的思想，即马克思的自由概念与认识论无涉，

❶ 毋小勇.创新人才培养的条件：交往实践与“自由劳动”[J].教育研究，2017（10）.
❷ 俞吾金.对马克思实践观的当代反思——从抽象认识论到生存论本体论[J].哲学动态，2003（6）.
❸ 张一兵.马克思“必然王国”向“自由王国”转换的理论真谛[J].哲学研究，1994（8）.
❹ [德]马克思、恩格斯.马克思恩格斯全集（第25卷）[M].北京：人民出版社，2001，927.

而是关涉于本体论的。[1]

在马克思阐明了实践的本体论目的之后，接下来的问题是：人的创造性本质力量生成或“每个人的全面而自由的发展”在什么条件下才得以实现？对此，马克思做出了明确回答：“正是在改造对象世界中，人才真正地证明自己是类存在物。这种生产是人的能动的类活动。通过这种生产，自然界才表现为他的作品和他的现实。因此，劳动的对象是人的类生活的对象化：人不仅像在意识中那样理智地复现自己，而且能动地、现实地复现自己，从而在他所创造的世界中直观自身。”[2]这里，马克思明确指出了“人的能动的类活动”是人的创造性本质力量实现的前提条件。按照他的观点，人的活动是一种自由自觉的活动，这是与动物活动的根本区别：“动物只是按照它所属的那个种的尺度和需要来建造，而人却懂得按照任何一个种的尺度来进行生产，并且懂得怎样处处都把内在尺度运用到对象上去；因此，人也按照美的规律来建造”[3]。

关于人的创造性本质力量生成的条件，马克思不仅确立了自由劳动基础作用，也强调了扬弃“异化劳动”的重要意义。人的类本质的异化是马克思“异化理论”的核心，人与人之间的异化归根结底是由于人的类本质的异化，“人同他的类本质相异化这一命题，说的是一个人同他人相异化，以及他们中的每个人都同人的本质相异化”[4]。人与人之间的异化，说到底还是人的类本质异化的表现。“异化劳动把自我活动、自由活动贬低为手段，也就把人的类生活变成维持人的肉体生存的手段。”这样，“他在自己的劳动中并不肯定自己，而是否定自己；不是感到幸福，而是感到不幸；不是自由地发挥自己的力量和智力，而是使自己的肉体受折磨、精神遭摧残。”[5]在《德意志意识形态》中，马克思进一步将“异化的扬弃的内容……规定为对于分工的消灭”[6]。马克思认为，“只要分工还不是出于自愿，而是自发的，那末人本身的活动对人说来就成为一种异己的、与他对立的力量，这种力量驱使着人，而不是人驾驭着这种力量”[7]。

[1] 俞吾金.物、价值、时间和自由——马克思哲学体系核心概念探析[J].哲学研究，2004（11）.

[2] [德]马克思、恩格斯.马克思恩格斯全集（第42卷）[M].北京：人民出版社，1979，97.

[3] [德]马克思、恩格斯.马克思恩格斯全集（第42卷）[M].北京：人民出版社，1979，97.

[4] [德]马克思、恩格斯.马克思恩格斯全集（第42卷）[M].人民出版社,1979，98.

[5] [德]马克思、恩格斯.马克思恩格斯全集（第42卷）[M].北京：人民出版社，1979，97、93.

[6] 王南湜.马克思的自由观及其当代意义[J].现代哲学，2004（2）.

[7] [德]马克思、恩格斯.马克思恩格斯选集（第1卷）[M].北京：人民出版社，2012，37.

关于人的创造性本质力量生成的条件，马克思不仅将自由劳动作为其根本性条件，也从自由时间的角度对其做出明确规定。在马克思那里，时间之所以与实践有关系，正因为对象化活动是一种“时间化的此在的活动”❶。马克思的时间观是以劳动为出发点的，正如古尔德（C.Gould）所指出的：“对于马克思来说，劳动是时间的起源——既是人类时间意识的起源，又是对时间进行客观测量的起源。”❷在马克思的实践哲学中，自由时间能为人的创造性本质力量生成创造条件，“所有自由时间都是供自由发展的时间”❸，并且，“由于给所有的人腾出了时间和创造手段，个人会在艺术、科学等方面得到发展”❹，使个人得到充分发展。在马克思展望的人全面发展得以实现的共产主义社会中，不是别的东西，正是“自由时间或个体自由发展的时间成了对富有的一种测量”❺。而“时间实际上是人的积极存在，它不仅是人的生命的尺度，而且是人的发展的空间”❻。很难设想，人在必要劳动时间和吃饭睡觉的时间之外，没有闲暇时间，如何谈论人的自由？

自由组合课程机制❼

自由劳动的前提是学术自由。学术自由就是“学的自由”“教的自由”和“研究的自由”。西方学术自由思想最早可以追溯到古希腊的一些哲学家的思想和活动中。哈斯金斯认为，“如果如某些改革家所言，教师的社会地位和自我尊重包括他们对大学事务的管理的话，中世纪俨然是教师管理大学的伟大时代”❽。“中世纪的大学是最初的‘学者的社团’。这种学者社团具有国际性：大学的教师和学生来自许多国家；它教授没有国界的科学；因此眼界开阔，主张

❶ Gould.*Marx's Social Ontology*[M].Boston:The MIT Press,1978,62.
❷ Gould.*Marx's Social Ontology*[M].Boston:The MIT Press,1978,41.
❸ [德]马克思、恩格斯.马克思恩格斯全集（第46卷下册）[M].北京：人民出版社,1980,139.
❹ [德]马克思、恩格斯.马克思恩格斯全集（第46卷下册）[M].北京：人民出版社,1980,219.
❺ Gould.*Marx's Social Ontology*[M].Boston:The MIT Press,1978,68.
❻ [德]马克思、恩格斯.马克思恩格斯全集（第47卷）[M].北京：人民出版社，1979，532.
❼ 毋小勇.创新人才培养的条件：交往实践与“自由劳动”[J].教育研究，2017（10）.
❽ [美]查尔斯·霍默·哈斯金斯.大学的兴起[M].上海：上海人民出版，2007，42.

‘普遍教学的自由’。”[1]中世纪的大学仿效行会组织争取“自治”的权利，从教皇和国王手里争取得了办学自主权等多项权利。因为没有社会控制，大学既自我尊重又自我管理。因此“没有一位中世纪的教师被谴责为宣扬自由贸易或自由财产或社会主义或不抵抗主义”[2]。“当中世纪的教师磨炼人类才智并延续知识传统的时候，他其实常常是在他的时代里以他自己的方式处理着人类永恒福祉问题。”[3]可见，自由对于知识发现与学术研究是至关重要的。由于大学承担了高深学问的传承、研究和创新的任务，教授应该获得教学与探究的自由，学生应该获得学习的自由、选择的自由与参与高深学问研究的自由。这就是学术自由。有学者认为，“学术自由是指专业上合格的人士在他们所胜任的学科中自由地调查、讨论、发表或教授他们所认为的真理，而不接受宗教或政治的控制和权威的许可，除非这种控制是职业道德标准，除非这种权威是在有关学科中用来证明真理和结论的合理方法”[4]。学术自由对教师来说，意味着有权教授、研究和发表他认为正确的和好的高深学问，虽然高深学问受到社会法律、自然规律、学术伦理、学术道德的约束，但是，具有真理性并符合社会法律、自然规律、学术伦理、学术道德的高深学问应该得到保护并传播。学术自由对大学生来说，意味着可以根据自己或自他人的建议选择课程、选择教师、选择继续探究的学术领域。学术自由是从事学术活动的人的基本的精神环境和精神家园。

哈佛大学的《2006—2007学年本科学生手册》对在校学生的修课规定是：每个申请获得学士学位的学生必须修32门学期课程，其中16门左右是有关专业的，8门是有关通识教育的，其余8门左右则可依据个人兴趣自由选修。8门通识教育课程必须从哈佛核心课程中选学。哈佛核心课程包括7个领域：外国文化、历史研究、文学艺术、道德推理、定量推理、自然科学和社会分析。这7个领域共有180门课程。[5]哈佛大学物理学专业学生的人文和科学通识选修课程约11门，占课程总数的34.3%。一级学科层面的课程6—15门（包含6门数学必修课程和可以自由选修的9门科学类课程）。对一个具体学生来说，这类课程占课程总数的18.8%—46.9%（由于学生的自由选择，这是一个比例范围，而不是一个规定的比

[1] [法]雅克·勒戈夫.中世纪的知识分子[M].北京：商务印书馆，2002，65.
[2] [美]约翰·S.布鲁贝克.高等教育哲学[M].杭州：浙江教育出版社，2001，44.
[3] [美]约翰·S.布鲁贝克.高等教育哲学[M].杭州：浙江教育出版社，2001，48.
[4] [美]胡克.学术自由的原则[N].现代外国哲学社会科学文摘，1985（9）.
[5] http://www.registrar.fas.harvard.edu/fasro/courses中的corecurriculum.

例）。二级学科层面和专业种属层面的课程6—15门（6门物理学二级学科必修课程和可以自由选修的9门学期课程），这类课程占课程总数的18.7%—46.9%（由于学生的自由选择，这同样是一个比例范围）。如表7所示。可见，哈佛大学物理学专业学生课程自由组合的自由度非常大。

表7　哈佛大学物理学专业学生课程自由组合情况

课程类别	课程数量	所占比例
人文和科学通识课程	11门	34.4%
一级学科层面的课程	6—15门	18.7%—46.9%
二级学科层面和专业种属层面的课程	6—15门	18.7%—46.9%

对于大学生来说，自由劳动意味着“学的自由”。为了培养纯学术创新人才、学术成果转化型创新人才、企业创新型人才和创新型创业人才，大学要尊重大学生的个体差异，建立自由组合课程机制，实现从“国家课程”和“学校课程”向“学生课程”的转化[1]，促成他们独特性的生成，使每一个学生获得充分的、自由的、独特的发展。大学始终不可能制订完全符合未来社会需要的人才规格与培养模式，社会也不需要批量生产的“标准件”式的人才。过多的“国家课程”——指依据社会主义的办学方向和社会经济结构和社会专门职业分工，对未来人才的知识、技能和修养等方面的要求进行预测，从而设置的“预期课程”——往往会限制大学生自我超越。所谓“学生课程”，是大学生在完成“国家课程”最基本要求（“必然劳动”）的基础上，根据自己的特长、偏好、能力和志向，自主选择喜欢的、符合自己能力取向的课程学习（“自由劳动”），最终形成个人独特的课程体系。[2]

自由组合课程机制既是培养社会多元化人才的保障，也是大学生通过“操心”与“筹划”完成自我创造和自我超越的保障。建立自由组合课程机制，可以实现自然科学、社会科学和人文科学之间的开放性，能够使每一个大学生不仅仅有自己所“归属”的专业，更重要的是有属于自己的知识结构、技能结构、文化视界、个人修养。为了实现自由组合课程机制，要增强课程体系的灵活性，调整

❶ 毋小勇、谢冉.从“国家课程”“学校课程”走向“学生课程”[J].教师教育研究，2013，（2）.

❷ 毋小勇.马克思人学视野中的大学创新人才培养机制[J].教育研究，2014（7）.

各类课程的比例，实行弹性学制，让学习兴趣、专业倾向、学习能力、学习风格不同的学生有更多的选择；应该承认学生间的兴趣、爱好、认知方式等方面的个别差异性，扩大选修课程的种类，对大学生开放部分研究生课程，允许学生自己进行课程的选择与组合，保证自由劳动或自由学习的时间，利用选修课来拓展大学生的视野，提供人文和科学体验，让他们发现自己“生命冲动”的独特品质，以自己的方式“存在”。[1]自由组合课程机制如图2所示。

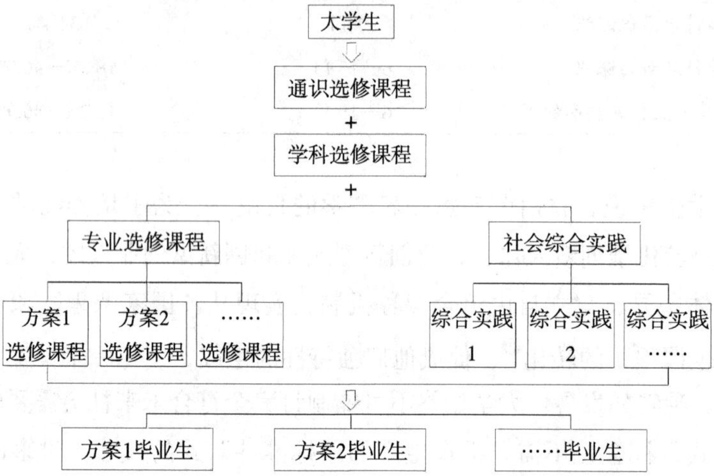

图2　自由组合课程机制

自由组合课程机制将课程分为三个层次：（1）通识选修课程；（2）学科选修课程；（3）专业选修课程与社会综合实践。其特点是：（1）通识选修课程由适量“必选国家通识课程”和“自选通识课程”组成，以保证社会主义的办学方向；（2）学科课程、专业课程和社会综合实践均为自由选修课程，部分研究生课程也对本科生开放；（3）专业选修课程实现自由的课程方案制，社会综合实践实现“无类型强制”的活动自由组合制；（4）实行“弹性学习年限”，将尝试创业纳入社会综合实践活动范畴，进行学业管理。

自由组合课程机制下，大学生除了完成“必选国家通识课程”学习，还必须从若干文理通识课程中选择一定学分的课程，然后在一级学科层面选择一定学分的大类课程（包括部分研究生课程）；在专业层面，大学生可以在一级学科、二级学科范围内选择一定学分的若干专业课程（包括部分研究生课程），构成自

[1] 母小勇.马克思人学视野中的大学创新人才培养机制[J].教育研究，2014（7）.

己独特的专业方案；在社会综合实践活动与训练方面，大学生可以结合自己的偏好，选择一定学分的某些类型的社会综合实践活动（不一定选择同一类型的综合实践活动）或尝试创业。这样做的结果是，每一位大学毕业生都完成独特的、自主选择的课程组合的学习，形成了独特知识结构、技能结构和文化视界，成为具有不可替代性的个性化纯学术创新人才、学术成果转化型创新人才、企业创新型人才和创新型创业人才。

第十章
大学创新教育的价值取向：实现学生自由发展

创新教育应然的价值取向在于促进人的全面发展和自由成长，其基本特征是让大学生实现自我超越和完成旨在建构个性化文化视界的“交往”与“对话”。作为现实的存在，人是独特的、有个性的主体，人具有非特定化和不完善的本质，需要在实践中得到应有的提升；实践是人的根本的存在方式，是人的创新性和生成性的表现。作为实现人的生存的真善美统一的素质教育，创新教育的应然起点是“现实的人”，应然的创新教育是生成人、养成人的实践方式，其活动必须建立在“现实的人”的存在的基础上，促使人自我完善、形成健全人格，提升大学生的创造性本质力量和提升人的生命价值并诱导出他们的创造力量。创新是一种超验活动、一种善的追求和一种终极关怀，创新是人与自然、人与人的终极和谐状态的需要。因此，创新教育的应然功用是满足大学生多样需求，创新教育应该保持多重创新观之间必要的张力，追求工具理性与价值理性的统整；创新教育必须实现个人社会化的交往与对话，通过多维实践完成大学生个性化文化视界的建构。一流的本科教育的应然目标是培养创新人才，一流的本科教育应该在“成人”与“成才”之间保持必要的张力，采用课程机制保证学生自由发展，促进学生完成人生规划和职业选择；通过一流的通识课程促进大学生社会化与核心素养的发展，通过一流的基本学术训练发展学生的可迁移能力。

一、回到创新教育的“原点”

自创新教育在我国提出以来，不同学者从不同的角度对其进行了探讨。实际上，大学创新教育的重点既不是课程设置，也不是课程实施，而是发展作为创新教育的主体的人，其最终价值要体现在基于人的本质促进人的生成完善。换言之，对于大学创新教育而言，探究它的本原性和始基性——人的存在与发展无疑就是答案所在。为了突破我国大学创新教育的困境，我们必须回到创新教育的应然原点，回到马克思主义人学所强调的“现实的人”这一人的本质的基点上来。

创新教育的起点与“现实的人”

人是现实的存在，现实存在的自然环境和社会环境是他们的活动场所和他们的物质生活条件。现实的人是处在现实社会关系和物质生产过程的人，也是受物质生产状况制约的人。人的活动本身是一种客观活动，这种活动既受既有的物质生活条件，即其前代所创造的物质条件和生产力总和的制约，同时，这种活动又创造着物质条件和生产力。也就是说，作为培养完善人的创新教育，应立足于人的现实生存状况，从人的现实存在的本质出发。但纵观我国大学目前的“创新教育”现状，可以发现，形式化的“创新教育”往往呈现忽视人的生存状况的形式化的倾向。一方面，这种形式化的倾向体现在至今有些高校还没有根本改变“重理论轻实践”的教育理念和教育实践。这种“重理论轻实践”的倾向使得高校在具体执行过程中，对于创新教育或素质教育，往往“重口号，轻落实”“重在文件，轻育人活动”。另一方面，这种形式化的倾向还体现在高校对于创新教育的强调过于笼统，缺少科学的规划和指导，宣传、组织、保障都没有到位。这种没有长效性的制度和人力保障的实践活动很大一部分流于形式。[1]实际上，真正发挥实效的大学创新教育或素养教育，必须立足点是“现实的人”或大学生，从他们不同的生活条件与背景、不同的思想观念，以及不同的个性人格出发，为他们提供因材施教与自由发展的条件。

创新教育应立足于具体的社会生活实际，不是从主观的愿望出发，而从具体的物质条件、生存环境和社会需求出发，将其建立在可靠的物质和社会基础上。“处于独立生存中的个体的人是历史性的存在。他是被他在时空中的位置、在文化系统、共同体的相互作用中的位置所决定的。”[2]由于大学生的存在受客观条件的制约，大学创新教育就应立足于社会发展的实际，以大学生社会化为现实起点，充分考虑社会发展状况对于大学创新教育的制约作用。在大学创新教育现实目的的确定方面，大学应坚持现实性原则，在创新教育的内涵、内容、方法、途

[1] 肖建.我国高校实践育人观的突破、困境与反思[J].江苏高教，2013（9）.

[2] 刘敬鲁.论海德格尔对现代早期人学的扬弃[J].中国人民大学学报，2017（2）.

径等的制定上考虑社会的现实及社会的发展需求和趋势，强调大学生的现实生存境遇和现实生存状况，明确创新教育的针对性和实效性。弗洛姆强调，健全的人格形成，不仅要强调个体如何适应社会，而且要强调社会能否促进人的发展，“一个健全的社会使人能够爱他人，进行创造性劳动，开拓自己的理性和客观认识，在体验到自己的生产性力量的基础上建立一种自我意识”[1]。因此，创新教育应强调良好氛围的营造，促进环境和现实的人自主自由发展二者之间的良性互动。

实际上，创新教育目的的实现与社会环境，特别是教育环境，是相互统一的。创新教育的顺利开展与创新教育目的的实现，离不开与之相适应的教育环境。一个鼓励创新的社会环境或教育环境，有助于更好地实现创新教育的目的，创新教育目的的实现又能够更好地优化社会环境或教育环境。作为“现实的人”的大学生，是处于社会发展和自身发展过程中的人。随着社会条件的变化，人的思想观念必然发生变化，这必然会影响大学生心中的发展目标。面对变化中的社会和发展中的大学生，创新教育则应该以新思路、新办法引导大学生，使他们能够应对社会出现的新问题和新情况，调整自己的发展目标。很显然，一成不变的教育必然忽视作为现实的存在的大学生的发展性和生成性，只能产生一种缺乏活力和创新精神的教育环境和氛围。

创新教育应立足于大学生个体的实际。不同的社会条件决定了不同类型、不同层次的人在思想上必然各有不同。现实的人既是社会的人，也是个体的人。现实的人往往能动地表现出自己的个性，不管个体是否意识到，他们总是千差万别的。显然，只有抽象的“人”才会“千人一面”。在创新教育过程中，个人独特的社会化，是通过个体的独立思考和理解，并通过个体自身的交往实践活动实现的。最终，他自己使得自己成为“他自己”。在现实中，每个人在各种交往实践中均能够表现出个性，这种个性就是其生命的独特性。因此，创新教育不能只是停留在抽象意义上关照生命的存在，应该将每一个具体大学生看作独一无二的生命个体，充分发挥每一个生命个体在交往实践活动中的独特性。因为在创新教育活动中，大学生在与他人的交往实践过程中，都会表现出态度、思维、行为等的独特性，这既是创新教育所要培育的个性的基础，又是创新教育所要关注的个性教育的内容。总之，创新教育就是要使每一个大学生“成为他自己”和“变成

[1] [美]埃利希·弗洛姆.健全的社会[M].北京：中国文联出版社公司，1988，70.

他自己”。创新教育追求的是作为“现实的人”的大学生的个性发展，而非“抽象的人”的空洞发展。面对作为“现实的人”的大学生，创新教育必须全面准确地把握共性和差异，保持共性发展和个性发展之间必要的张力，实现个性化发展引导。

满足大学生多样需要的创新教育

需要的满足是“现实的人”存在的基础，人类所有的实践活动及其人的本质的生成，都同人的现实需要有着密切的关系。“人的需要是人对其生存、享受和发展的客观条件的依赖和需求。它反映的是人在现实生活中的贫乏状态，可以理解为人反应现实的一种形式、积极行动的内在动因。”❶“现实的人”具有物质性需要、社会性需要和精神性需要，他是物质性、社会性和精神性“三位一体”的人。物质性需要的满足是人生存的基础，社会性需要的满足是人建立社会关系、实现社会生存的条件，精神性需要的满足是人之为人的关键。“在任何情况下，个人总是‘从自己出发的’。”❷人的需要是人的内在的、本质的规定性，是人的全部生命活动的动因和根据，也是人的各种社会关系生成的根本动因。人的需要决定了人的思想和行为。创新教育作为一项关涉人的生命成长的事业，必然同样和人的多样需要密切相关。但是，纵观目前我国大学实际的创新教育，在具体的实施过程中往往忽视了学生的多样化需求。在价值和功能上，大学创新教育主要为大学生今后就业需要提供课程与训练，仅仅重视大学生未来的物质生活需要，在一定程度上忽视了大学生的精神性需要和社会性需要。回到“现实的人”为“原点”的大学创新教育，本质上是一种素质教育。这里的素质教育就是实现人的全面而有个性的发展的教育。只有充分满足大学生生存发展的多样需要，大学创新教育才能真正体现出的价值。

应然的创新教育要满足人的物质和精神需要。创新教育是“为人、成人”的教育，是“为独特人、成独特人”的教育。无论是教育者还是受教育者都不是抽象空泛的人，而是现实的、具体的、个性的人，是带有各种“缺陷”的人，是“非特定化”的人。他们有着丰富各异的物质性需要、社会性需要与精神性需要，正是他们这种充满各种需要的存在特性，使得创新教育的实施成为必要与可

❶ 袁贵仁.马克思的人学思想[M].北京：北京师范大学出版社，1996，146.
❷ [德]马克思、恩格斯.马克思恩格斯选集（第1卷）[M].北京：人民出版社，1995，46.

能。人的需要是多层次的，既有基于人的最低限度生存的低层次的物质性需要，也有建立在物质性需要满足之上的社会性需要和精神性需要。特别是在物质性需要和精神性需要这两极，虽然人的精神性需要建基于现实物质性需要满足之上，但却不是物质性需要本身。精神性需要既引导物质性需要和社会性需要的发展方向，又调节着人们的物质性需要和社会性需要。从人类历史发展的趋势来看，随着社会的进步和发展，当人们的物质性需要得以普遍满足，人们的社会角色和社会关系基本确立，人的精神性需要将相对突出，会越来越成为人们追求的主要目标。[1]人作为一种有意义的生命存在物，不仅追求生物性的自然需要，更具有精神性的需要，这是人的本质的超越性所在。“他们的需要即他们的本性，以及他们求得满足的方式，把他们联系起来……。”[2]可以说，作为一种教育方式，创新教育的价值取向是由人的精神性需要的满足直接确证的。成功的创新教育的存在价值是由其能否合乎人的本性进行判断的。满足个人的精神性需要、帮助个人实现其终极意义和促进个人的自我超越，是成功的创新教育的根本价值尺度。[3]

人的精神性存在，决定了人永不满足于自然性、实然性的存在，他的“非特定化”需要他不断超越自我，需要他矢志不渝地趋向于未来，需要他砥砺前行地去追求一种至真、至善和至美统一的意义存在的人生境界。虽然人的精神性存在及其需要是无形而无法量化的，但是，人的生存正是在此无形中得到了日常生活有形物质所不能提供的心灵安顿和精神愉悦。总之，人的精神性需要虽然不是人类创造历史的起点，但它却是推动和促进人类历史产生与发展的前提和依据。[4]从根本上说，人的精神性存在的特质，决定了人能够超越现实有限的物质利益，去追求精神世界的完满所带来的无限享受，这是人存在的本质属性。

创新教育的合理性在于满足学生的各种需要。实际上，人们在满足基本需要的基础上，又会不断产生新的更高级的需要，循环往复，进而推动社会历史进程和个人成长。人的本质力量也是在人的需要中不断丰富和超越，最终达到人的自由。当然，人的物质、社会和精神的需要，是现实的大学生自觉自愿并接受创新教育的根本动力，它构成了创新教育得以产生、存在和发展的基础。从现实情况

❶ 王增国.思想政治教育的价值理论及实践意蕴——从思想政治教育的元问题引发开来[J].教育理论与实践，2011（11）.

❷ [德]马克思、恩格斯.马克思恩格斯全集（第3卷）[M].北京：人民出版社，1960，514.

❸ 毋小勇.创新人才培养的条件：交往实践与“自由劳动”[J].教育研究，2017（10）.

❹ 段建斌、邵晓秋.论思想政治教育与人的存在[J].江西科技师范大学学报，2012（12）.

来看，传统教育模式往往忽视对受教育者精神心灵上的安抚，缺乏对受教育者超越物质的真善美的精神追求的满足。基于作为现实存在的大学生的多维需要，大学创新教育必须摒弃传统教育中简单、单一的教育观念和教育方法，以“自由组合”课程机制的自主选择性、“大学—大学生—社会”交往实践的开放性满足学生的多样需要，既提升学生实现控制与改造自然、提升物质生活水平的可能性，又为学生提供精神启迪与情操陶冶，使得他们的主体性逐渐完善与确认。

需要强调的是，创新教育也要突出满足学生的社会化需要。由于人的本质是社会关系的总和，个人与个人之间必然存在差异，每个人所处的社会关系也不相同。创新教育既要承认大学生的差异性，也要承认每一个大学生存在的合法性。在大学生社会化的过程中，独具个性的自我不可能离群索居，只能是在你—我的关系中彰显独特自我，只能在群体中显现出彼此不同的自我。因此，创新教育对大学生个性自我的提升，必须置于一定群体、团队或共同体之中，不只是弘扬独立性和自主性，还应该凸显互动性和合作性。[1]个人生命在自身的活动中表现出独特性，“我在劳动中肯定了自己的个人生命，从而也就肯定了我的个性特点”[2]。当然，满足人的个性需要，是大学创新教育的客观基础和前提。人的个性不能得到尊重，个性不能得到自由发展，随之也就泯灭了人的主体性和创造性；人的社会性得不到肯定，人就会没有社会规范地片面发展，同样会造成人的本质的异化，造成大学创新教育目的的异化。总之，大学创新教育不能忽视人的社会本质，应通过合作性活动、伦理道德培育，促进大学生的社会化生成和发展。

保持多重创新观之间必要的张力

创新教育是我国高校教育的重要组成部分。随着社会的发展和人们认识能力的提高，创新教育在高校育人中的地位和价值，得到了国家和社会各个层面越来越多的重视。为了真正发挥创新教育在高等学校的育人活动中的功能和价值，需要对创新进行理念层面的反思，把创新教育真正地落在实处。

从知识观和哲学层面来讲，关于创新的认识，大致包括有伦理性的创新观、认识论的创新观和主体性的创新观。古希腊哲学家们最早强调创新的伦理维度和

[1] 母小勇.创新人才培养的条件：交往实践与“自由劳动”[J].教育研究，2017（10）.
[2] [德]马克思、恩格斯.马克思恩格斯全集（第42卷）[M].北京：人民出版社，1979，38.

创新对于人追求“善”的价值。在他们看来，创新是由人自主选择的对“善”的追求的活动与“至善”的实践方式的选择，其目标在于对人类终极价值的道德关怀。因此，创新必然具有伦理性与“合目的性”，创新使得人超越“必然”规律的限制，充分发挥人的自由意志的作用，达于“至善”。自然科学的发展凸显了认识论在哲学体系中的价值，形成了基于人对自然的控制和利用的认识论创新观。17世纪荷兰哲学家斯宾诺莎认为，自由是人们在对事物必然性认识的基础上有能力决定自己的行为。“凡是仅仅由自身本性的必然性而存在，其行为仅仅由它自身决定的东西，就叫作自由。”❶黑格尔认为，“自由就是对必然的认识”❷，“自由正是在他物中即是在自己本身中，自己依赖自己、自己是自己的决定者”❸。在认识论的创新观视野中，创新是指与理论相对的人类活动。这种对创新的认识论维度的强调，体现在自由是对“必然”的认识，认识“必然”的程度愈高，人们的自由度愈高。“自由人，亦即依理性的指导而生活的人。”❹因此，创新就是对关于事物和人自身的“必然”规律的发现，实现“人”的自由和对自然的“征服”。可见，认识论的创新观有工具理性僭越之嫌。

面对过去对于创新的单一维度的理解，马克思主义人学提出了主体性的创新观。主体性的创新观认为，创新是指人的主观能动性和自由意志在实践中的体现，是超越必然性的主体活动。创新不仅是人的本质力量对象化、自然界人化的过程，同时还是人的自然化的过程。也就是说，人们在创新活动中不仅认识自然规律，“合目的”与“合规律”地改造自然，还通过改造自然而发挥人类自身的创造能力，从而达到自我超越的目的，人始终是创新的主体。实际上，主体性是人区别于动物的根本属性。只有人才能努力追求他向往的东西，并能通过自己的行动使之发生。否认人在创新中的主体性，就无法理解创新究竟如何创造出一个更加美好的人化世界；否认创新的主体性，就会失去在实践中完善自身的希望，创新的价值也就荡然无存了。

总之，创新作为人类一项完整的活动，不仅包括伦理的、认识的维度，更包括主体的维度。人的有意识的创新实践活动，把人同动物的生命活动直接区别开来了。创新是人作为类的本质区别于动物的最根本的标志。因此，对创新的把

❶ [荷兰]斯宾诺莎.伦理学[M].北京：商务印书馆，1983，4.
❷ [德]黑格尔.小逻辑[M].北京：商务印书馆，1981，307.
❸ [德]黑格尔.小逻辑[M].北京：商务印书馆，1981，83.
❹ [荷兰]斯宾诺莎.伦理学[M].北京：商务印书馆，1983，222.

握需要在多重维度上进行。伦理性的创新观的着眼点在于强调创新者的“自由意志”与创新成果的社会伦理价值；认识论的创新观的着眼点在于创新者发现“必然”规律与开发创新成果的工具价值；主体性的创新观的着眼点在于强调创新者的“自我超越”与创新成果的“合目的性”“合规律性”的统一。只有多维度地深刻把握创新观，创新教育才能真正理解创新的实质，通过学生的主体性高深学问探究、学术成果的应用转化、社会交往实践等活动，帮助他们完成自我超越，成为能够进行文化科学创新的人才。

大学创新教育应体现学生的主体性。创新教育作为一种素质教育实践，必定要对社会进步产生作用，但这种作用是靠通过教育培养的各个具体的人参与社会实践、交往活动来实现。人之所以要积极主动地投身于社会实践和交往活动，是与人对自我生命价值与意义实现的不懈追求密切相关的。人是有关生命存在的一切活动的中心，任何活动也只有关注人的生命存在才具有相应的价值和意义。哲学家雅斯贝尔斯说：“教育活动关注的是，人的潜力如何最大限度地调动起来并加以实现，以及人的内部灵性与可能性如何充分生成。质言之，教育是人的灵魂的教育，而非理智知识和认识的堆积。通过教育使具有天资的人，自己选择成为什么样的人以及自己把握安身立命之根。”[1]传统教育无论在目的的制定还是教学内容和方法的选择，往往忽视尊重学生话语权，忽视学生的亲身经历、体验和领悟。由教育部门、大学管理层和教师制定教学内容，造成了学生学习方式的异化。学生在被动接受知识和纯属应付的学习的过程中，成为自己活动的奴隶，失去了其主体性地位。马克思主义人学是实践人学，它区别于以往的人学，从感性的实践活动的角度真正地去把握人的本质。马克思主义关于人的本质的理论的重要特色之一就在于它的实践性。人是一种未完成的存在物，他永远不会满足于当下生存的现状；他活在途中，通过自己的生存活动，不断创造出自己新的规定性；他的生命价值与意义的完整凸显，只会指向未来的“应然”所在——这种“‘应然’突出了人的筹划，人的运思，人的未来，‘应然’把人看做可能性的存在，超越性的存在”[2]，这就是人固有的超越和发展本性。关于人的生存这一本性特征，德国哲学家舍勒（Scheler）称赞道：“人，只有人，倘使他是人本身的话能够自己作为生物超越自己。”[3]雅斯贝尔斯也指出：“只有追求不可能的

[1] [德]卡尔·雅斯贝尔斯.什么是教育[M].北京：生活·读书·新知三联书店，1991，4.
[2] 陆杰荣.哲学境界[M].长春：吉林教育出版社，1998，79.
[3] [德]马克斯·舍勒.人在宇宙中的位置[M].上海：上海译文出版社，1989，34.

东西的人才能达到可能的东西。人在企图实现时经受到不可实现性，他才能够实现人所应该完成的任务。”❶因此，大学创新教育应强调作为“现实的人”的大学生的主体地位，让他们有机会参与创新教育目的的制订、内容的选择和方法的实施，通过让学生开展校园及校外的文化活动和实践活动，鼓励学生走出课堂，进入社会进行社会实践，逐步培养他们的创新精神和实践能力。

大学创新教育应体现其多元价值。作为一种特殊而又普遍的教育实践活动形式，高校创新人才培养的目的已经发生了异化。在有些学生看来，学习只是用来拿到奖学金等物质利益，获得进入职场的“敲门砖”的手段。产生这一现象的根本原因是大学生创造能力培养与他们及他们所依赖的现实生活脱离。这样一来，教育“变成训练机器人，而人也变成单功能的计算之人，在仅仅维持生命力的状况中可能会萎缩而无法看见超越之境”❷。我们知道，大学教育具有多重维度的功能与价值，但由于受西方哲学的认识论转向的影响，大学教育逐步推崇科学实证主义的价值取向，教育的价值被赋予了过多的功利化色彩，其本体论意义却被忽视甚至被否定了。大学教育虽然看似帮助学生完成了从书本到现实、从理论到实践的飞跃，但是，事实上，这样的教育忽视了其他功能与价值维度，自然阻碍了通过教育促进人的本质生成这一功能与价值的发挥。

总之，能动地创造世界的主体必然是一个具有个性的现实的存在。人的主体性与个性是联系在一起的，个性是人的主体性的个体表现。其实，个性化的自由劳动及其产品也可以理解为人的个性的物化与对象化——创新成果，即人的主体性、本质力量的物化与对象化。对人的主体性的提高和完善，也就是对人的个性的解放和弘扬。❸由于现实存在的人既作为自为的生命存在也作为关系性的生命存在，人必然“在受动中求能动，在实然中求应然，在适应中求超越，在有限中求自由”❹。大学生是一个整体的人，是一种有理智、有感情、有生命、有社会关系的存在。这些属性不是孤立的而是相互依存的，有机地决定了一个大学生的独特样态，使其有可能完成独特的成长路径的选择，成为在某一方面的创新人才。因此，大学创新教育应该将大学生看作一个整体的人——生物人、道德人、知识人、理性人、经济人和社会人，突出现实的、样态各异的大学生既是创新教

❶ [德]卡尔·雅斯贝尔斯.现时代的人[M].北京：社会科学文献出版社，1992，89.
❷ [德]卡尔·雅斯贝尔斯.什么是教育[M].北京：生活·读书·新知三联书店，1991，35-36.
❸ 母小勇.创新人才培养的条件：交往实践与“自由劳动”[J].教育研究，2017（10）.
❹ 王道俊、郭文安.主体教育论[M].北京：人民教育出版社，2005，28.

育的起点又是创新教育的终点，成全他们的自主选择与自我超越，使他们真正成为自由自觉的、有人生理想与道德准则、有独特的知识结构与技能结构、有个性化的文化视界与世界图景、有物质需要与精神需要的、有生命的主体，成为能够在某一方面进行创新的创新人才。

二、大学创新教育的“目的性”与“工具性”

工具理性教育的“人的缺位”

“工具理性”这一概念是近现代西方工业社会发展的产物，最早由德国法兰克福学派提出。霍克海默（M.M.Horkheimer）和阿尔多诺（T.W.Adorno）将马克斯·韦伯（M.Weber）的“合理性”观念改造为“工具理性”概念。在他们看来，启蒙运动以来崇尚追求使人类能征服自然的知识形式，主张通过抽象、分析，把对象归结为可确定的普遍的量和组成要素，把自然界看成是可掌握的、可推论的、量化的世界，使自然知识抽象为量的数学化体系而具有实证论或决定论特征。[1]在这种情况下，思想沦落为从属于存在的东西。在法兰克福学派看来，“工具理性”是专制主义的产物，工具理性使得人在期望统治自然的过程中，走向了反面，自己变成了奴隶。由于工具理性侵入并支配了社会生活的各个方面，成为一种新的意识形态和文化要素，塑造出一个物化的社会，人成为手段和工具，逐渐失去丰富性，变成单向度的人。马尔库塞认为，正是由于技术的进步而造成的社会财富的增长，使得人的奴役地位更加扩展。“理性在多大程度上成功地使物质服从于合理的标准和目的”，一切局部合理的存在就在多大程度上显出贫乏，而减少贫乏则随之成为历史任务；“痛苦、暴力和破坏，是自然和人类现实的类型，是孑然无靠和冷酷无情的宇宙的类型”[2]。在工具理性思维的控制下，思维或理性所内含的社会、历史、人类的生存意义全部被蒙蔽取消了。

工具理性作为人类的一种重要理性思维方式，首先强调功利实用性，具有为自然人服务、实现其目的的特征。其次，工具理性强调效用与效率。在工具理性的语境中，理性的价值完全取决于它在具体境况中解决实际问题的功用和效果。

❶ 曾志浩.法兰克福学派社会批判理论及其现实意义[J].重庆工商大学学报（社会科学版），2012（12）.

❷ [美]赫伯特·马尔库塞.单向度的人[M].上海：上海译文出版社，2008，215-216.

人类物质需求相对于其他需求具有绝对的优先性。作为一种效率逻辑，工具理性以满足人类物质需求的生产的发展和财富的增长为落脚点。可以说，工具理性本质上是适配于或催生出一个规范有序的物化世界或机械世界。工具理性的价值在于满足人的物质需要。但是，工具理性在本质上拒绝任何形式的非理性追求——不仅包括合乎人情的一切传统习惯，而且也包括形而上的终极关怀和浪漫主义的情感冲动。在其中，"人不见了，剩下的只是根据精细的劳动分工而进行精密科学测定的基础上安排的'手'和'物'"❶。工具理性只对达到目的的手段关心，而对目的本身是否合理却很少予以关注。

工具理性的盛行对于教育领域的侵袭自然而然导致教育的功利化。这样的教育虽然强调通过教育凸显人的主体地位，目的却是达到认识自然、控制自然。培根（F.Bacon）的"知识就是力量"正是这种心理的体现。受这种对教育的功利化认识的影响，人们主要追求外在目的，忽视了教育本身的内在价值，忽视教育对于学生自我发展、自我完善和掌握超越的功能与价值。雅斯贝尔斯认为，"人类认识自我和世界的方式有照料、教育和控制。当教育只是施行'控制'的时候，教育也就误入了歧路"❷。

在工具性价值观的引导下，大学也可能强调创新教育，但是，这种创新教育失去了本该有的生动活泼的内容和形式。因此，工具理性的过度张扬和泛滥，有可能使得创新教育追求可量化、标准化，强调效率和功用。在工具理性标榜"有用"的价值天平上，创新教育可能彻底功利化，沦为"工具性的创新教育"。这种创新教育强调学生凭借创新教育获得技能、获得某种"素质"，以便能够在未来过上"幸福"和"完满"的生活。如果创新教育被功利化，大学生只能成为未来社会储备的人力资源，根本不可能培养创新人才；如果创新教育要做到的是使人成为现代工业文明体制这个庞大机器上的合格的零部件，教育就成为把人塑造成为"物"的手段。人们总是打着强调创新教育对于国家和社会的价值意义的旗帜，较少谈到甚至遮盖它对于个体的价值意义。这样一来，创新教育对大学生来说，似乎是与己无关的外在的东西，导致创新教育的"人的缺位"。例如，强调通过简单的操作性实践活动，使学生学到书本上学不到的操作技能，希望大学生今后能够利用这些技能改造客观世界、占有外部自然界；强调大学生参与创新教育活动，只是为了培养一专多能的人才，希望大学生今后就业渠道多一些。这

❶ [美]丹尼尔·贝尔.后工业社会的来临[M].北京：商务印书馆，1986，390.

❷ [德]卡尔·雅斯贝尔斯.什么是教育[M].北京：生活·读书·新知三联书店，1991，5.

些现象在一定程度上都体现出对于创新实践、创新教育的认识的功利化倾向。正如艾略特（T.S.Eliot）对现代教育的工具理性的批判中指出的，“个人要求更多的教育，不是为了智慧，而是为了维持下去；国家要求更多的教育，是为了要胜过其他国家；一个阶层要求更多的教育，是为了要胜过其他阶层，或者至少不被其他阶层所胜过。因此，教育一方面同技术效力相联系，另一方面同国家地位的提高相联系……要不是教育意味着更多的金钱，或更大的支配人的权利或更高的社会地位，或至少一份相当体面的工作，那么费心获得教育的人便会寥寥无几了”[1]。对教育的这种日益显露出来的工具化、实用化弊端，日本学者池田大作也语重心长地指出，“现代教育陷入了功利主义，这是可悲的事情。这种风气带来了两个弊病，一是学问成了政治和经济的工具，失掉了本身应有的主动性，因而也失去了尊严性；另一个是认为唯有实利的知识和技术才有价值，所以做这种学问的人都成了知识和技术的奴隶”[2]。

价值理性教育的目的性

在过去的创新教育中，由于工具理性的盛行，对大学创新教育这一教育形式，人们较多地看到的是它的社会工具性价值，而很少关注它对现实个人生存所应具有的目的价值。人们关心创新教育时直接指向大学生难以实现的创造发明的数量。在过去的创新教育实践中，人们也许会关心“创造什么”，甚至会关心“如何创造”的问题，但是，对“为何创造”和“为谁创造”的价值判断却视而不见。因此，过去的创新教育忽视道德与伦理的问题，创新教育的社会工具性价值被片面扩张甚而扭曲，失去了创新教育提升人、发展人的本体价值。培养人的创造能力和创新意识的教育往往成为失去了“人”的技能培训，看不到人的存在的教育往往尽可能“占有”更多的知识，“拥有”更多的技能。在这种状况下，为解决学生存在意义的创新运动转变为对其生存意义的无限消解——游戏和消费。为了创新而创新的教学，不但没有使师生走出被规训的糟糕境地，走向人的解放，反而又有走上人的对立面的苗头。[3]

[1] [美]艾略特.艾略特诗学文集[M].北京：国际文化出版公司，1989年，204.

[2] [英]汤因比、[日]池田大作.展望二十一世纪——汤因比与池田大作对话录[M].北京：国际文化出版公司，1985，63.

[3] 李召存.课程知识论[M].上海：华东师范大学出版社，2009，200.

显然，没有一个稳固的存在之根，没有一个价值、意义产生的依附之所，创新教育的存在、发展就犹如浮萍，它的合理性也就必然瓦解。应该清楚，应然的创新教育是一种培养创新能力与素质的教育，它本质上是一种素质教育，素质教育是创新教育的“根”。缺乏根基的创新教育在理论建构上只能是一座空中楼阁，在实践建构上只能是各种技能训练的“加工场”。人们对缺乏根基的创新教育的理解不免是主观而为之，在不清楚创新人才到底是什么样的人才的情况下，盲目地以各种技能训练学生。因此，在实践运作中，创新教育只能是以另一种异化的教育形式而出现，人的被剥夺性“缺位”就不可避免。这样一来，创新教育本应具有的促进人的本质生成的精神，就会在不知不觉中被过分的功利追求和短期效应所冲淡甚至悄然失落。我们知道，马克思主义人学的基本精神和基本理念是为了人，而不是为了物，是让作为“现实的存在”的人都能自由而全面地发展。也就是说，促进人的解放是马克思主义的最高命题或根本命题。在这种情况下，重新审视工具理性价值追求的偏颇和弊端，思考价值理性在创新教育中的地位，对于真正意义上的大学创新教育的实现具有重要的意义。

价值理性是人们在现实的价值实践活动之前事先建立起来的。它是人们根据自己的目的和需要出发，进行价值实践活动的能力和规范。一般而言，价值理性意味着价值主体必须对客体的价值有需求，并根据现实的可能性进行客体价值的取舍。可见，人总是先对客体进行认知，然后在观念中形成对现存客体改造的思路与理想，最后现实地对价值客体进行改造。因此，价值理性决定了认知与实践的取向。在一定意义上，价值理性是作为主体的人的尺度与实践对象客体的尺度的辩证统一，其目标是使理论认识能够指导价值实践活动。价值理性强调人类活动的终极目的对人类的意义，强调客体满足社会主体的需要，强调改造后的客体能够适应和顺从社会主体的发展诉求。价值理性当然是人类理性不可分割的重要组成部分。

创新教育的价值理性确立，不是要求教育去适应或顺从个别人或个别集体的零散需要，而是要求教育适应和顺从人类特别是每一个个体的生存、发展和完善的整体需求。创新教育应该在成全每一个大学生个性化发展过程中对工具理性教育进行拨乱反正，这就是创新教育的价值理性的诉求。价值理性要求创新教育关注每一个大学生的现实境况，让他们各得其所地发展；价值理性要求创新教育不仅仅为大学生呈现一个科学世界和技术世界，还应该为大学生展示一个人文世界和精神世界。在这个丰富多彩的、现实的日常生活世界，大学生既掌握必备的知识和技能，也对自身生存价值和意义进行追问，成为有知识、有技能、有情怀、有创新意识、有创新能力的纯学术创新人才、学术成果转化型创新人才、企业创新型人才和创新型创业人才。

工具理性与价值理性统整的创新教育

工具理性强调的是创新教育对社会以及人存在的现实性的功用，而价值理性更关注的是创新教育对人存在的可能性的价值。工具理性满足了人的物质需求，价值理性满足人的精神需求。人的需求的多样性决定了任何对单一价值的强调都会造成人的残缺和异化。作为现实存在的个体，只有保持工具理性与价值理性之间的和谐，才能保证人的全面而自由的发展。基于人的需求的多样性这一马克思主义人学的基点，创新教育应该是在工具理性与价值理性的统一主导下，实现合工具性和合目的性的辩证统一。创新教育的价值既表现在它具有维护社会秩序和促进社会进步、个人发展的工具性效用，也表现为对人的精神性存在的终极性、超越性的合目的性关照。创新教育的内在追求应该是给学生一种人文关怀、一种自主选择与放弃的机会、一种特定知识与技能需求的满足、一种交往实践场域的提供和一种创新文化的土壤。

在大学应然的创新教育中，要强调工具理性和价值理性的统整。一方面，工具理性应当以价值理性为导向。明确创新教育作为人类的一种特殊的实践活动过程，必然要以培养全面而自由发展的人为价值旨归。促进和实现人的全面发展是科学社会主义学说的基本理论基础，可以说，人的全面发展学说，是继历史唯物主义和剩余价值学说两个伟大学说之后，马克思主义对人类社会发展的第三大贡献。[1]马克思曾经指出，教育“不仅是提高社会生产的一种方式，而且是造就全面发展的人的唯一方法”[2]。人的全面发展意味着人全面地发展自己的体力、智力和人格，并在实践活动中发挥其才能和力量。全面发展的人能够使自己先天和后天的各种能力得到充分发展，从而适应不同的工作、劳动和交往。大学创新人才培养的过程就是一个使人的价值不断升值或增值的过程，追求现实的个人自由而全面的发展是高校创新人才培养的最终价值目标。创新本质上是人类的一种核

[1] 金家新.高等教育质量的人本立场、生命缺位与教育救赎——马克思主义人学的视角[J].理论导刊，2015（11）.

[2] [德]马克思、恩格斯.马克思恩格斯全集（第23卷）[M].北京：人民出版社，1979，530.

心认识方式和实践方式，创新的价值在于满足主客观需要。创新教育首先要培养“完整的人”。什么是完整的人？马克思认为，“总之，他的个体的一切器官，正像在形式上直接是社会的器官的那些器官一样，通过自己的对象性关系，即通过自己同对象的关系而占有对象。对人的现实性的占有，它同对象的关系，是人的现实性的实现，是人的能动和人的受动，因为按人的含义来理解的受动，是人的一种自我享受”❶。有研究者指出，17世纪哈佛大学的毕业生中，最后做了牧师的不到一半。学生的相当一大部分精力，放在了对逻辑和伦理——跟基督教一样经典——的学习中，算术和几何也是如此。总之，从一开始，对美国大学的构想就超出了狭隘的教会学校，正如历史学家艾略特·莫里森（S. E. Morison）所说，美国大学更大的目标是“培养全面的人——他的身体、灵魂和智力”，为造就“团结、文雅和公共服务”的人而努力。❷

当然，工具理性是价值理性的现实支撑。没有工具理性的存在，价值理性同样也难以实现。在人类生活世界里，根本不存在脱离一定历史阶段和具体感觉经验的抽象价值，没有工具理性作为现实支撑的平台，价值理性就根本无法形成。创新教育所具有的工具性价值不仅应被肯定，而且要尽力满足主体对其功利价值的期待。但是，必须反对将创新教育完全约化为实现外在目标的工具。❸在大学创新教育中，同样需要强调创新教育的实效性，强调创新教育服务人的价值，强调创新教育的效率。与价值理性强调理想和道德判断相比，工具理性更强调操作规程和实践能力。因此，以工具理性为起点的大学创新教育需关注自身的手段、操作问题与方式，选择合适的方法和途径，设计优化活动的环节、程序和过程等。大学应该改变传统的、单一的创新教育的途径，丰富教育方式、方法和手段，制定并完善良好的制度，通过改善创新教育的实践状况、提升制度总结和制定水平、调整优化制度结构等措施；应该建立与完善合理的、具有可操作性的教育工作的各项制度，依靠完善的规章制度和刚性管理来约束、规范、指导创新教育活动，保证创新教育活动顺利开展。❹大学应该建立与完善激励机制，调动人们的积极性；应该建立完善评价机制，确立科学合理的评价标准和评价指标体

❶ [德]马克思.1844年经济学哲学批判[M].北京：人民出版社，2000，85.
❷ [美]德尔班科.大学：过去，现在和未来[M].北京：中信出版社，2014，41.
❸ 黄道主、岳伟.创新教育实践的人学追问[J].中国教育学刊，2011（12）.
❹ 刘珂珂、王彩云.从工具理性和价值理性的统一谈思想政治教育的实效性[J].中国高等教育，2012（9）.

系，对创新教育的内容、过程及其实际效果进行质的评判和量的估价；应该加强项目实施后的过程管理和评估，对创新教育具体境况中解决实际问题的功用和效果进行及时的反馈。

总之，大学创新教育应该将工具理性与价值理性统一于大学生的实践活动中。“工具理性是人类谋生利用的手段，价值理性是人类安身立命的根据。两种理性之关系简称为‘工具’与‘目的’之关系。工具理性是人类观察世界的科学之眼，价值理性是人类观察世界的人文之眼，人类的‘双眼’只有在视力平衡时，才能看到一个‘合理性’的世界，才能看到一个物性与人性统一的世界”❶，才能到达一个自由得以实现的最高社会形态。正如马尔库塞指出的，科学和技术的合理性应当服务于人类本身，“把价值转化为需求是一个双重过程：物质的满足以及在满足的基础上的自由发展需求。在这一过程中，物质的才能和需求同精神的才能和需求之间的关系起了根本的变化”❷。也就是说，大学创新教育必须从满足大学生物质需要出发，并在满足物质生活需要的基础上，进一步满足他们的精神需要，才能真正促进他们全面自由的发展。

三、实现主体性与自我超越的大学创新教育

多维度的实践

人的生成是在实践中进行的，这是马克思实践观的核心理念，也是马克思人学观的基本内核。换言之，实践作为人的感性活动蕴含着人本质的生成机制。马克思主义认为，人的本质是在生产实践的基础上形成和发展起来的，人不是通过意识活动，而是通过实践活动体现了自己的本性，实践是人的存在方式。人在实践活动中体现了自己的能动性和创造性，实践是认识的来源。❸从哲学层面探讨，实践具有多重的维度。在哲学层面对实践的思考，最早可以追溯到古希腊的亚里士多德，在他看来，“实践是使灵魂获得道德的平衡状态的具体活动”❹。

❶ 李振纲、方国根.和合之境：中国哲学与21世纪[M].上海：华东师范大学出版社，2001，68.
❷ 郭湛.主体性哲学　人的存在及其意义[M].北京：中国人民大学出版社，2011，197.
❸ 毋小勇.创新人才培养的条件：交往实践与“自由劳动”[J].教育研究，2017（10）.
❹ [古希腊]亚里士多德.尼各马可伦理学[M].北京：商务印书馆，2003，38.

基于对实践道德维度的理解，亚里士多德明确区分了实践和制作。他认为，实践和制作都是对事物的改变，但是，实践是一种德性的、趋向于终极善的活动，其目的在于自身。而制作只是一种技术和技巧，作为一种技术性的生产活动，制作以外在的功利结果为目的。亚里士多德认为只有那种人类追求善的道德性的活动才是实践。由他所开创的这种把人类活动一分为二的方法所造成的对实践的二元理解，影响了之后一代又一代的西方哲学家对于实践的诠释。

总的来说，西方哲学家对于实践的理解可以归结为如下几个维度：

（1）伦理性维度。伦理学是从现实生活出发对人类行为进行规范的学问，其目的在于使人们过一种美好的善的生活，因此，伦理学也被称为实践之学。“一切追寻知识、能力和选择的努力都趋向于善。”[1]在亚里士多德看来，既然实践起源于善，而善并不是外界强加于人的，它的最终实现是在实践中逐步完成的。实践是由人自主选择的对善的追求与完成，在于人类的一种终极的道德关怀和价值实现，必然具有伦理性。康德认为，人们经常混淆了理论哲学和实践哲学两个概念。实际上，关于自然的理论哲学属于技术性的活动，遵循的是自然的因果概念，而道德性的实践则建立在自由概念之上，超越于必然规律，属于人的自由意志发挥作用的领域，其目的在于“至善”。

（2）主体性维度。所谓实践的主体性，是指人的主观能动性和自由意志在实践中的体现。在康德那里，实践理性活动的领域是本体领域，在这个领域，实践活动是人的自由意志的体现，是超越必然性的主体的活动。“劳动者的意识在劳动赋予物品的独立存在中又发现自己是一个独立的意识。”[2]马克思主义认为，实践不仅是人的本质力量对象化、自然界人化的过程，同时还是人的自然化的过程。[3]也就是说，人们在实践活动中不仅认识自然、改造自然，同时通过改造自然而发挥人类自身的创造能力，从而达到自我超越的目的。人始终是实践的主体。否认人在实践中的主体性，就无法理解实践究竟如何创造出一个更加美好的人化世界；否认实践的主体性，就会失去在实践中完善自身的希望，实践的价值也就荡然无存了。

（3）认识论维度。在认识论领域中理解实践，把实践看作是科学认识和实验。实践就是对自然规律的认识，对人的认识能力的认识。在笛卡尔的哲学中，

[1] [德]伽达默尔.赞美理论：伽达默尔选集[M].上海：生活·读书·新知三联书店，1988，25.
[2] [德]伽达默尔.真理与方法[M].上海：上海译文出版社，2004，15.
[3] 母小勇.创新人才培养的条件：交往实践与“自由劳动”[J].教育研究，2017（10）.

精神性主体的存在是其哲学的阿基米德点，精神性主体实际上也就是认识论的主体。笛卡尔强调人的认识能力，认为“人可以通过‘自然之光’——理性去认识世界，按照世界的本性而行动，从而做世界的主人，而物质世界只是人的认识对象和征服该做的对象”[1]。随后的哲学家费尔巴哈更加明确地强调实践的认识论价值。

（4）交往性维度。伽达默尔（H.Gadamer）认为，亚里士多德意义上的实践往往与洞见和宽容联系在一起，而洞见和宽容产生于人与人之间的交往，因此，实践本身就具有交往的意义。[2]但是，由于人们对实践的技术性的重视以及技术对生活的全面统治，人们的实践活动不再需要实践智慧，人的交往变成了纯粹的技术术语和广告语言的对白，从而完全失去了以善本身为目的实践活动的交流维度。因此，伽达默尔提出，“人类的共同生活除了建筑于有效的团结构成的基础之外，不可能有其他的基础”[3]，而这个基础只能是交往实践。哈贝马斯（J.Habermas）认为，交往行为是人类最基本的实践活动，人们在交往实践中，通过相互对话达到相互理解，从而实现行动者和客观世界、行动者之间的和谐一致。实际上，马克思强调人是社会关系的产物，同样强调的是实践的交往维度。

由上述分析我们可以看出，实践作为贯穿西方哲学发展始终的一个理念具有多维度的特征。实践作为人类一项完整的活动，不仅包括伦理的、主体的维度，也包括认识的、交往的维度。因此，需要在多重维度上对实践进行把握。只有这样，才能真正理解实践的实质，真正充分实现大学创新教育的价值。

实践体验与人格生成

应然的创新教育要立足实践活动。过去的所谓创新教育由于过于偏重理论，给受教育者留下了假、大、空的印象，教育效果大打折扣。人的实践性表明，创新教育不能离开实践这条有效途径，创新教育的实施必须和社会现实密切联系起来。作为教育者，首先应当立足于社会现实，了解国情民情，掌握受教育者的思想实际，并以此为基点。创新教育应从实际出发，善于解决人类的实际困难。在

[1] 冯俊.开启理性之门——笛卡尔哲学研究[M].北京：中国人民大学出版社，2005，46.
[2] 彭启福.理解的应用性与伽达默尔的“实践哲学走向”[J].哲学动态，2005（9）.
[3] [德]伽达默尔.赞美理论：伽达默尔选集[M].上海：生活·读书·新知三联书店，1988，134.

现实的社会生活中，教育对象必然会遇到各种各样的难题，这些难题理应成为创新教育的源泉和切入点。[1]作为现实人的一种生活实践形式，创新教育活动的产生和存在并不是历史的偶然性，而是人的生存和发展的客观所需，是历史的必然结果。现实的活生生的个体生命的存在是创新教育价值得以产生和赖以发挥作用的前提。人的需要的多样性决定了创新教育既要坚持外在的“物的尺度”，符合客观世界的规律性；又要坚持内在的“人的尺度”，符合人的目的性，满足人的生存需要。在创新教育实践中，既要强调实践的社会现实意义，同时也要防止因强调创新教育的社会工具性价值而淹没具有鲜活生命、作为社会主体的人的个体价值，避免用社会整体的价值诉求去挤压同样具有实体意义的个体存在的价值诉求，明确创新教育的目标是对现实个人存在价值的尊重和实现，使得每一个大学生的自由个性和自由生命充分表现和张扬。这种自由发展和个性张扬表现在学生的自我决定、自我做主。创新教育领域对工具理性的追求本身没有错，但是，高等教育的根本任务是使人成为自己的社会的主人，成为自身的主人。[2]

应然的创新教育要调动学生主动参与创新实践，充分发挥实践的主体性。人的主体性也即人的主观能动性，是人自觉、自主地发挥自身能力改变和创造社会的特性。葛兰西（A.Gramsci）说：“我们是什么，我们能变成什么；我们是否真是——如果是的话，又在什么程度上——‘我们自己的锻造者’，我们的生活和我们的命运的锻造者。”[3]“人们创造他们自己的个性的方法是：（1）赋予他们自己的生命的推动力量或意志以一个特定的和具体的（合理的）方向；（2）辨认出将使这种意志成为具体的和特定的而不是任意的那些手段；（3）在人们自己的限度和能力的范围内，以最有成果的方式致力于改变实现这种意志的具体条件的总和”[4]。实践是人的生命之根和立命之本，是实现人的发展的最根本途径，是人的发展的最重要、最根本的要素。人的自由不是必然的，而是通过人的能动的实践活动获得的，离开了人的能动的实践活动，人的自由就是空想。作为强调人的实践这一根本的创新教育，其目标指向人的自主建构、自我完善。

我们知道，主体性的缺失或弱化，只能导致人的工具性的泛化。这种泛化体现在视教育者为唯一主体，忽视受教育者在创新教育过程中的主体性，忽视个人

[1] 张中飞.论马克思主义人学视野下信仰教育的开展[J].湖北社会科学，2012（7）.
[2] 吴德刚.关于马克思主义人的全面发展学说的再认识[J].教育研究，2008（4）.
[3] [意大利]葛兰西.实践哲学[M].重庆：重庆出版社，1990，34-35.
[4] [意大利]葛兰西.实践哲学[M].重庆：重庆出版社，1990，45.

的物质精神需求和自由自主的权利，把受教育者仅仅视为消极被动地接受教育的教育客体。从而使得教育成为强制压服和单向注入，受教育者成为没有独立性、没有自主性、缺乏创造性的教育客体，这严重地挫伤了受教育者在创新教育中的积极性。[1]马克思立足实践观点的思维范式，找到了自由与必然统一的生活实践根基。真正解答了哲学史上关于人性自由问题的斯芬克斯之谜——人在本性上是自由的，人“通过实践创造对象世界，改造无机界，人证明自己是有意识的类存在物”[2]。现实的个人的生命活动是创新教育的前提。教育的目的不仅要注重人的社会性，注重提升人的实践能力，培养与时代和社会发展要求相适应的人，更要激发人的自由自觉的本性，促进人的潜能的发挥，培养健全的人格。

人格是在生物遗传、社会文化和学校教育等因素的交互作用过程中，形成的个体的自我概念和社会角色特质。也就是说，健全人格形成跟人的社会化过程密切相关。家庭、学校、社会与文化所建立的稳定的规范、态度和价值观，是健全人格培养的重要因素。《中国学生发展核心素养》对本科大学生在内的所有学生健全人格发展的目标是，让学生“具有积极的心理品质，自信自爱，坚韧乐观；有自制力，能调节和管理自己的情绪，具有抗挫折能力等”[3]。可见，除了整体性的积极的心理品质培养之外，中小学和高等学校应该重点培养学生自信、自爱、坚韧乐观、自制力、情绪管理能力与抗挫折能力等健全人格品质。积极的心理品质主要指一个人具有热情、直率、谦虚、利他、好奇、活跃、审美和情感丰富等特质；自信是个体或某一集体（团队、国家、民族或人类）对自身成功应付特定情境的能力的估价，即个体或某一集体的自我效能感；自爱是指个体爱护自己的身体、珍惜自己和集体的名誉，主要表现为敬畏生命、珍爱生命、自尊、守信、热爱祖国和热爱生活等特质；坚韧乐观主要指个体面对困难时表现出的从容不迫、乐观向上、有责任感和锲而不舍等特质；自制力主要指个体表现出的知足、宽容、处事有条理、尽职和自省等特质；情绪管理能力主要指个体待人平和、做事谨慎和自律节制等特质；抗挫折能力主要指个体面对困境时表现出的忍耐、果断、求异思维和创新等特质，并具有独特的认知风格。高等学校应该恰当地选择与制订学生健全人格发展的目标。

创新教育要在关注个体的生存基础和合理需要的基础上，提高人的认知能

[1] 杜彬武.论马克思主义人学思想对思想政治教育的指导意义[J].长江论坛，2014（2）.
[2] [德]马克思.1844年经济学哲学批判[M].北京：人民出版社，2000，57.
[3] 核心素养研究课题组.中国学生发展核心素养[J].中国教育学刊，2016（10）.

力，尊重个人的各种能力、兴趣和经验，尊重自我首创的和自我指导的学习，培养具有独立人格的人，促进人的全面发展。[1]创新教育应站在实践的多维度的角度，不断创新教育方法、充实教育内容，使受教育者既获得相应的创新的知识、能力和技能，同时又形成主体的意识和能力，自觉地培养和调控各项创新素质，努力实现自身的全面而有个性的发展。创新教育要求教育者改变传统教育过于注重灌输的教育方式，摒弃传统教育强制说服的单向度的教育方式，在教学过程中，创新教育应该更加注重大学生的兴趣、爱好，把他们的价值诉求融入教学的全过程，积极引导学生开展体验式双向互动的教育模式，使大学生的主体性、创造能力、创新精神得以释放，为通向他们的自由全面发展不断积蓄力量。[2]

从实践的主体性维度出发，应然的创新教育要引导学生充分认识实践对于自己与社会的价值，建立和完善科学的评价与激励机制，让学生体会自我教育、自我管理、自我服务的价值，使学生从以往的被动参与角色转化为积极主动的组织者和参与者的角色。此外，为了培养学生的实践能力和意识，创新教育要引导学生大胆探索未知领域，把创新精神、冒险精神融入实际的教学过程中，唤醒学生的主体意识。

人的实践性生成

人作为未完成的生成性和开放性的存在，具有超越的本质。这种超越的本性不仅为创新教育提供了必要性，也为创新教育提供了动力。传统大学教育观习惯于将人、将教育对象看作一个实体，把这个实体所具备的知识、技能和品德视为教育的目标，但没有把人当作一个可能的、开放的、未完成的应然世界的追求者。传统教育忽视人的主动发展的本质，强调知识的灌输和教学方式的接受；用静止不动的被动的观点看待学生，将具有创新能力的人的形象、地位和需求等方面的特征固化；将学生作为现成的、预定的、不变的、需要被锻造的“毛坯”，强调用一套标准的目标体系来规划、衡量和锻造。在这种非生成性的本质主义的思维方式下，人们试图为教育设计一整套精确可控且可证实的实践模式。这种强制划一的教育模式，使得大学生逐渐失去了生命的活力和自由，成为异化的个体。

❶ 杜彬武.论马克思主义人学思想对思想政治教育的指导意义[J].长江论坛，2014（2）.
❷ 陈茉.马克思主义人学视野下的创新教育[J].中共天津市委党校学报，2014（11）.

马克思主义人学认为，人的存在既是实践活动形式的存在，也是一种精神性存在，是意义性存在物。比之于一般动物的先天遗传的完备性和依赖本能性的生存，人的有机生理身体是“非特定化”的，他所有的生存能力与劳动生产技巧都是后天通过社会性的实践活动获得的。也就是说，人从来就不是满足于“是其所是”的生命存在物，人的生成本质上是通过实践而生成的，即人的实践性生成。人的本质决定了在其身上现实性与理想性、有限性和无限性得到统一。这种本质决定了人必然具有对现实规定性的超越本性，人对现实规定性的自我超越，是通过交往实践活动实现的。这种多维性交往实践活动，需要不断产生新的实践方式、交往方式和知识生产方式，使人的本质力量得以更新和提升。这种多维性交往实践活动，往往需要突破原有思路、理念、方法和策略的约束，实现个体和人类的可持续发展。人作为一种从不满足当下存在状况的存在的主体，总是在追求完善的路上。人在有限的生命之中，始终是未完成的、未定型的、未达到终点的，人总是向着未来的。可见，人的生成是一个通过自己的多维性实践而自我创造、自我发展和自我超越的过程。由于实践总是生成性的，人必须通过对象化活动，改造客观事物，通过自身的主体力量的展现，完成人的本质的生成性。也就是说，人是通过交往实践不断扬弃自身的局限性，从而发展自身。实现人的全面而自由的发展，是马克思主义人学所追求的目标和方向。发展人的独立个性和培育人的创新精神，是马克思主义人学所追求的重要价值取向。

借鉴马克思主义人学关于人的生成性的本质，大学创新教育应从感性的实践活动角度去把握人的本质和本质力量发展的规定性，在尊重客观事物发展规律和人的发展规律的基础上，充分激发学生的创造性和能动性，引导学生大胆去探索未知事物，破解自然与社会中的现实问题。此外，大学创新教育应引导学生将获得的知识运用于社会实践，尽快完成社会化，将知识和能力不断用于社会经济、政治、文化等各个领域的实践中，通过他们的创新活动提升社会整体的创新能力，把自己培养成为敢于创新、勇于创新的人。自然和社会为人的自由发展提供了源源不断的创新知识，提升了人在政治、经济、文化、社会、生态等各个领域的创新能力。人是自然和社会的存在物，人总是在一定的自然环境与社会环境中生存，人在改变环境的同时也从环境中获得对环境的认知，从环境中获取经验、汲取营养，从而形成能力与创造性。创新教育能够将人的自由全面发展与自然的可持续发展有机统一起来，能够将人的自由全面发展与社会和谐发展有机统一起来，自然和社会为人类创新知识提供了有力支持。此外，人的生成性本质决定了在对创新教育效果的评估上，评估人员也应该坚持生成的观点，要顾及短期行动可能产生的长期后果。在具体的评估过程中，一些过程中的随机因素、变化的背景条件、具体的创新成果应被列为次要地位，谋求人的自由存在和生成应该成为对创新教育效果进行评估的引导性倾向。❶

四、实现“交往”与“对话”的大学创新教育

人的存在的基础

马克思主义人学认为，人在其现实性上是一切社会关系的总和，明确了交往和对话在人获取其本质规定中的基础作用。马克思和恩格斯说：“思想、观念、意识的生产最初是直接与人们的物质活动，与人们的物质交往，与现实生活的语言交织在一起的……意识在任何时候都只能是被意识到了的存在，而人们的存在就是他们的现实生活过程。”❷的确，人是一切社会关系的参与者，而人的社会关系正是由人的交往和对话来实现的。人只有在交往和对话中才能与其他人形成一定的社会关系，才能把握一定的社会规范，人的本质就存在于人在交往和对话中所构成的一切社会关系之中。人所进行的实践活动并不是孤立的，而是处于一定的社会交往关系中，且这种社会交往关系由于人的生产实践的发展也是变动不居的。因而，社会交往关系是主体间交往中的动态存在。康德认为，人天生就有联合他人的倾向，因为他在和人交往状态中有一种比个人更丰富的感觉，感到更能发展自己的自然禀赋。❸虽然人具有个人的独特性和意义性，但是，每一青少年个体掌握知识和经验却是在与人类知识经验的活的载体——成人的直接交往中开始的。因此，交往既是由个体所组成的社会的存在形式，也是个体社会化的发展源泉。人既作为社会存在的直观和现实享受而存在，又作为人的生命表现的总体而存在。每一个人既是一个具体特定的个体，又是社会的类的本质的承担者。这种既是个体又是社会产物的现实存在，其发展取决于跟他直接或间接进行交往的其他一切人的发展。人不仅是一种合群的动物，而且是只有在社会中才能独立的动物。交往和对话是人的本质，也贯穿在人的生命的整个过程。

❶ 黄道主、岳伟.创新教育实践的人学追问[J].中国教育学刊，2011（12）.
❷ [德]马克思、恩格斯.马克思恩格斯选集（第1卷）[M].北京：人民出版社，1995，72.
❸ 韩震.生成的存在[M].北京：北京师范大学出版社，1996，8.

交往和对话是人的本质的存在方式，是人的本质的自我确证过程。人的社会性表明人是由人的社会关系、社会活动决定的，人在本质上不是互相排斥的，而是合群的、相互依存的。也就是说，只有在社会中，人才获得了属于人的一切特征。交往既是一种关系性范畴，又是一种活动性范畴。作为关系性范畴，交往是指人与人之间的一种关系，构成了他人与自身的关系。可见，社会本质上不是抽象的存在，而是关系的范畴，是人与人之间通过交往而建立的。真正的社会联系，是个人在积极实现其存在时的直接产物。作为活动性范畴，强调人类实践活动与交往的统一，交往本身就是实践的一个维度。人在其现实性上是一切社会关系的总和，人的本质是一种关系范畴。❶人的本质所要说明的不是人直接是什么，而是人怎样和如何才能成为人。因此，讨论人的本质就离不开人的社会关系。人来到世间，没有带镜子，他是通过别人来反映自己的。❷

交往与对话活动的展开与人自身的发展是同一的。交往活动贯穿于人的发展的整个历程。在交往的过程中，人的主体性和主体间性均不断增强，不断提升着自己的实践能力和主体性，体现着实践主体的地位。在交往的过程中，人总是最大限度地发展着自己，完善着自己，确证着自身的开放性。人类实践作为人的本质力量的对象化过程，不仅是主体自觉改造物质客体的对象性活动，同时还是调整和改变主体间的社会交往关系的活动。在马克思看来，实践本质上就是交往的，实践是以个人之间的交往为前提的，实践具有内在的交往性。事实上，任何个体之所以成为文化、社会意义上的主体，是他通过交往介入到一定的社会文化系统的结果。主体的基本特征直接与他介入的交往状况、交往活动水平相一致，人在什么层次、在什么意义上介入交往关系，就会成为具有什么性质的主体。依据马克思的分析，人在交往活动中的主体性不断增强，逐步成为真正的交往活动的主体；在这个发展过程中，人发挥着自己的自由本性。人正是在与别人的交往中建立了与周围对象世界的关系，获得了与外界的现实联系，并进而提升了自身的主体意识和主体能力。交往是社会主体之间的相互作用、相互沟通，是人类特有的存在方式和活动方式。❸个体在交往的过程中，由“自然人”转变为“社会人”。交往的“过程一方面是别人自由地作用于我们，造成自我完善的过程；另

❶ 母小勇.创新人才培养的条件：交往实践与“自由劳动”[J].教育研究，2017（10）.
❷ [德]马克思、恩格斯.马克思恩格斯全集（第23卷）[M].北京：人民出版社，1974，67.
❸ 母小勇.创新人才培养的条件：交往实践与“自由劳动”[J].教育研究，2017（10）.

一方面是我们把他们作为自由生物，反作用于他们，造成别人完善的过程”[1]。为了实现这一使命，人们需要有一种只有通过文化才能获得和提高的技能：给予的技能和获取的技能。也就是说，在社会的人与人之间良性的互动中，一个人能够给予别人有益的影响，同时也能获取别人有益的影响，从而使大家处于共同完善的过程中。

交往和对话是促进人自我解放的过程。马克思主义认为，在交往过程中，个体之间在肉体上和精神上相互创造，人们的活动和行为的能力也得到提升，从而促成一种互补关系。在交往过程中，各社会个体的理性的、感性的和意志的相互影响和相互作用得到实现，情绪、思想、观点的共同性逐渐形成起来，并达到相互理解。[2]没有这种相互影响和相互理解，人们便不可能进行共同活动，以及规定共同活动的目的和任务。交往还表现出强大的教育传递功能，通过交往人们实现了方法、习惯、行为和作风的传递和掌握，从而使人类所创造的文化得以保存并发展起来。交往使人的知识结构发生了变化，从而使人的实践能力获得提高。每个人都是在交往中，并且也只有通过交往才能接受先辈的文化遗产、价值观念，从而奠定进一步发展的基础。在社会分工的条件下，社会的每个人，长期固定在某个具体的工作岗位上，有些人虽然受到系统的学校教育或专门训练，但其自身的知识总受到分工带来的局限。因此，社会各个个体需要通过相互交往以及个体与社会的交往，从中得到知识和才能的互补，使个体原有的知识结构发生变化，使得个体的视野得到扩展，个体的才能得到增强。

弗莱雷（P.Freire）认为，教育具有对话性；教学应是对话式的，对话是一种创造活动。[3]对话作为一种平等的形式，其主要目的在于促进社会和政治的解放。弗莱雷提出解放教育观，是建立在解放巴西及非洲等地受压迫工人、农民的基础上的。他认为，重要的是通过平等的对话教育发展受教育者的批判意识，提高他们的政治觉悟，使他们学会学习、学会思考，以反对现存的受压迫的状况，从而获得解放。[4]在弗莱雷看来，对话是人获得解放的重要途径，对话不是一个人对另一个人的思想灌输和驯服，不是一个人对另一个人主体性的蔑视和压制。

[1] [德]费希特.论学者的使命人的使命[M].北京：商务印书馆，2011，23.
[2] 叶良茂、吴英莲.生产关系与交往[J].哲学研究，2005（2）.
[3] P.Freire.*Pedagogia de 10 Primido*[M]. Mexicd: Siglo XXI Editores,1970,97.
[4] 黄志成.被压迫者教育学——弗莱雷解放教育理论与实践[M].上海：华东师范大学出版社，2001，31.

对话是主体与主体在平等、尊重基础上揭示现实，进而改造世界的基本方式。体现对话精神的“提问式教育，作为一种人道主义的和解放的实践，把被统治者的人必须为自身的解放而斗争看得很重要。为了达到这一目的，提问式教育通过克服权威主义和令人避而远之的理智主义，使教师和学生成为教育过程的主体”[1]。

总之，只有通过普遍的交往和对话活动，作为现实存在的活生生的个体才能摆脱先天的未完成性、摆脱自身的生物和民族限制，在交往和对话中实现自身潜能、本性的充分的、全面的发挥和发展。“交往和对话，不是把习得的知识和技能视为个人财产进行掌握和独吞，而是人们一起共享知识。通过跟客观世界的交往和对话，跟他人的交往和对话，跟自身的交往和对话，实现意义的建构和共享，并最终实现对世界、自身、人际关系的重建。”[2]因此，交往和对话是社会个体获得全面而有个性的发展的重要保证。人只有在人类社会中，通过对其他个体关系而间接地表现出自己对自己的关系之时，才能作为一个人而认识自己。人只有以社会生活为中介才能发现他自己，才能意识到他的个体性。[3]离开了交往，个人就无法获得自我意识，而一个没有自我意识的人，就不可能形成健全的心理结构系统并使其具有自主性、进取性和创造性，因而也就不可能是一个有个性的人。

实现个人社会化的“交往”与“对话”

在马克思主义交往理论中，人类交往的根本不在于获得某种认识论意义，而是与人的存在、发展和最终获得解放密切相关的。换言之，马克思主义不是在认识论层面而是在哲学人类学层面研究人类交往的。人类交往的内在矛盾是个体与社会的矛盾，人类交往的发展过程就是这一矛盾的发展过程，而人类最终将扬弃个体与社会的对立状态，在交往中获得个人的完整性和全面发展。这一过程是人类由自在到自为、由必然到自由的过程。

大学创新教育应在充分认识人的自然属性基础上，更加注重挖掘和拓展人

[1] 黄志成.被压迫者教育学——弗莱雷解放教育理论与实践[M].上海：华东师范大学出版社，2001，36.
[2] [日]佐藤学.学习的快乐——走向对话[M].北京：教育科学出版社，2004，11.
[3] 恩斯特·卡西尔.人论[M].上海：上海译文出版社，2004，307.

的社会属性。创新教育以提升人处理社会关系、服务社会的能力为目标，应该在促成主体生成的过程中，妥善处理主体人与自然、他人、社会的关系。交往是共在主体之间的相互作用、相互交流、相互沟通与相互理解，人们通过这种方式彼此作为活动主体而形成并存在着，这是人的基本存在方式。交往源自于人类内在的精神需要，交往的根本意义在于发现和发展自我，在交往中获得个人的完整性和全面发展。创新教育应该将广大青年学生置身于改革开放的背景之下，引导其发挥自身的能动性，指引他们主动融入社会，抓住社会为青年学生提供的大好机遇，积极增强大学生适应社会发展的各项能力，帮助他们勇于创新与挑战自我，努力实现自己的人生理想和抱负。创新教育应该注重挖掘学生的社会团队协作能力。

人不仅是自然人，更是社会人。创新教育绝不是针对单个的人，而是着眼于提高社会人的各项素质，从这方面讲，创新教育应该是一个群体性的社会活动。在社会关系极其复杂的社会，靠个人的能力是很难达到预期目标的，为此，要实现创业和创新，就需要依靠人与人的协作来共同实现。创新教育应该将人置身于其所处的社会环境来设计教育目标、完善教育方法、优化教育效果，将充分开发和提升人的社会协作能力放在教育的突出位置，在整个教育过程中，使人的社会属性得到更为充分的实现，提高人的社会团队协作能力。[1]创新教育不是反复的复印机式的活动，不是压抑教师和学生的主体性、能动性和创造性的活动。创新教育是在教师和学生的“对话”中进行的。当然，社会也是学生成长的环境与条件，创新教育应该通过理论与实践的结合，引导学生学会社会交往与社会实践，既积极地适应社会生活和投入社会生活，又不断地发展自己的创造性。因此，创新教育也要促进学生积极开展社会交往实践，明确社会交往实践的目的。

在传统的大学教育过程中，大学生和教师之间的交往和对话往往存在单一性。这种单一性既体现在交往对象的单一性，也体现在交往方向的单一性。传统的大学教育的教育价值取向是把学生当作被动的接受者看待，教学中只存在简单的、单向的教师对学生的关系，并且往往把教师与大学生之间的关系视为教学中唯一重要的关系，仅仅强调大学生对于创新知识和创新技能的掌握。苏格拉底认为，学习是一个合作而不是孤立的过程。从大学最初的意义来看，大学就是一群自愿聚集在一起的探寻者，他们共居一室争论，探讨人生和万物存在的意义和价

[1] 陈茉.马克思主义人学视野下的创新教育[J].中共天津市委党校学报，2014（11）.

值，实现着所谓的“横向学习”。纽曼认为，大学是“所有知识和科学、事实和原理、探索和发现、实验和思考的有效保护力量”，是“接受教育的殿堂，一大群学识渊博的人埋头于各自的学科，又互相竞争，通过熟悉的沟通渠道，为了达到理智上的和谐被召集起来，共同调整各自钻研的学科的要求和相互之间的关系”❶。杜威指出，这种社会交往的模式，使得大学生“最好的和最深刻的训练恰恰是人们在工作和思想的统一中跟别人发生适当的关系而得来的。现在的教育制度就它对于这种统一的破坏或忽视而论，使得达到任何真正的正常变得困难或者不可能”❷。哈贝马斯高举理性的旗帜，力图通过重建“交往理性”来达到自由。他认为，“生活世界”是“交往行动者‘一直已经’在其中运动的视野”❸，人类有三种旨趣，即生产领域的技术旨趣、理解领域的技术旨趣、追求自由发展领域的解放旨趣。哈贝马斯指出，“生活世界类似发言者和听众所遇到的先验的地方，在这种地方，他们可以互相提出要求，就是说，他们的表达与世界（客观世界，社会世界或者生活世界）相适应；并且在这里，他们可以批判和证实这些运用要求，排除意见不一致，取得意见一致”❹。

具体来说，大学创新教育应扩大交往和对话的主体。基于交往和对话多元性的理解，在大学创新教育中，需要开展多元利益相关者参与的、多向的对话和交往。教学的主体不再是单一的教师主体，它变成了个人、群体和人类的复合主体；教学的客体也不再是学生或教材等客体，而是文本或关系等有形或无形的客体。这样，不仅使教学中的教育者和受教育者的关系从传统的“主体—客体”对立的两极关系，转变成多极主体以多种形态的教学客体为中介建立起来的多极交往关系，从而打破以知识为中心的认识活动的做法，将精神、情感、个性等因素纳入教学的范畴，使教学成为一个开放的系统，同时也沟通了教学与生活世界的联系，使教学获得丰富的内涵，有利于“完整人”的生成。

大学创新教育应明确主体间交往的多元性。通过交往和对话，人才具有超越自身有限性的能力，才具有创造文化同时也创造自身的能力。因此，大学创新

❶ [英]纽曼.大学的理想（节译本）[M].杭州：浙江教育出版社，2001，22.
❷ [美]杜威.杜威教育文集（第1卷）[M].北京：人民教育出版社，2008，9.
❸ [德]哈贝马斯.交往行动理论：论功能主义理性批判（第二卷）[M].重庆：重庆出版社，1994，165.
❹ [德]哈贝马斯.交往行动理论：论功能主义理性批判（第二卷）[M].重庆：重庆出版社，1994，174.

教育要构建适合人的本质的实施模式，展开精神性交往方式。[1]在大学创新教育中，师生之间的关系不仅仅是认识关系，更是一种平等的人与人之间的情感、精神等的相互交往关系。长期以来，大学的教育教学只强调认识活动而忽视人与人之间所特有的情感交往活动。事实上，要使师生之间的交流更为畅通，教学中的认识活动开展得更有成效，双方就得努力创造并维持良好的交往关系，而这一切都依赖于双方对教育本质的认识以及双方内心的开放程度。主体间的交往关系往往都是以主体双方对客体的改造为重要前提和基础的，但是，教育过程不能用主客体关系取代主体间关系。对话可以促进人与人之间的交流，从而使个体的学习资源变成大家的资源，克服单个主体认识上的闭锁与狭隘，以利于知识的不断更新与发展。就后者而言，对话意味着人们在教学中交往内容的拓展。人们不仅要在知识领域进行交流，还要在精神领域进行交流与沟通。这种领域内的对话与商谈培养了人们在情感方面的共通感和相互的理解能力。交往教学是以促进人的全面发展和总体“生成”为旨归的，因此，交往教学带有明确的精神导向性，它以满足教学中的人（教师或学生）的精神需求、以促进双方的全面发展为最终目的。人只有在对话中和在与他人的相互关系中，才能显示出人之所以为人的本质特性。从认识论的角度来看，对话的根本的认识论属性在于，它是建设性的、创造性的，而不是复制性机械重复的活动。通过对话，认知主体双方逐渐接近对方，促成了“视界的融合”，从而创造出新知识与新体验。

创新教育应强调多元主体的平等参与。人在进行社会实践中不断变化，通过不断认识新事物、解决新问题、总结新经验和实现新发展来提升人的各项能力，完成人对自由全面发展的确证。创新教育作为一种社会活动，必须要通过教育实践促进学生的主体生成，在这一前提下也要不断发挥教师的能动性。创新教育必须着眼于激发和调动师生的内在动力和积极性，让他们在平等的交流中得到相互启迪，在坦诚的讨论中共享信息，在独立的思考中教学相长，在共同的参与中各自丰富自己的文化视界。

创新教育应该让学生感到教师对他们人格与尊严的尊重，实实在在地体验到他们积极和主动参与的价值，让他们懂得提高能力和发展综合素质是自己的事，需要自己的不懈努力才能达到；创新教育要让教师知道，他们的重要使命是在教学过程中引导学生积极主动学习，是为学生提供各种社会学习的平台和社会实践

[1] 谢冉、母小勇.文化哲学人类学视野下的大学课程构建[J].山东高等教育，2016（1）.

的资源，以消除学生被动、依附的学习心理，从而变被动为主动，自觉地进行完善自我的教育；创新教育要允许学生自由地表现自己的想法，鼓励学生尝试对各种观点、意见做出自主选择，在尝试中促使其独立思考、独立做事。

人的需要的多样性、人的实践的丰富性和人的社会关系的广泛性，决定了参与创新教育的主体的多元，只有依靠社会力量，把社会当作创新教育的重要主体，加强家庭、学校、社区、社会的联系，在全社会营造一个有利于创新的环境，才能使在社会环境中生存的人得到全面的发展。参加交往的双方都应该放弃权威地位，在交往中真正做到民主、平等。依据马克思主义交往实践观，交往实践具有多极主体性。“教学主体”是一个复合概念，它既可以指教学活动中的个人，又可以指参与教学这一活动的群体、民族乃至全人类。这表明了教学活动本身特有的社会属性，这一属性导致参与教学活动的主体是多元的、异质的，他们彼此之间存在巨大差异。由于教学这一活动的联系，异质的主体能彼此紧密相连，从而打通了教学世界与生活世界的壁垒，将教学活动中的人还原为现实世界中真实、丰富的人。

交往活动中个人与他人的直接交往，在人的个体性形成和发展中具有特别重要的作用。就具体的个人来说，他与别人形成的交往关系是既不可重复又不可替代的。个人在交往过程中形成和发展自己的个体特性的同时，还形成和发展自己的群体特性和类特性。当个人在交往活动中受到他人的类特性的影响和作用时，他就会形成和发展自己的类特性。如果学生在与教师的交往中吸收了人类文明的成果，学生便形成和发展着认识世界和改造世界的才能。

多维实践中个性化文化视界的建构

真正的大学教育是大学生学习并接纳不确定、悖论和更具复杂性观念，通过他们的个性化建构，在一个充满变化的知识及价值观的世界里证实并形成自己的信念。[1]大学教育不仅仅意味着发展学生解决问题和完成复杂的任务的能力，更意味着让学生保持好奇心、摆脱心烦意乱和不断自我反省。“大学应该是年轻人在青春期和成年人之间这段时间遨游人生寻求帮助的地方。它应该提供指导而不是强制灌输理念，应该帮助学生努力穿过成长这片危险地带，一路前进，实现自

[1] [美]德尔班科.大学：过去，现在和未来[M].北京：中信出版社，2014，49.

我认知。它应该帮助他们培养某些智识和心灵上的品质，使他们合格地成为具有反省精神的公民。”[1]作为未完成性的存在，大学生一直在搜寻人生的目标。他们一直对自己的天赋和志向不确定，明里暗里受着父母对他们的要求的影响，也容易分心去关注所谓的“市场”。有一些学生没有关于为什么自己来读大学的清楚认识，没有目标，烦躁不安，困惑不已；另外有些学生眼盯荣誉，安然自得；而大部分的学生处于两者之间，寻找着需要关注的事情。在这种情况下，大学教育应摒弃单一的工具理性的价值观，不再仅仅强调大学教育对于国家的经济发展有利或提升个人的市场竞争能力。要明确大学对于人的主体生成的本体论意义和价值。艾默生（R.W.Emerson）认为，教师力量的全部秘密在于，他们相信人是可以转变的。而人确实如此，他们需要觉醒。教师的职责一直是，从他深沉的习惯性睡眠中唤起灵魂。[2]我们知道，大学永远不应该仅仅是增进知识或获得学问的地方，它应该是一个培养品性的地方。人共同生存的最高理性，是每个人都只是他自身并且为他自己而发育成长。

马克思主义人学强调实践作为人的本质生成的决定性价值。从实践哲学产生的源头来看，实践不仅是人的目的，更是人与人之间、人自身的终极和谐状态。马克思的实践不仅强调认识论维度上的实践，同时还重视人的生存状态的本体论实践，追求人的自由自在和自我完善。然而，随着科学技术的进步，认识论的实践观逐渐凌驾于实践的其他维度之上，取消了实践本身具有的伦理维度和交往维度，忽视了实践活动对人自身、人的内在世界的改造功能，从而导致了技术理性和价值理性的分离。人与自然、人与人之间形成了占有和被占有、利用和被利用的异化关系。在这种情况下，大学创新教育应该成为强调人的本质生成、促进人的全面发展和帮助个体建构个性化文化视界的教育。

我们知道，大学创新教育的本意在于培养“人”，这里的“人”，当然不是马尔库塞的“单面人”，也不是“逃避自由的人”。这里的“人”，是具有独立的意识和交流的能力，能够凭着自身的理智和激情在实践活动中发挥主体的能动性、认识事物、主动交流并最终能够在追求善的过程中超越自身的人。我们不否认认识论的实践的价值，我们反对的是对实践单一维度的过分强调。实践不是仅仅在认识论支配下的机械操作，而是人以全部信念、情感、认识、智慧和力量投入的具有丰富创造性的行动，认识只是其中的一部分。把实践领域的问题仅仅

[1] [美]德尔班科.大学：过去，现在和未来[M].北京：中信出版社，2014，9.
[2] [美]德尔班科.大学：过去，现在和未来[M].北京：中信出版社，2014，47.

作为一个认识问题去解决，往往会因为认识结论的抽象而失去其原始的丰富，因为认识结论的固定而失去其新鲜和生动。因此，为了充分实现我国大学创新教育的价值，我们必须从对创新教育的认识论和功利主义的强调转向对其多维度的强调，明确创新从其诞生之日就蕴含了人类对自由和完善的伦理维度与主体维度的追求。明确价值理性对于工具理性的引导和规约作用。❶只有回到“现实的存在”这一马克思主义人学的原点，只有强调实践在创新教育中的生成性价值，只有将大学创新教育作为一个促进大学生沟通和交流、建构个性化文化视界、实现对不同事物的不同理解的意义共享的过程，只有强调大学创新教育对于师生共同成长的应然意义，大学生的认识活动、交往活动才能成为真正的实践活动。

五、一流本科教育的应然取向

国务院于2015年印发了《统筹推进世界一流大学和一流学科建设总体方案》，一流本科教育的建设与研究逐渐成为关注的焦点。毋庸置疑，“没有高质量的本科，就建不成世界一流大学”❷，“建设一流大学必须建设一流本科”❸。本科教育的目标是培养各行业的合格从业者和后备学术人才，其基本环节是通识教育和专业教育。培养创新人才的本科教育是能最大限度地满足大学生全面而自由发展需要的教育，其目标是培养各行业创新的、卓越的从业者和创新的、优秀的后备学术人才。也就是说，创新的本科教育应该培养纯学术创新人才、学术成果转化型创新人才、企业创新型人才和创新型创业人才。培养创新人才的本科教育应该发展学生的核心素养，帮助他们发展可迁移知识、技能和能力，把学生培养成既专业学术训练有素又具有广泛适应性的人才。要建设培养创新人才的本科，我国大学必须从本科教育的演变与运行机制出发，依据我国当代社会的核心素养体系，科学开发旨在“成人”的通识课程，根据社会对多样化人才的需求，制订专业教育的“成才”策略。

❶ 肖建.我国高校实践育人观的突破、困境与反思[J].江苏高教，2013（5）.

❷ 陈宝生.培养什么样的人，办什么样的大学—对话教育部党组书记、部长陈宝生[EB/OL].[2019-04-10].http://www.moe.edu.cn/s78/A13/moe_1204/201703/t20170317_299907.html.

❸ 林惠青.一流大学要办好本科教育[N].光明日报，2016-05-17.

保持“成人”与“成才”之间的张力

中世纪大学打破了教会对教育的垄断，进行专门职业训练。“中世纪几乎不划分教育阶段，中世纪的大学也不仅是高等学校。我们现在的小学和中学课程，一部分就在大学的范围内讲授，或者受大学的监督。”❶大约在13世纪，大学既开展基于通识教育和基本专业训练的本科教育，也进行基于“高级学位教育”的大学师资培养。在中世纪很多学生希望获得高级专业学院的学士学位，从事神职人员、医生或律师工作。但是，“如果他继续学习神学、医学或法学的话，他首先必须具有文科硕士学位”❷。所以，学生必须先在文学院完成类似于大学预科甚至高中性质的通识课程学习，获得文科学士学位；然后，在文学院深度学习一定年限的通识课程，获得文科硕士学位；最后，经过高级学院的基本专业训练，才可获得高级学院的学士学位。高级学院的学士既可以离开大学去当神职人员、医生或律师，也可以作为后备的学术人才在某高级学院深造，获得某高级学院的硕士学位或博士学位，从而具备某高级学院的教师资格，成为传授专门知识与探究专门学问的学术人才。由于在高级学院获得硕士学位或博士学位所需时间过长和费用太高，加之大学教师职业也没有足够的吸引力，只有极少数学生继续申请高级专业学院的硕士学位或博士学位，更多的学生只完成表明学业水平的学士学位的学习。❸可见，中世纪大学的本科教育是由文学院提供的漫长的通识教育与高级学院提供的基本专业训练构成。前者主要让学生成为有教养的人，属于“成人”的教育；后者主要让学生具有基本的职业能力，属于“成才”的训练。

随着大学培养政治、管理、法律、医学、神学等专门职业人才的优势越来越明显，本科教育也越来越片面强调高级学院的“成才”训练，忽视“成人”的传统。洪堡率先确立了提供通识教育的哲学院（即文学院）在大学的中心地位，倡导利用“纯粹科学”（语言科学、历史科学、物理学、化学和生物学）进行“成人”的教育，主张把专门职业教育建立在这些蕴含人类理智的“纯粹科学”基础之上，鼓励高年级本科生在教授指导下接受高深学问研究的训练，把“习明

❶ [法]雅克·勒戈夫.中世纪的知识分子[M].北京：商务印书馆，1996，69.

❷ 贺国庆、王保星、朱文富.外国高等教育史[M].北京：人民教育出版社，2003，58.

❸ A.B.Cobban.*The Medieval Universities:Their Development and Organization*[M].London: Methuen Coltd,1975,55.

纳”视为“科学研究的苗圃”[1]，培养学生的分析批判能力和科学创新能力，使专门职业教育也具有探究训练与发展人的理智的功能。在德国的新大学，“通过不受限制地学习科学，训练学生独立思考的理智和道德的自由”[2]，以实现“成人”与“成才”的统一。英国的纽曼甚至把理智发展或“成人”放在大学教育的首位，宣称大学“是一个传授普遍知识的地方”[3]。他认为，“理智训练以及大学教育的真正而且充分的目的不是学问或常识，而是建立在知识基础上的思想或理智”[4]。怀特海也认为，“真正有价值的教育是使学生透彻理解一些普遍的原理，这些原理适用于各种不同的具体事例”[5]。

在“成人”与“成才”之间保持必要的张力是本科教育的传统。如何实现“成人”与“成才”的统一，仍然是现代大学本科教育必须解决的问题。哈佛大学的哈佛学院希望本科生了解自己的天赋和才能，评估自己的价值观和兴趣，实现智力转型，清楚如何才能最好地服务世界。[6]《哈佛通识教育红皮书》认为，如果说专业教育的功能是使得人与人之间有所区分，通识教育就是在共同的人性和价值观的基础上将人们团结起来。[7]《耶鲁报告》甚至强调，“大学里为本科生所开设的教学课程不包括职业学习，专门化必须晚一点开始”，“心智的训练会使学生更具对社会的责任感”[8]。无论在中世纪还是在当代，现实的、样态各异的大学生既是本科教育的起点又是本科教育的终点。为了实现本科教育培养各行业的合格从业者和后备的学术人才的目标，大学首先要把学生培养成为“现实的人”或“社会的人”。德尔班科（A.Delbanco）认为，大学应该提供指导而不是强制灌输理念，应该帮助学生实现自我认知，使他们成为具有反省精神的公民。[9]哈佛大学的本科教育既要培养社会公民，也希望培养公民领袖；北京大学

[1] 贺国庆、王保星、朱文富.外国高等教育史[M].北京：人民教育出版社，2003.203.
[2] [美]伯顿·克拉克.研究生教育的科学研究基础[M].杭州：浙江教育出版社，2001.8.
[3] [英]纽曼.大学的理想（节译本）[M].杭州：浙江教育出版社，2001.20.
[4] [英]纽曼.大学的理想（节译本）[M].杭州：浙江教育出版社，2001.9.
[5] [英]阿尔弗雷得·诺思·怀特海.教育的目的[M].北京：生活·读书·新知三联书店，2002.48.
[6] Harvard College.Mission[EB/OL].[2019-04-10].https://college.harvard.edu/about/mission-and-vision.
[7] 哈佛委员会.哈佛通识教育红皮书[M].北京：北京大学出版社，2010.24.
[8] 李曼丽.通识教育——一种大学教育观[M].北京：清华大学出版社，1999.46.
[9] [美]德尔班科.大学：过去，现在和未来[M].北京：中信出版社，2014.9.

的本科教育以“培养和造就引领未来的人”为目标[1]；华中科技大学的本科教育致力于培养专业英才[2]。因此，培养创新人才的本科教育既要培养具有高度社会责任感、富有创新精神和实践能力的“人”，也要培养将来能够在各行各业或学术创新活动中起引领作用的卓越从业者或优秀的后备学术人才，即培养纯学术创新人才、学术成果转化型创新人才、企业创新型人才和创新型创业人才。

雅斯贝尔斯说，“教育是人的灵魂的教育，而非理智知识和认识的堆积。通过教育使具有天资的人，自己选择成为什么样的人以及自己把握安身立命之根”[3]。事实上，大学本科生都是18—22岁之间的“未完成”和“非特定化”的人，“他必须从他的环境中不断地学习那些自然和本能所没有赋予他的生存技术”[4]。大学生一直在搜寻人生的目标。虽然“人必须靠自己完成自己，必须决定自己要成为某种特定的东西，必须力求解决他要靠自己的努力自己解决的问题”[5]。这种人的自然本能的“缺陷”造成的大学生与“环境”之间的矛盾，决定了他们只能自我选择与自我超越，从而成为一个对社会有用的独特的人。马克斯·舍勒认为，“人，甚至是儿童，最终必须自己进行选择。别人不能代替他进行选择，因为这会使他衰弱下去，会削弱他的自信心”[6]。其实，自然与社会并没有规定人的存在样态的绝对标准，人是一个能够向世界无限开放的X，“是一个自己限制自己的X”[7]。大学生这个“X”正是通过获得教育和交往实践，摆脱了人的生物性制约，选择了“X”的一个“解”，在不断社会化的过程中成为独具个性和独当一面的人。因此，培养创新人才的本科教育是能最大限度地满足大学生全面而自由发展需要的教育。

培养创新人才的本科教育的运行机制是：始终在“成人”与“成才”之间保持必要的张力，采用“课程机制”保证学生自由发展，促进学生完成人生规划和职业选择。为了实现培养纯学术创新人才、学术成果转化型创新人才、企业创新

[1] 北京大学教务部.本科教学概览[EB/OL].[2019-04-10].http://www.dean.pku.edu.cn/web/about.php.

[2] 华中科技大学.华中科技大学2017—2018学年本科教学质量报告[EB/OL].[2019-04-10].http://jwc.hust.edu.cn/info/1172/6718.htm.

[3] [德]卡尔·雅斯贝尔斯.什么是教育[M].北京：生活·读书·新知三联书店，1991.4.

[4] 联合国教科文组织国际教育委员会.学会生存——教育世界的今天和明天[M].北京：教育科学出版社，1996.196.

[5] [德]M.兰德曼.哲学人类学[M].贵阳：贵州人民出版社，2006.192.

[6] 林方.心理的困惑与自救——心理学的价值引论[M].沈阳：辽宁人民出版社，1989.155.

[7] [德]马克斯·舍勒.人在宇宙中的地位[M].贵阳：贵州人民出版社，1989.30.

型人才和创新型创业人才的目标，培养创新人才的本科教育应该帮助学生形成世界观、人生观和价值观，让他们感知社会和理解文化，“成”社会化之“人”；应该为学生提供关于职业与学术的基本技能与理智训练，让他们了解职业、专业和学术，帮助他们发现自己的兴趣、爱好、特长、偏好与智力强项，为他们“成”个性化之“才”助力。

促进社会化与发展核心素养

通识教育源于通过“高级知识”或“普遍知识”使学生有理性和有教养的“博雅教育”，属于素养教育。不同时代和不同民族对社会成员有不同的基本素养或核心素养的要求。我国古代以礼、乐、射、御、书、数为基础，培养人向善、求仁和自立等核心素养；古希腊学校和中世纪大学都把传授文法、修辞、辩证法、算术、几何、音乐和天文学作为培养人的理智和人格的手段。洪堡则期望通过“纯粹科学”培养大学生的理智与素养。纽曼则把“普遍知识”视为其他知识的基础。他认为，具有“某种理智的品性”的“普遍知识”能够发展学生的理智素养，[1]能够使他们具有“头脑冷静、通情达理、直率诚恳、克己自制及立场坚定”[2]等品质。赫钦斯强调要“由永恒学科组成”[3]大学通识课程，“帮助学生理解他的经验并加以思索与反省，从而获得更高的智慧”[4]。当代的耶鲁大学也基于自由艺术教育理念，鼓励学生通过跨学科思考和学习，从而真正解放他们自由的心灵。耶鲁大学的通识教育强调的不是大学生学习了什么，而是是否获得批判和独立思考的能力，是否具备清晰的写作、推理和沟通等所有专业学习的基础能力。[5]显然，通识教育是“成人”的素养教育。

不同时代和不同国家对社会成员有不同的核心素养要求，通识教育的内容也是与时俱进的。1978年，哈佛大学制定了著名的“公共基础课方案”，要求大学生在第一年从规定的5个核心课程方向（“文学与艺术”“历史”“社会与哲学

[1] [英]纽曼.大学的理想（节译本）[M].杭州：浙江教育出版社，2001.33.

[2] [英]纽曼.大学的理想（节译本）[M].杭州：浙江教育出版社，2001.8.

[3] R.M.Hutchins.*The Higher Learning in America*[M].New Brunswick:Transaction publishers,1962.77.

[4] R.M.Hutchins.*The Learning Society*[M].New York:The New American Library,1968.113.

[5] Yale University.Liberal Arts-Education[EB/OL].[2019-04-10].https://admissions.yale.edu/liberal-arts-education.

分析”“外国语与文化”和“数学与自然科学”）中选择7—8门课程学习。2019年秋季生效的哈佛学院《2018—2019学年本科学生手册》对核心课程进行了修改，该手册所列核心课程分为“普通教育课程”“分类课程”和“实证与数学推理课程”3类。其中“普通教育课程”包括“美学与文化”“伦理与公民”“历史—社会—个人”和“科学—技术—社会”等领域的多门选修课程；“分类课程”包括“艺术和人文”“社会科学”和“科学—工程—应用科学”等领域的多门选修课程。哈佛学院要求学生在选修课程时，3类课程的每个领域至少要修一门课程。❶2017—2018学年，华中科技大学也对原有通识课程体系进行了重构，其通识课程由“思维与方法”“文学与艺术”“沟通与管理”“历史与文化”“经济与社会”和“科技与环境”等6个模块的近150门课程组成，学生必须从至少两个不同模块修读不少于10学分的课程。❷

其实，人类理智所要解决的“人”的问题不外乎包括：如何理解人及人的信念与信仰，如何理解人类社会与社会伦理，如何理解自然及探究自然的范式与方法，如何理解人所创造的事物及创造的技术等。联合国教科文组织的《教育——财富蕴藏其中》将全面发展的人解释为具有“认知”“做事”“共同生活”和“生存”等素养的人。❸我们知道，独具个性的大学生不可能离群索居，他们需要在“你—我—他”的关系中彰显自我，需要在同质人群或异质人群中显现出彼此的不同，扮演独特的社会角色。因此，大学生必须认知人类与社会，理解人类历史、领悟人生价值和认识社会法则，成为有道德感、使命感和敬畏感的当代新人；必须认知国家与民族，了解世界和认识祖国，成为热爱祖国、有国际视野、对社会有担当的人；必须审视知识与文化，了解多元世界观，用多元方法解读人类经典，成为有人文情怀、科学精神和审美情趣的追求真善美的人。

培养创新人才的通识教育应该发展学生具有时代性和本土性的核心素养。我国教育部2014年3月30日印发的文件强调，要“着力培养学生高尚的道德情操、扎实的科学文化素质、健康的身心、良好的审美情趣，努力使学生具有中华文化底蕴、中国特色社会主义共同理想、国际视野，成为社会主义合格建设者和可靠

❶ Harvard College.Handbook for Students 2018-2019[EB/OL].[2019-04-10].https://handbook.fas.harvard.edu/book/new-college-requirements.

❷ 华中科技大学.华中科技大学2017—2018学年本科教学质量报告[EB/OL].[2019-04-10].http://jwc.hust.edu.cn/info/1172/6718.htm.

❸ 联合国教科文组织.教育——财富蕴藏其中[M].北京：教育科学出版社，1996.75.

接班人”[1]。这是我国大学建设通识课程的目标取向。“我国基础教育和高等教育阶段学生核心素养总体框架研究”课题组已经确立了“中国学生发展核心素养”，提出了“文化基础”“自主发展”和“社会参与”三个方面的六大核心素养——人文底蕴、科学精神、学会学习、健康生活、责任担当、实践创新。[2]这是我国当代大学选择通识课程内容与设计通识课程体系的核心素养依据。也就是说，一流的通识课程要让学生习得人文与科学的一般知识和一般技能，逐步掌握人类的优秀智慧成果，成为坚持理性探究、勇于批判质疑和求真务实的人；要让学生明确人生方向，勤于学习与反思，认识自己并自主规划人生，成为人格健全、能应对复杂多变环境的人；要让学生形成正确的情感态度、价值观、道德准则和行为规范，具有社会责任感、国家认同感和国际理解，成为有创新精神和实践能力的社会主义合格建设者和可靠接班人。

总之，培养创新人才的通识课程应该对大学生有三个基本功能：（1）让他们领略人类灿烂的文化瑰宝，发展探究理性，养成批判精神，发现生活中的真善美，形成高尚的情操与人格，获得理智训练与情感陶冶；（2）让他们熟悉各种自然事实、文化现象和知识经典，感受科学精神与人文精神的魅力，领会知识的力量，把握审视问题与解决问题的多维视角和方法，获得世界观与方法论的教育；（3）让他们走进社会生活与实践，认知人类、社会、国家和个人，了解人类所面临的各种问题与危机，把握处理社会和个人事务的基本理智、习惯和伦理，获得价值观培养与人生观教育。

基本学术训练与可迁移能力发展

中世纪大学主要通过关于基本知识的学习和讨论，特别是学生参与和主持带有学术研究色彩的讨论活动等“形式训练”，实现对本科生的基本专业训练。在中世纪的巴黎大学，学生花4年左右时间学习“自由七艺”，前两年主要是听课与参加讨论，后两年则分别在教师的监督指导下锻炼主持讨论。[3]中世纪大学首先借助通识教育发展学生的一般能力，然后通过高级学院的专业训练发展学生的

[1] 教育部.关于全面深化课程改革落实立德树人根本任务的意见[EB/OL].[2019-04-10].http://old.moe.gov.cn/publicfiles/business/htmlfiles/moe/s7054/201404/167226.html.

[2] 核心素养研究课题组.中国学生发展核心素养[J].中国教育学刊，2016（10）.

[3] 张磊.欧洲中世纪大学[M].北京：商务印书馆，2010:173.

职业技能与特殊能力。学生在完成文科学士学位学习后，如果要取得民法专业或教会法专业的硕士学位，还必须花4—5年时间进一步学习民法或教会法（如果是“文科硕士学位”学生，还要增加2年学习时间），并公开对一个或几个法律问题做出判断和发表长篇演讲；[1]如果要取得医学硕士学位，至少还要学习与训练5年；如果要获得神学硕士学位，学习与训练的时间更长，必须听关于《圣经》的课程和参与辩论，并能够讲授两门关于《圣经》的课程、主持两次讨论会或进行一次布道。[2]

现代大学本科教育既要培养从事与专业相关甚至弱相关的非学术型工作的从业者，也为后备学术人才的成长奠定扎实的基础。因此，一流本科教育的专业教育要瞄准培养各行业的卓越从业者和优秀的后备学术人才的目标，把学生培养成既专业训练有素又具有广泛适应性的人才。其实，即使是华中科技大学这样的高水平大学，也有相当数量的本科生毕业后直接就业。该校2018届本科毕业生中只有58.69%升学或出国（境）深造，其余都选择到中央企业、金融机构、世界500强企业、中国500强企业、中国民营企业和国家事业单位等就业。[3]因此，培养创新人才的本科教育的专业教育应该重点发展大学生的可迁移知识、技能和能力，以保证学生具有广泛的适应性。当然，一流本科教育强调学生广泛的适应性，也不能忽视最基本的专门职业或专业的特殊训练。可迁移知识、技能和能力既有利于本科毕业生从事那些与所学专业相关甚至弱相关的非学术型工作，也有利于他们后续研究生阶段的学习或研究。“迁移”原指一种学习对另一种学习的影响。杜威认为，概念的普遍性有助于理解新事物。[4]事实上，在日常生活、从业活动和学术研究中，人们常常面对新异的、没有接触过的问题与情境，他们往往将自己的可迁移知识、技能和能力运用于新的实践，最终解决问题。可见，知识、技能和能力的迁移不仅帮助人们认识新事物，还帮助人们解决新问题。那些过于专门化的知识与技能，一般不能提供普遍性的方法、范式与原理，因而不容易实现迁移。

无疑，通识教育传授的“普遍知识”具有可迁移性。本科阶段的专业教育怎

[1] J.Verger.*Histoiredes Universitiesen France*[M].Toulouse: Privat,1986.150.
[2] 石广盛.欧洲中世纪大学的学位制度[J].兰州学刊，2007，（8）.
[3] 华中科技大学.华中科技大学2017—2018学年本科教学质量报告[EB/OL].[2019-04-10]. http://jwc.hust.edu.cn/info/1172/6718.htm.
[4] 杜威.我们怎样思维·经验与教育[M].北京：人民教育出版社，1991.131.

样才能发展大学生的可迁移知识、技能和能力呢？一般说来有三种策略：（1）进行本科生大类专业培养，强化大类专业或大类学科的基础课程学习，让学生学习与探究大类专业或大类学科范围内的“普遍知识”、一般技能和一般方法；（2）开设本科生辅修专业（“第二专业领域”）和鼓励学生到其他大学短期访学，采用“课程机制”培养学生，在保证学生最基本的专门职业或专业的特殊训练的基础上，给学生选择相近专业甚至不同专业的课程的自由，让学生概括与理解一般知识与一般技能，发展可迁移能力；（3）在专业教育中突出学科的范式与方法、专业或职业活动的工作范式与方法以及专业或职业态度与道德伦理，让学生获得对学科、专业和职业的探究体验与行动训练。

本科阶段的专业教育重在发展学生的可迁移知识、技能和能力，其重要性是不言而喻的。众所周知，本科外语专业毕业的马云创办了阿里巴巴集团，化学系毕业的叶永烈成为著名作家。形成可迁移知识、技能和能力，对将来致力于学术创新的学生来说尤为重要。本书作者从1985—2014年间210位诺贝尔物理学、化学和生理学或医学奖获得者的自传中发现，虽然许多获奖者的获奖成果不在其本科所学的学科或专业范围内，但是，174位获得者获奖后充分肯定本科阶段的基本专业学术训练对他们的重要影响。他们认为，大学名师开设的本科通识课程或专业课程、获得“做科学”（包括科学实证、思维推理和团队协作等）的基本科学训练以及有机会根据自己的兴趣、偏好重新选择专业等，都是他们成功的关键。❶“耶鲁大学每年有70多个院系或课程项目组为本科生提供可选择的课程大约2 000门，这些课程大多数是由耶鲁杰出的历史学家、文学评论家、作家、科学家、工程师、艺术家、作曲家或社会科学家亲自执教”❷；诺贝尔物理学奖获得者奥谢罗夫当年去加州理工学院读大学，是因为诺贝尔物理学奖获得者费曼正在那里进行著名的本科教学。❸像费曼这样的一流科学家、工程师、社会科学家、人文学者和艺术家，他们都对专业与学术中的知识、技能和能力有深刻的理解，通过他们的本科教学更能够发展学生的可迁移知识、技能和能力。

❶ 母小勇.论科学创新人才的一体化培养——来自诺贝尔奖获得者的启示[J].教育发展研究，2016，（9）.

❷ Yale University.Teaching and Advising[EB/OL].[2019-04-10].https://admissions.yale.edu/teaching-and-advising.

❸ D.D.Osheroff-biographical[EB/OL].[2019-04-10].http://www.nobelprize.org/nobel_prizes/physics/laureates/1996/osheroff-bio.html.

培养纯学术创新人才、学术成果转化型创新人才、企业创新型人才和创新型创业人才的本科教育的创新专业教育应该采用“课程机制”运作，方便学生自由选择和组合专业课程，以适应不同学生的职业或学术生涯的发展。哈佛大学采用“课程机制”而不是“专业机制”培养本科生，即使是同一个专业的本科毕业生，他们毕业时的知识结构和技能结构都不尽相同。例如，哈佛大学要求物理学专业本科生在规定范围内自由选择15门专业课程学习，按照我国大学对学科的划分，该专业的学生可以完全选择一级学科层面的课程，也可以完全选择二级学科层面的课程。[1]诺贝尔物理学奖得主拉姆齐（N.F.Ramsey）最初在哥伦比亚大学学习工程，后来他发现自己更想深入理解自然，于是转入数学系。大学毕业的时候，他又觉得物理研究是可以考虑的职业，随后便去剑桥大学读本科物理。[2]目前哈佛大学的哈佛学院为本科生提供了50个大类专业方向，要求本科生最迟在第三学期末自己选定专业，以保证学生有更多的时间发现自己的学术兴趣；让学生有机会尝试不同专业的课程，试图培养各种技能与能力；为本科生提供“第二专业领域”学习的机会，目前为本科生开设了66个“第二专业领域”的课程项目。[3]此外，哈佛学院还为本科生提供到世界各大学进行学期或学年留学、暑期留学的机会。

耶鲁大学同样采用“课程机制”培养本科生。耶鲁学院鼓励本科生从各学院提供的70多种大类专业中选择自己的专业。耶鲁大学的科学类学生在大二结束前才申报选择的专业，文科类学生则可以在大三之初申报选择的专业，因此，学生有足够的时间去探索、选择、关注学术焦点。[4]从大三开始，耶鲁大学的学生便全身心投入所选专业的学习与探究。在耶鲁大学，虽然学生必须选12门通识课程、12门自由选修课程和12门大类专业课程学习，但是，没有哪一门课程是学生的必选课程。耶鲁学院也为本科生提供了学年或学期出国项目和“耶鲁—伦敦项

[1] 母小勇.后现代高等学校课程研究[M].福州：福建教育出版社，2011.48.

[2] N.F.Ramsey-biographical[EB/OL].[2019-04-10].http://www.nobelprize.org/nobel_prizes/physics/laureates/1989/ramsey-bio.html.

[3] Harvard College.Secondary Fields[EB/OL].[2019-04-10].https://handbook.fas.harvard.edu/book/secondary-fields.

[4] Yale University.Majors&Academic Programs[EB/OL].[2019-04-10].https://admissions.yale.edu/majors-and-academic-programs.

目”等5类国际化学习的机会，64%的本科生参加了国际学习。[1]

培养纯学术创新人才、学术成果转化型创新人才、企业创新型人才和创新型创业人才的本科教育的专业教育既不是“标准件生产”式的“精致”的职业培训，也不是片面增加课程的深度和难度甚至“研究生教育”式的揠苗助长，更不是让本科生去完成学术创新。培养纯学术创新人才、学术成果转化型创新人才、企业创新型人才和创新型创业人才的本科教育的专业教育要在保证最基本的专门职业或专业的特殊训练基础上，让学生有机会从站在专业和学术前沿的教师那里，领会文化、专业和学术的本质、范式与一般方法，让学生获得职业活动或学术探究的体验，发展他们的可迁移知识、技能和能力，以应对日后的从业活动或学术探究活动的需要。

[1] Yale University.International Experiences[EB/OL].[2019-04-10].https://admissions.yale.edu/international-experiences.

参考文献

中文部分

[德]马克思.1844年经济学哲学手稿[M].北京：人民出版社，2000.

[德]马克思、恩格斯.马克思恩格斯文集（第1卷）[M].北京：人民出版社，2009.

[德]马克思、恩格斯.马克思恩格斯文集（第5卷）[M].北京：人民出版社，2010.

[德]马克思、恩格斯.马克思恩格斯选集（第1卷）[M].北京：人民出版社，1995.

[德]马克思、恩格斯.马克思恩格斯选集（第2卷）[M].北京：人民出版社，2012.

[德]马克思、恩格斯.马克思恩格斯选集（第3卷）[M].北京：人民出版社，1995.

[德]马克思、恩格斯.马克思恩格斯选集（第4卷）[M].北京：人民出版社，1995.

[德]马克思、恩格斯.马克思恩格斯全集（第1卷）[M].北京：人民出版社，1995.

[德]马克思、恩格斯.马克思恩格斯全集（第2卷）[M].北京：人民出版社，1957.

[德]马克思、恩格斯.马克思恩格斯全集（第3卷）[M].北京：人民出版社，2002.

[德]马克思、恩格斯.马克思恩格斯全集（第8卷）[M].北京：人民出版社，1961.

[德]马克思，恩格斯.马克思恩格斯全集（第20卷）[M].北京：人民出版社，1971.

[德]马克思、恩格斯.马克思恩格斯全集（第23卷）[M].北京：人民出版社，1979.

[德]马克思、恩格斯.马克思恩格斯全集（第25卷）[M].北京：人民出版社，2001.

[德]马克思、恩格斯.马克思恩格斯全集（第30卷）[M].北京：人民出版社，1995.

[德]马克思、恩格斯.马克思恩格斯全集（第42卷）[M].北京：人民出版社，1979.

[德]马克思、恩格斯.马克思恩格斯全集（第46卷上册）[M].北京：人民出版社，1972.

[德]马克思、恩格斯.马克思恩格斯全集（第46卷下册）[M].北京：人民出版社,1980.

[德]马克思、恩格斯.马克思恩格斯全集（第47卷）[M].北京：人民出版社，1979.

[德]黑格尔.哲学史讲演录（第2卷）[M].北京：商务印书馆，1997.

[德]黑格尔.哲学史讲演录（第3卷）[M].北京：商务印书馆，1996.

[德]黑格尔.历史哲学[M].上海：上海书店出版社，2001.

[德]黑格尔.精神现象学（上卷）[M].北京：商务印书馆，1981.

[德]黑格尔.历史哲学[M].北京：生活·读书·新知三联书店，1956.

[德]黑格尔.法哲学原理[M].北京：商务印书馆，2009.

[德]黑格尔.小逻辑[M].北京：商务印书馆，1987.

[德]康德.实践理性批判[M].北京：人民出版社，2003.

[德]康德.道德形而上学原理[M].上海：上海人民出版社，1986.

[德]康德.实用人类学[M].重庆：重庆出版社，1987.

[德]费尔巴哈.费尔巴哈哲学著作选集（上卷）[M].北京：商务印书馆，1984.

[德]费尔巴哈.费尔巴哈哲学著作选集（下卷）[M].北京：生活·读书·新知三联书店，1959.

[德]马丁·路德.马丁·路德文选[M].北京：中国社会科学出版社，2003.

[德]马丁·海德格尔.存在与时间[M].北京：生活·读书·新知三联书店，2006.

[德]卡尔·雅斯贝尔斯.大学之理念[M].上海：上海世纪出版，2007.

[德]卡尔·雅斯贝尔斯.什么是教育[M].北京：生活·读书·新知三联书店，1991.

[德]卡尔·雅斯贝尔斯.大学之理念[M].上海：上海世纪出版，2007.

[德]卡尔·雅斯贝尔斯.现时代的人[M].北京：社会科学文献出版社，1992.

[德]伽达默尔.赞美理论：伽达默尔选集[M].上海：生活·读书·新知三联书店，1988.

[德]伽达默尔.真理与方法[M].上海：上海译文出版社，2004.

[德]哈贝马斯.交往行动理论：论功能主义理性批判（第二卷）[M].重庆：重庆出版社，1994.

[德]埃克哈特.埃克哈特大师文集[M].北京：商务印书馆，2003.

[德]K.拉纳.圣言的倾听者——论一种宗教哲学的基础[M].北京：生活·读书·新知三联书店，1994.

[德]恩斯特·卡西尔.人论[M].上海：上海译文出版社，1985.

[德]恩斯特·卡西尔.符号形式的哲学（第一卷）[M].上海：上海译文出版社，2004.

[德]M.兰德曼.哲学人类学[M].贵阳：贵州人民出版社，2006.

[德]马克斯·舍勒.人在宇宙中的地位[M].贵阳：贵州人民出版社，1989.

[德]斐迪南·滕尼斯.共同体与社会——纯粹社会学的基本概念[M].北京：商务印书馆，1999.

[德]弗里德里希·包尔生.德国大学与大学学习[M].北京：人民教育出版社，2009.

[德]费希特.论学者的使命人的使命[M].北京：商务印书馆，2011.

[法]卢梭.社会契约论[M].北京：商务印书馆，1980.

[法]卢梭.卢梭文集——论人类不平等的起源与基础[M].北京：红旗出版社，1997.

[法]亨利·柏格森.创造进化论[M].北京：商务印书馆，2004.

[法]霍尔巴赫.自然的体系（上卷）[M].北京：商务印书馆，1973.

[法]爱弥尔·涂尔干.教育思想的演进[M].上海：上海人民出版社，2006.

[法]雅克·勒戈夫.中世纪的知识分子[M].北京：商务印书馆，1996.

[古希腊]柏拉图.柏拉图文艺对话集[M].北京：人民文学出版社，1997.

[古希腊]亚里士多德.尼各马可伦理学[M].北京：商务印书馆，2003.

[古希腊]亚里士多德.形而上学[M].北京：商务印书馆，1995.

[古希腊]亚里士多德.亚里士多德全集（第3卷）[M].北京：中国人民大学出版社，1992.

[古希腊]亚里士多德.亚里士多德全集（第8卷）[M].北京：中国人民大学出版社，1997.

[古希腊]亚里士多德.亚里士多德全集（第9卷）[M].北京：中国人民大学出版社，1997.

[古希腊]亚里士多德.亚里士多德选集（政治学卷）[M].北京：中国人民大学出版社，1999.

[古希腊]色诺芬.回忆苏格拉底[M].北京：商务印书馆，1986.

[古罗马]普罗提诺.九章集（上）[M].北京：中国社会科学出版社，2009.

[古罗马]奥古斯丁.上帝之城[M].上海：上海人民出版社，2006.

[古罗马]奥古斯丁.独语录[M].上海：上海社会科学院出版社，1997.

[荷兰]斯宾诺莎.伦理学[M].北京：商务印书馆，1997.

[美]戴维·波普诺.社会学（第十版）[M].北京：中国人民大学出版社，1999.

[美]赫伯特·马尔库塞.爱欲与文明[M].上海：上海译文出版社，1987.

[美]赫伯特·马尔库塞.单向度的人[M].上海：上海译文出版社，2008.

[美]约瑟夫·熊彼特.经济发展理论[M].北京：商务印书馆，1990.

[美]塞拉斯.批判的实在论论文集[C].北京：商务印书馆，1979.

[美]厄内斯特·博耶.关于美国教育改革的演讲[M].北京：教育科学出版社，2002.

[美]爱德华·希尔斯.教师的道与德[M]. 北京：北京大学出版社，2010.

[美]杜威.经验与自然[M].北京：商务印书馆，1960.

[美]杜威.杜威教育文集（第1卷）[M].北京：人民教育出版社，2008.

[美]蒯因:蒯因著作集（第6卷）[C].北京：中国人民大学出版社，2007.

[美]E.弗洛姆.健全的社会[M].北京：国际文化出版公司，2003.

[美]弗洛姆.为自己的人[M].北京：生活·读书·新知三联书店，1988.

[美]约翰·S.布鲁贝克.高等教育哲学[M].杭州：:浙江教育出版社，2002.

[美]亚伯拉罕·弗莱克斯纳.现代大学论——美英德大学研究[M].杭州：浙江教育出版社，2001.

[美]德里克·博克.走出象牙塔：现代大学的社会责任[M].杭州：浙江教育出版社，2001.

[美]克拉克·克尔.大学的功用[M].南昌：江西教育出版社，1993.

[美]爱德华·W.萨义德.知识分子论[M].北京：生活·读书·新知三联书店，2002.

[美]艾伦·布鲁姆.走向封闭的美国精神[M].北京：中国社会科学出版社，1994.

[美]弗兰克·H.T.罗德斯.创造未来：美国大学的作用[M].北京：清华大学出版社，2007.

[美]查尔斯·霍默·哈斯金斯.大学的兴起[M].上海：上海人民出版社，2007.

[美]塔纳斯.西方思想史[M].上海：上海社会科学出版社，2007.

[美]菲利普·巴格比.文化：历史上的投影[M].上海：上海人民出版社，1987.

[美]弗兰克·梯利.西方哲学史[M].北京：商务印书馆，2004.

[美]埃里克·方纳.美国自由的故事[M].北京：商务印书馆，2002.

[美]本尼迪克特·安德森.想象的共同体[M].上海：上海人民出版社，2005.

[美]伯顿·R.克拉克.高等教育系统——学术组织的跨国研究[M].杭州：杭州大学出版社，1994.

[美]唐纳德·肯尼迪.学术责任[M].北京：新华出版社，2002.

[美]茱丽·A.罗宾.现代大学的形成[M].贵阳：贵州出版集团，2006.

[美]丹尼尔·贝尔.后工业社会的来临[M].北京：商务印书馆，1986.

[美]艾略特.艾略特诗学文集[M].北京：国际文化出版公司，1989.

[美]德尔班科.大学：过去，现在和未来[M].北京：中信出版社，2014.

[瑞士]J.皮亚杰、B.英海尔德.儿童心理学[M].北京：商务印书馆，1980.

[日]佐藤学.学习的快乐——走向对话[M].北京：教育科学出版社，2004.

[西班牙]奥尔特加·加塞特.大学的使命[M].杭州：浙江教育出版社，2001.

[新西兰]戈登·德莱顿、[美]珍妮特·沃斯.学习的革命——通向21世纪的个人护照[M].上海：生活·读书·新知三联书店，1997.

[意大利]葛兰西.实践哲学[M].重庆：重庆出版社，1990.

[英]霍布斯.利维坦[M].北京：商务印书馆，1985.

[英]安东尼·吉登斯.资本主义与现代社会理论[M].上海：上海译文出版社，2013.

[英]约翰·密尔.论自由[M].北京：商务印书馆，2012.

[英]纽曼.大学的理想（节译本）[M].杭州：浙江教育出版社，2001.

[英]阿什比.科技发展时代的高等教育[M].北京：人民教育出版社，1983.

[英]安东尼·史密斯、弗兰克·韦伯斯.后现代大学来临？[M].北京：北京大学出版社，2010.

[英]爱德华·泰勒.原始文化[M].上海：上海文艺出版社，1992.

[英]阿尔弗雷得·诺思·怀特海.教育的目的[M].北京：生活·读书·新知三联书店，2002.

[英]威廉斯.文化与社会[M].长春：吉林出版集团，2011.

[英]齐格蒙特·鲍曼.共同体[M].南京：江苏人民出版社，2003.

[英]汤因比、[日]池田大作.展望二十一世纪——汤因比与池田大作对话录[M].北京：国际文化出版公司，1985.

北京大学哲学系.十八世纪法国哲学[M].北京：商务印书馆，1963.

北京大学哲学系.古希腊罗马哲学[M].北京：商务印书馆，1961.

北京大学哲学系外国哲学史教研室.西方哲学原著选读（上）[M].北京：商务印书馆，1981.

北京大学哲学系外国哲学史教研室.十六—十八世纪西欧各国哲学[M].北京：商务印书馆，1975.

北京大学哲学系外国哲学史教研室.古希腊罗马哲学[M].上海：生活·读书·新知三联书店，1957.

曹胜利、雷家骕.CC中国大学创新创业教育发展报告[M].沈阳：万卷出版公司，2009.

陈洪捷. 德国古典大学观及其对中国的影响[M]. 北京：北京大学出版社，2006.

陈学飞.当代美国高等教育思想研究[M].沈阳：辽宁师范大学出版社，1996.

陈学飞.美国、德国、法国、日本当代高等教育思想研究[M].上海：上海教育出版社，1998.

丁立群.发展：在哲学人类学的视野内[M].哈尔滨：黑龙江教育出版社，1999.

杜志清.西方哲学史[M].北京：高等教育出版社，2009.

范国睿.教育生态学[M].北京：人民教育出版社，2000.

范明生.晚期希腊哲学和基督教神学：东西文化的汇合[M].上海：上海人民出版社，1998.

冯俊.开启理性之门——笛卡尔哲学研究[M].北京：中国人民大学出版社，2005.

冯增俊.现代高等教育模式[M].广州：广东高等教育出版社，1993.

付军龙等.大学创新教育论[M].北京：教育科学出版社，2012.

傅乐安.托马斯·阿奎那基督教哲学[M].上海：上海人民出版社，1990.

高叔平.蔡元培教育论著选[M].北京：人民教育出版社，1991.

龚春燕、龚冷西.创新教育学[M].北京：北京师范大学出版社，2014.

郭湛.主体性哲学——人的存在及其意义[M].北京：中国人民大学出版社，2011.

国家发展和改革委员会.2015年中国大众创业万众创新发展报告[M].北京：人民出版社，2016.

韩震.生成的存在[M].北京：北京师范大学出版社，1996.

贺国庆.德国和美国大学发达史[M].北京：人民教育出版社，1998.

贺国庆.外国高等教育史[M].北京：人民教育出版社，2006.

何云坤.科学进步与高等教育变革史论[M].长沙：岳麓书社，2000.

胡建华、陈列、周川、龚放.高等教育学新论[M].南京：江苏教育出版社，2006.

黄志成.被压迫者教育学——弗莱雷解放教育理论与实践[M].上海：华东师范大学出版社，2001.

江泽民.十四大以来重要文献选编（下册）[M].北京：人民出版社，1997.

江泽民.十五大以来重要文献选编（中册）[M].北京：人民出版社，2001.

靳辉明.谈谈异化和人道主义问题[M].北京：北京出版社，1984.

李振纲、方国根.和合之境：中国哲学与21世纪[M].上海：华东师范大学出版社，2001.

李泽厚.批判哲学的批判[M].北京：人民出版社，1984.

李召存.课程知识论[M].上海：华东师范大学出版社，2009.

联合国教科文组织国际教育发展委员会.学会生存[M].北京：教育科学出版社，1996.

梁漱溟.中国文化要义[M].上海：上海人民出版社，2005.

林方.心理的困惑与自救——心理学的价值引论[M].沈阳：辽宁人民出版社，1989.

林康延.论奎因自然主义认识论[D].长春：吉林大学，2011.

林文伟.大学创业教育价值研究[M].上海：东华大学出版社，2015.

陆杰荣.哲学境界[M].长春：吉林教育出版社，1998.

马望星.钱学森创新教育的伟大实践[M].长沙：湖南科学技术出版社，2012.

马望星、马近远.钱学森创新教育思想解读[M].北京：高等教育出版社，2014.

冒从虎、王勤田.欧洲哲学通史（上卷）[M].天津：南开大学出版社，1985.

苗力田.古希腊哲学[M].北京：中国人民大学出版社，1996.

母小勇.大学的哲学——人学视野中的大学[M].南京：江苏凤凰教育出版社，2017.

欧阳英.走进西方政治哲学——历史、模式与解构[M].北京：中央编译出版社，2005.

欧阳康.哲学研究方法论[M].武汉：武汉大学出版社，1998.

彭钢.创业教育学[M].南京：江苏教育出版社，1995.

清华大学启迪创新研究院.中国城市创新创业环境评价研究报告[M].北京：清华大学出版社，2016.

单中惠.西方教育思想史[M].太原：山西人民出版社，1996.

邵云飞等.高校协同创新机制与人才培养模式研究[M].北京：清华大学出版社，2015.

宋文红.欧洲中世纪大学的演进[M].北京：商务印书馆，2010.

孙鼎国、李中华.人学大辞典[M].石家庄：河北人民出版社，1995.

涂纪亮.美国哲学史（第2卷）[M].石家庄：河北教育出版社，2002.

汪怿.创新创业人才开发研究[M].上海：上海社会科学出版社，2015.

汪子嵩.希腊哲学史（第2卷）[M].北京：人民出版社，1997.

王道俊、郭文安.主体教育论[M].北京：人民教育出版社，2005.

王冀生.现代大学文化学[M].北京：北京大学出版社，2002.

王晓朝.信仰与理性：古代基督教教父思想家评传[M].北京：东方出版社，2001.

王占仁.中国创新创业教育史[M].北京：中国社会科学出版社，2016.

王志强.研究型大学与美国国家创新系统的演进[M].北京：中国社会科学出版社，2014.

奚启新.钱学森传[M].北京：人民出版社，2011.

夏甄陶.人是什么[M].北京：商务印书馆，2000.

杨东平.大学二十讲[M].天津：天津人民出版社，2009.

袁贵仁.马克思的人学思想[M].北京：北京师范大学出版社，1996.

邹诗鹏.生存论研究[M].上海：上海人民出版社，2005.

杨清亮.TRIZ理论全接触[M].北京：机械工业出版社，2008.

曾国屏.自组织的自然观[M].北京：北京大学出版社，1996.

张玉利、李政.创新时代的创业教育研究与实践[M].北京：现代教育出版社，2006.

中国大百科全书总编辑委员会《哲学》编辑委员会.中国大百科全书（哲学Ⅱ）[Z].北京：中国大百科全书出版社，1987.

本刊记者.走向21世纪的交往实践观研究——访任平教授[J].哲学动态，2000（5）.

包万平、储朝晖.大学文化共同体及其品格特质[J].黑龙江高教研究，2008（8）.

陈列.关于西方学术自由的历史演进[J].世界历史，1994（6）.

陈列、俞天红.西方学术自由评析[J].高等教育研究，1994（2）.

陈曙光.关于“以人为本”的形上之思[J].哲学研究，2009（3）.

陈曙光.实体本体论人学的基本建制及其动摇——马克思人学存在论革命研究（上）[J].探索，2014（1）.

陈曙光.存在论的断裂与马克思的重建——马克思人学存在论革命研究（下）[J].探索，2014（4）.

程光泉.哲学视野下的大学理念、大学精神、大学文化[J].北京师范大学学报（社会科学版），2010（1）.

“创新教育研究与实验”课题组.推进创新教育培养创新人才[J].教育研究，2007（9）.

邓淑华.发挥市场作用，推动大众创业万众创新[N].中国高新技术产业导报，2015-02-11.

方小荔.创新理论及建设创新型国家的重大意义[J].前沿，2008（5）.

房国忠、王晓钧.基于人格特质的创新型人才素质模型分析[J].东北师大学报（哲学社会科版），2007（3）.

傅才武、严星柔.论建设21世纪中华民族文化共同体[J].华中师范大学学报（人文社会科学版），2016（9）.

傅国亮.“钱学森之问”的启示[J].教育研究，2009（12）.

冯锐、金嫤.学习共同体的思想形成与发展[J].电化教育研究，2007（3）.

冯向东.大学职能的演变与大学的开放性[J].中国高等教育，2007（10）.

龚天平.论古希腊哲学中的人学思想[J].华中理工大学学报（社会科学版），1995（1）.

龚天平.试论欧洲近代哲学中的人学思想[J].郑州大学学报（哲学社会科学版），1998（1）.

韩庆祥.关于人学研究中的几个基本问题[J].哲学动态，1995（12）.

韩庆祥.马克思人学的总体图景[J].中共珠海市委党校珠海市行政学院学报，2007（3-4）.

贺永平.关于创新型人才培养与大学生学习自由的研究[J].教育与职业，2013（3）.

何奎、霍彬.联合培养：高校创新人才培养质量保障的新模式[J].上海教育评估研究，2015（6）.

胡旭微.经管类创新创业人才素质能力知识结构研究[J].江西教育学院学报（社会科学），2008（8）.

胡晓风、姚文忠、金成林.创业教育简论[J].四川师范大学学报，1989（4）.

胡炯涛.对研究性学习的一次尝试和认知[J].上海教育科研，2010（S1）.

胡钦晓.美国大学学术自由演绎的文化视角[J].比较教育研究，2005（9）.

[美]胡克.学术自由的原则[N].现代外国哲学社会科学文摘，1985（9）.

[德]威廉·冯·洪堡.论柏林高等学术机构的内部和外部组织[M].高等教育论坛，1987（1）.

江泽民.在庆祝北京大学建校100周年大会上的讲话[N].中国教育报，1998-05-05.

[美]柯林·博尔.学会关心：21世纪的教育圆桌会议报告[J].教育研究，1990（7）.

[德]P.克拉森.12世纪的高等学校与社会[J].文化史档案，1966（48）.

来茂德.发挥研究型大学优势推进本科研究性教学[J].中国高等教育，2005（17）.

冷余生.论创新人才培养的意义与条件[J].高等教育研究，2000（1）.

李凝.教育部副部长袁贵仁提出培养创新型人才必须实行创新型教育[N].科技日报，2006-10-27.

李颖.面向创新人才培养的高校教学模式：基本观念、设计策略与实施保障[J].江苏高教，2014（3）.

李卫华.“创新”内涵的三层拓展与社会意蕴[J].理论前沿，2009（9）.

李伟斌.自然主义概念的哲学评析[J].河南师范大学学报（哲学社会科学版），2012（2）.

李德顺.关于文化、先进文化及其前进方向[J].思想政治工作研究，2004（4）.

刘军.当代科学哲学中的自然主义流派论析[J].自然辩证法通讯，1997（6）.

刘秀萍.重新理解马克思对共产主义的“人学”论证——《巴黎手稿》思想再辨析[J].哲学研究，2011（12）.

刘鸿.大学文化精神及其涵蕴[J].湘潭工学院学报（社会科学版），2001（4）.

刘敬鲁.论海德格尔对现代早期人学的扬弃[J].中国人民大学学报，2017（2）.

吕一军.马克思主义关于人的全面发展理论与高校思想政治教育[J].中国高教研究，2005（7）.

吕宏凌等.大学生创新创业第二课堂教育的问题与对策[J].教育与职业，2016（10）

马凤岐.大学自治与学术自由[J].高教探索，2004（4）.

母小勇.马克思人学视野中的大学创新人才培养机制[J].教育研究，2014（7）.

母小勇、谢冉.从“国家课程”“学校课程”走向“学生课程”[J].教师教育研究，2013（2）.

彭启福.理解的应用性与伽达默尔的“实践哲学走向”[J].哲学动态，2005（9）.

钱学森.为什么我们的学校总是培养不出杰出人才?——与身边工作人员的最后一次系统谈话[J].理论参考，2010（5）.

任保平、张如意.技术创新最优市场结构的理论争论及其评价[J].西北大学学报（哲学社会科学版），2010（1）.

任平.走向交往实践的唯物主义[J].中国社会科学，1999（1）.

茹宁.人的自由与学术自由[J].教育评论，2007（1）.

睦依凡.大学者，有大学文化之谓也——兼谈大学新区的文化建设[J].教育发展研究，2004（4）.

睦依凡.关于大学文化建设的理性思考[J].清华大学教育研究，2004（1）.

眭依凡.对国家负责:大学必须牢记的使命[J].高等教育研究，2006（4）.

田起宏等.创新人才培养理论研究现状及未来研究方向[J].山东师范大学学报（人文社会科版），2010（6）.

王翼生.大学文化的科学内涵[J].高等教育研究，2005（10）.

王仕民.简论马克思的实践范畴[J].哲学研究，2008（7）.

王南湜.马克思的自由观及其当代意义[J].现代哲学，2004（2）.

文魁、徐则荣.制度创新理论的生成与发展[J].当代经济研究，2013（7）.

吴德刚.关于马克思主义人的全面发展学说的再认识[J].教育研究，2008（4）.

熊树民."温室神童"难乎人望，蔡自兴委员提出大学"少年班"应及早废止[N].人民政协报，1999-03-24.

肖为群、樊立宏.创新创业人才成长：一个整合框架分析[J].科技管理研究，2014（10）.

夏甄陶.人：关系活动发展[J].哲学研究，1997（10）.

谢冉、母小勇.文化哲学人类学视野下的大学课程构建[J].山东高等教育，2016（1）.

肖建.我国高校实践育人观的突破、困境与反思[J].江苏高教，2013（5）.

阎立钦.创新教育[J].中小学教育，2001（9）.

杨俊.赫拉克利特的人学思想探析[J].贵州社会科学，2003（3）.

袁贵仁.创新是教育发展的灵魂[J].求是，2003（1）.

袁世一.科技进步理论与作用略论[J].赤峰学院学报（自然科学版），2015（3）.

尹玮煜、杨晗旭.人的现实性与马克思主义人学的出发点[J].理论月刊，2013（6）.

衣俊卿.人学研究：域界厘定与范式转换[J].哲学动态，2000（6）.

衣俊卿.人学的自觉与哲学研究范式的转换[J].哲学研究，2001，（3）.

衣俊卿.回归大学的文化本质凸显人学的文化功能[J].中国高等教育，2007（2）.

俞吾金.对马克思实践观的当代反思——从抽象认识论到生存论本体论[J].哲学动态，2003（6）.

俞吾金.物、价值、时间和自由——马克思哲学体系核心概念探析[J].哲学研究，2004（11）.

尤西林.大学人文精神的信仰渊源[J].高等教育研究，2002（2）.

张卫民等.科教结合：高校创新人才培养新途径[J].大学教育，2016（7）.

张仁颖.论马丁·路德对德国文化的影响[J].德国研究，2002（2）.

张奎良.实践人学：马克思哲学的最终归结——纪念《德意志意识形态》诞生160周年[J].哲学研究，2006（5）.

张宝昆.人的因素对大学发展的影响[J].外国教育动态，1988（1）.

赵存生、方惠坚、郑惠坚.大学文化研究与建设[J].中国图书评论，2002（11）.

赵观石.我国大学制度文化建设：问题与发展趋势[J].煤炭高等教育，2007（3）.

张宝昆.人的因素对大学发展的影响[J].外国教育动态，1988（1）.

张晓红、李兆友.古希腊技术实践思想研究[J].自然辩证法研究，2011（1）.

周濂.政治社会、多元共同体与幸福生活[J].华东师范大学学报：哲学社会科学，2009（5）.

张楚廷.大学人文教育与人的解放[J].高等教育研究，2011（2）.

张一兵.马克思“必然王国”向“自由王国”转换的理论真谛[J].哲学研究，1994（8）.

朱永新.人才培养与教育创新[J].教师博览：原创版，2009（3）.

外文部分

A.Flexner.*Universities:American,English,German*[M].New York:Oxford University Press.1930.

A.Lamont.*The Great Experimenter Who was Guided by God* [J]. *Creation*.1993.（2）.

Burton R.Clark,etc.*Encyclopedia of Higher Education*[M].Oxford:Pergamon Press,1992.

Colin Ball.*Towards an “enterprising” culture:a challenge for education and training*[R]. *OECD/CERI Educational Monograph（4）*,Paris,1989,50.

Colin Clipson.*Managing Innovation*[M].London: Sage Publications,1991.

D.W.McMillan&D.M.Chavis.*Sense of Community:A Definition and Theory*[J].*Journal of Community Psychology*,1986,14（1）.

E.L.Boyer.*Scholarship Reconsidered:Priorities of the Professorate*[M].New York:Willey, 1991.

Everest Rogers.*Diffusion of Innovations*[M].New York: Free Press of Glencoe,1983.

Gould.*Marx's Social Ontology*[M].Boston:The MIT Press,1978.

J.Newman.*The Idea of a University:Defined and Illustrated*[M].Chicago:Loyola University Press,1987.436.

J.Piaget&R.Garcia.*Psychogenesis and the History of Science*[M].New York:Columbia University Press.1989.

R.Karl,E.C.Smyth,K.Mundi.*An Encyclopedia of Theology（Vol.6）*[M].New York: Herder and Herder,1970.

K.Rahner.*Foundations of Christian Faith:An Introduction to the Idea of Christianity*[M]. New York:Seabury Press,1978.

M.W.Wartofsky.*Epistemlolgy Historicized*[M].In A.Shimony&D.Nails（eds）.*Naturalistic Epistemlolgy:A Symposium of Two Decades*.Dordrecht:Reidel,1987.

N.Colangelo,S.Assouline&M.U.M.Gross. *A Nation Deceived:How School Sholdback America's Brigh Test Students（Vol II）*[M].Iowa City:The University of Iowa,2004.

O.E.Williamson.*Comparative Economics Organization:The Analysis of Discrete Structure Alternatives*[J]. *Administrative Science Quarterly*,1991（36）.

P.Freire.*Pedagogiadel Oprimido*[M]. Mexicd:Siglo XXI Editores,1970.

R.J.Sternberg,T.I.Lubart.*An Investment Theory of Creativity and Its Development*[J]. *Human Development*,1991（34）.

R.Solow.*Technical Progress,Capital Formation,and Economic Growth*[J].*American Economic Review*,1962（5）.

R.M.Hutchins.*The Higher Learning in America*[M].New Haven:Yale University Press, 1936.

R.M.Hutchins.*The Learning Society*[M].New York:The New American Library,1968.

R.G.Duncan& A.W.Gotwals. *A Tale of Two Progressions:On the Benefits of Careful Comparisons*[J]. *Science Education*,2015（3）.

R.F.Gibson.*Enlightened Empiricism*[C].Florida:University of South Florida Press,1988.

T.S.Kuhn.*The Essential Tension:Selected Studies in Scientific Tradition and Change*[M]. Chicago:University of Chicago Press,1977.

U.S.Governing Board of the National Research Council.*Every Childa Scientist:Achieving Scientific Literacy for All*[M].Washington:National Academy Press,1998.

W.Knudson,Wysockia,J.Champagne&H.C.Peterson.*Entrepreneurship and innovationin the agri-food system*[J].*American Journal of Agriculture Economies*,2004.

Xiaoyong Mu.*Science Teacher Training in China*[J].*Science*,2013（8）.

网络部分

D.D.Osheroff-biographical[EB/OL].[2015-04-17].http://www.nobelprize.org/nobel_prizes/physics/laureates/1996/osheroff-bio.html.

E.A.Cornell-biographical[EB/OL].[2015-04-17]..http://www.nobelprize.org/nobel_prizes/physics/laureates/2001/cornell-bio.html.

E.Neher-biographical[EB/OL].[2015-06-01]http://www.nobelprize.org/nobel_prizes/medicine/laureates/1991/neher-bio.html.

F.Reines-biographical[EB/OL].[2015-04-17].http://www.nobelprize.org/nobel_prizes/physics/laureates/1995/reines-bio.html.

G.A.Olah-biographical[EB/OL].[2015-05-07].http://www.nobelprize.org/nobel_prizes/chemistry/laureates/1994/olah-bio.html.

G.B.Elion-biographical[EB/OL].[2015-06-01]http://www.nobelprize.org/nobel_prizes/medicine/laureates/1988/elion-bio.html.

G.Binning-biographical[EB/OL].[2015-04-17].http://www.nobelprize.org/nobel_prizes/physics/laureates/1986/binnig-bio.html.

H.Michel-biographical[EB/OL].[2015-05-07].http://www.nobelprize.org/nobel_prizes/chemistry/laureates/1988/michel-bio.html.

J.C.Mather-biographical[EB/OL].[2015-04-17].http://www.nobelprize.org/nobel_prizes/physics/laureates/2006/mather-bio.html.

J.G.Bednorz-biographical[EB/OL].[2015-04-17].http://www.nobelprize.org/nobel_prizes/physics/laureates/1987/bednorz-bio.html.

J.Karle-biographical[EB/OL].[2015-05-07].http://www.nobelprize.org/nobel_prizes/chemistry/laureates/1985/karle-bio.html.

J.W.Szostak-biographical[EB/OL].[2015-06-01].http://www.nobelprize.org/nobel_prizes/medicine/laureates/2009/szostak-bio.html.

K.A.M ü ller-biographical[EB/OL].[2015-04-17].http://www.nobelprize.org/nobel_prizes/physics/laureates/1987/muller-bio.html.

M.J.Molina-biographical[EB/OL].[2015-05-07].http://www.nobelprize.org/nobel_prizes/chemistry/laureates/1995/molina-facts.html.

M.Schwartz-biographical[EB/OL].[2015-04-17].http://www.nobelprize.org/nobel_prizes/

physics/laureates/1988/schwartz-bio.html.

N.F.Ramsey-biographical[EB/OL].[2015-04-17].http://www.nobelprize.org/nobel_prizes/physics/laureates/1989/ramsey-bio.html.

P.C.Lauterbur-biographical[EB/OL].[2015-06-01]http://www.nobelprize.org/nobel_prizes/medicine/laureates/2003/lauterbur-bio.html.

R.F.CurlJr.-biographical[EB/OL].[2015-05-07].http://www.nobelprize.org/nobel_prizes/chemistry/laureates/1996/curl-bio.html.

R.R.Ernst-biographical[EB/OL].[2015-05-07].http://www.nobelprize.org/nobel_prizes/chemistry/laureates/1991/ernst-bio.html.

S.Chu-biographical[EB/OL].[2015-04-17].http://www.nobelprize.org/nobel_prizes/physics/laureates/1997/chu-bio.html.

余申芳.亲切的交谈——温家宝看望季羡林、钱学森侧记[EB/OL].[2005-07-30].http://news.xinhuanet.com/newscenter/2005-07/30/content_3287444.htm.

中华人民共和国国务院.国务院关于大力推进大众创业万众创新若干政策措施的意见[EB/OL].[2005-06-16].http://www.gov.cn/zhengce/content/2015-06/16/content_9855.htm.

后 记

本书是上海师范大学教育学一级学科博士点的重要研究成果，其研究逻辑、论证思路、内容体系和实践对策，是笔者在开展国家社会科学基金项目和教育部人文社会科学研究规划基金项目研究的过程中形成的。

《国家中长期教育改革和发展规划纲要（2010—2020）》要求“加快创建世界一流大学和高水平大学的步伐，培养一批拔尖创新人才，形成一批世界一流学科，产生一批国际领先的原创性成果”。实现中国梦的条件是国家的创新发展，国家的创新发展需要知识创新、科技创新和文化创新，国家的创新发展需要大批创新人才。大学作为创新人才的摇篮，应该培养能够担当实现中国梦重任的各行各业的创新人才。

本书以马克思主义人学为指导，从人的生存与自我超越出发，在大学场域中分析大学生成为创新人才的可能性，探讨符合创新人才成长规律的大学人才观和实现创新人才培养的途径与机制，反思目前大学实然的创新教育和创业教育存在的问题与不足，从理论与实践两个方面为大学创新教育、基于知识创新的创业教育和素质教育提供学理支撑和策略建议，以推进大学创新人才培养的实践进程。

本书认为，按照马克思主义人学，大学之所以能够不断完成文化创新和创新人才培养，关键是大学保持了学术自由和对各种文化、思想的包容性，为大学师生自由发展与快乐表演提供了舞台。“大学—大学生—社会”交往实践机制是培养学术创新人才和创新型企业人才的实践基础；自由组合课程机制既能够满足社会多元化人才的需求，也能够实现大学生创造性本质力量的提升和自由发展。因此，大学创新教育应然的价值取向是促进人的全面发展和自由成长，其基本特征是让大学生实现“自我超越”和完成旨在建构个性化文化视界的“交往”与“对话”。

本书的研究、写作和出版得到上海师范大学教育学院院长夏惠贤教授的大力支持和帮助，也参考了许多专家学者的观点。在此，笔者深表谢意！在笔者的研究团队中，上海电力大学谢冉、湖州师范学院朱宇波、淮阴师范学院张卫民、苏州科技大学肖建、合肥学院刘红、苏州工业职业技术学院张琦英和南京晓庄学院袁从领等，也积极参与了本项研究工作。

母小勇

2019年10月20日于上海师范大学

图书在版编目（CIP）数据

大学创新人才培养研究 / 母小勇著 . -- 南京：江苏凤凰教育出版社，2019.12

ISBN 978-7-5499-8477-0

Ⅰ . ①大… Ⅱ . ①母 Ⅲ . ①高等学校—人才培养—研究—中国 Ⅳ . ① G649.2

中国版本图书馆 CIP 数据核字（2020）第 001991 号

书　　名 大学创新人才培养研究
作　　者 母小勇
责任编辑 单　婷　洪淑娴
出版发行 江苏凤凰教育出版社（南京市湖南路 1 号 A 楼　邮编：210009）
苏教网址 http：//www.1088.com.cn
照　　排 南京新华丰制版有限公司
印　　刷 江苏凤凰数码印务有限公司（电话 025-83657300）
厂　　址 南京市湖南路 1 号 C 楼（邮编 210009）
开　　本 787mm × 1092mm　1/16
印　　张 16.25
版　　次 2019 年 12 月第 1 版
2019 年 12 月第 1 次印刷
书　　号 ISBN 978-7-5499-8477-0
定　　价 58.00 元
网店地址 http：//jsfhjycbs.tmall.com
公 众 号 江苏凤凰教育出版社（微信号：jsfhjyfw）
邮购电话 025-85406265，025-85400774　短信 02585420909
盗版举报 025-83658579